A FAMÍLIA MILITAR NO BRASIL

CELSO CASTRO (ORG.)

A FAMÍLIA MILITAR NO BRASIL

TRANSFORMAÇÕES E PERMANÊNCIAS

FGV EDITORA

Copyright © 2018 Celso Castro

FGV EDITORA
Rua Jornalista Orlando Dantas, 37
22231-010 | Rio de Janeiro, RJ | Brasil
Tels.: 0800-021-7777 | 21-3799-4427
Fax: 21-3799-4430
editora@fgv.br | pedidoseditora@fgv.br
www.fgv.br/editora

Todos os direitos reservados. A reprodução não autorizada desta publicação, no todo ou em parte, constitui violação do copyright (Lei nº 9.610/98).

Os conceitos emitidos neste livro são de inteira responsabilidade dos autores.

1ª edição – 2018

Preparação de originais: Ronald Polito
Revisão: Fatima Caroni
Projeto gráfico, diagramação: Abreu's System
Capa: André Castro

Ficha catalográfica elaborada pela Biblioteca Mario Henrique Simonsen/FGV

A família militar no Brasil: transformações e permanências / Celso Castro (Organização). - Rio de Janeiro : FGV Editora, 2018.
218 p.

ISBN: 978-85-225-2026-8

1. Militares. 2. Esposas de militares. 3. Sociologia militar. I. Castro, Celso, 1963- . II. Fundação Getulio Vargas.

CDD – 306.27

Sumário

Glossário de siglas 7

Quadro hierárquico do Exército 9

Apresentação 11

A "tradicional família militar": autobiografias de mulheres de militares 15
    Celso Castro

Projeto e individualismo: considerações sobre a adesão das esposas ao projeto profissional dos oficiais do Exército brasileiro 29
    Maria Cecília de Oliveira Adão

Estrangeiras em terras desconhecidas: esposas de oficiais do Exército, transferências territoriais e inserção no mercado de trabalho 49
    Sílvia Monnerat

Família militar: apontamentos sobre uma comunidade performada 67
    Fernanda Chinelli

Famílias na fronteira: experiências de esposas de militares na selva brasileira 89
    Cristina Rodrigues da Silva

Construção da subjetividade de mulheres de militares: discursos e contexto 115
    Werusca Marques Virote de Sousa Pinto

Mulheres casadas com militar: anotações sobre dinâmicas conjugais 133
    Ester Nunes Praça da Silva e Lívia Alessandra Fialho Costa

Família de militares: o caso dos Lima e Silva 155
    Adriana Barreto de Souza

Parentesco entre membros das Forças Armadas brasileiras 185
  Alexandre de Souza Costa Barros

Três comentários

Mulheres (in)visíveis no mundo militar 197
  Mirian Goldenberg

Famílias militares no Brasil e em Portugal: contrastes e continuidades.................... 201
  Helena Carreiras

Sobre como os avatares da família militar vislumbram algumas transformações
  das Forças Armadas no Brasil e na Argentina: um exercício comparativo 207
  Sabina Frederic

Sobre os autores 213

Glossário de siglas

Aman = Academia Militar das Agulhas Negras
CPEAEx = Curso de Política, Estratégia e Alta Administração do Exército
DCEM = Diretoria de Controle de Efetivos e Movimentações
Eceme = Escola de Comando e Estado-Maior do Exército
EPV = Edifício Praia Vermelha
EsAO = Escola de Aperfeiçoamento de Oficiais
IME = Instituto Militar de Engenharia
OM = Organização Militar
PEF = Pelotão Especial de Fronteira
PNR = Próprio Nacional Residencial
VO = verde-oliva

Quadro hierárquico do Exército

Simplificadamente, a hierarquia dos postos e graduações do Exército brasileiro atual é, em ordem decrescente:

Oficiais-generais:
General de exército
General de divisão
General de brigada

Oficiais superiores:
Coronel
Tenente-coronel
Major

Oficiais intermediários:
Capitão

Oficiais subalternos:
Primeiro-tenente
Segundo-tenente
Aspirante a oficial

Praças ou graduados:
Subtenente
Primeiro-sargento
Segundo-sargento
Terceiro-sargento
Cabo
Soldado

Apresentação

Celso Castro

Por meio da Portaria nº 650, de 10 de junho de 2016, o comandante do Exército estabeleceu o dia 18 de setembro como Dia da Família Militar e a "entronização" de d. Rosa Maria Paulina da Fonseca (1802-1873), nascida nesse dia, como Patrona da Família Militar. No dia 25 de novembro desse ano, a Escola de Aperfeiçoamento de Oficiais (EsAO) inaugurou seu busto na Alameda dos Patronos da Vila Militar do Rio de Janeiro, a maior guarnição militar do Brasil.

Nascida em Alagoas, Rosa Maria casou-se em 1824 com o major do Exército Imperial Manoel Mendes da Fonseca. Sete filhos do casal lutaram na Guerra do Paraguai, três dos quais morreram em combate. Entre os que sobreviveram, estavam os futuros marechais Deodoro da Fonseca, primeiro presidente republicano, e Hermes Ernesto, cujo filho, Hermes da Fonseca, eventualmente também se tornaria presidente.

Após a portaria, Rosa Maria passou a figurar na página oficial do Exército, que traz uma pequena biografia.[1] Nela se diz que, "mulher de caráter varonil", sempre apoiou o marido em suas resoluções "e o acompanhou, intimorata, nos transes da vida, até seu falecimento, já reformado no posto de Tenente-Coronel, em 24 de agosto de 1859". Diz ainda que, após receber as notícias da vitória brasileira na Batalha de Itororó (1868), na qual perdeu um de seus filhos e teve dois outros feridos, teria afirmado: "Sei o que houve. Talvez até

---

[1] Disponível em: <www.eb.mil.br/patronos/-/asset_publisher/e1fxWhhfx3Ut/content/olavo-bilac--servico-milit-1>. Acesso em: 19 fev. 2017.

Deodoro esteja morto, mas hoje é dia de gala pela vitória; amanhã, chorarei a morte deles". Conta-se também que, ao receber o Oficial que lhe apresentaria os pêsames em nome do Imperador, respondeu que a vitória que a Pátria alcançava, e que todos tinham ido defender, valia muito mais que a vida de seus filhos.

O pequeno texto usa ainda os epítetos "Mãe dos Sete Macabeus" e "Matriarca Exemplar" para referir-se a Rosa da Fonseca e diz que, ao instituir-se o Dia da Família Militar na data de seu nascimento, a instituição reconhece "a importância do espírito de sacrifício e de luta, o qual possibilita aos integrantes da Força Terrestre alcançarem o sucesso pessoal e profissional, com o sentimento de dever cumprido, seja qual for a missão".

Esse ato oficial enfatiza a importância, para a instituição, do "sacrifício" e da "luta" das mulheres de seus integrantes, companheiras e colaboradoras dos maridos ao longo de suas carreiras. Mais que isso, incentiva o sentimento de pertencimento a uma "família".

A carreira militar no Brasil era, até recentemente, exclusivamente masculina. O ingresso de mulheres começa na década de 1980 pelos quadros complementares das Forças Armadas e, apenas na primeira década do século XXI, também pela linha bélica. Mesmo assim, a instituição militar continua a estar fortemente centrada num *ethos* masculino e num modelo tradicional de família. Apesar das permanências, contudo, alguns elementos, apresentados no livro, apontam para transformações nesse cenário.

"Família militar" é o que os antropólogos chamam de uma "categoria nativa", elemento-chave na construção da identidade militar. Ela tradicionalmente inclui as mulheres e filhos. Embora esse modelo de família possa ser considerado similar ao modelo "tradicional" da sociedade brasileira, temos aqui algumas características específicas. Por acompanharem as várias mudanças de cidade dos maridos, dificilmente as mulheres podem ter um trabalho autônomo. Além disso, passam a pertencer a um mundo social que se vê, em muitos aspectos, simbolicamente apartado do que representam como o "mundo civil". Finalmente, a vida privada dessas mulheres quase sempre transcorre sob um onipresente olhar público institucional e do grupo, e reproduz em certa medida, entre elas, a hierarquia dos maridos.

* * *

Este livro reúne um conjunto de estudos que aborda, sob vários aspectos, e com diferentes perspectivas disciplinares, a família militar no Brasil. Trata-se de temática ainda pouco explorada em pesquisas acadêmicas, apesar da importância de que se reveste para a instituição.

O livro trata, contudo, quase que exclusivamente do Exército — é nesse sentido, portanto, que o termo genérico "militar" deve ser compreendido, embora provavelmente muito do que aqui é dito possa ser estendido para as duas outras Forças Armadas. Além disso, o foco é basicamente sobre o estrato superior da hierarquia militar — o corpo de oficiais —, ainda que, novamente, possamos ao menos em tese estender a imagem da "família militar" para todos os estratos hierárquicos da instituição. Finalmente, os textos tratam principalmente das mulheres *de* militares, e não de *mulheres militares*, categoria ainda pequena na instituição.

Convidei três colegas cientistas sociais, que não estudaram a família militar no Brasil, a lerem o material e fazerem comentários: Mirian Goldenberg, antropóloga autora de vários estudos sobre mulheres no Brasil; Helena Carreiras, socióloga portuguesa; e Sabina Frederic, antropóloga argentina. Suas diferentes perspectivas e olhares distanciados, porém abrangentes em relação ao livro, enriquecem-no ao estabelecer visões comparativas e iluminar aspectos mais "naturalizados" pelos autores dos diferentes capítulos.

Versões anteriores dos capítulos, à exceção do meu e do texto de Alexandre Barros, foram discutidas com as autoras, reunidas em seminário promovido pelo Laboratório de Estudos Militares da FGV/CPDOC no dia 9 de maio de 2016. Os textos finais beneficiaram-se dos comentários então feitos por todos os presentes. O evento e a publicação deste livro só foram possíveis devido ao apoio da FGV por meio do financiamento do projeto "Transformações da profissão militar no Brasil" entre 2015 e 2017. A pesquisa, em suas linhas gerais, integra-se também no âmbito de minha bolsa de produtividade do CNPq.

Gostaria de mencionar, finalmente, que ao organizar este livro busco saldar uma dívida intelectual e pessoal para com o estudo da instituição militar, que pesquiso há mais de 30 anos. Apesar de ser filho de militar e, portanto, ter vivido na "família militar" e dela ser, em alguma medida, participante, essa experiência biográfica não havia se traduzido, até agora, em reflexão acadêmica. Faço-o agora, tardiamente, dedicando esse esforço à memória de meu pai, Aldayr ("Coronel Castro") e a minha mãe, Clemilde, mulher de militar.

A "tradicional família militar": autobiografias de mulheres de militares

Celso Castro

> *La vida no es la que uno vivió,*
> *sino la que uno recuerda*
> *y cómo la recuerda para contarla.*
> Gabriel García Márquez, *Vivir para contarla*

As mulheres de militares permaneceram ocultas e praticamente desaparecidas da produção historiográfica e sociológica sobre a instituição militar no Brasil. Imersas num mundo "totalizante" (Castro, 2007), essas mulheres tradicionalmente devem dedicar-se à carreira dos maridos, permanecendo à sua sombra e inseridas de corpo e alma na "família militar".

Este capítulo examina as narrativas autobiográficas de um conjunto de 33 mulheres de militares, incluídas em três livros publicados entre 2008 e 2014. Elas permitem observar aspectos da vida militar a partir do ponto de vista de personagens cuja voz é muito pouco conhecida fora da caserna.

Caminhando com estrelas..., organizado por Marilu Carvalho e publicado em 2008, traz 31 pequenos textos. Alguns resumem em poucas páginas toda a trajetória do marido (e, por conseguinte, de sua família), enquanto outros se referem apenas a algum episódio ou período de suas vidas. *Mulher de militar* foi publicado em 2012 por Dímia Fargon, esposa de um coronel que não foi promovido a general. O mais recente, *A música vinha da sala...*, foi escrito por Márcia Modesto, esposa de um general de exército.[1]

É importante ressaltar que todas casaram-se com oficiais do Exército. Embora possamos acreditar que diversas características de suas experiências são comuns às duas outras Forças Armadas, o "militar" que aqui aparece refere-se

---

[1] Utilizarei, para as referências a citações desses livros (seguido das páginas): CE = *Caminhando com estrelas...*, MS = *A música vinha da sala...* e MM = *Mulher de militar*.

ao Exército. Além disso, à exceção do caso anteriormente mencionado, seus maridos atingiram o generalato, descrito como o "ápice" da carreira. Trata-se, portanto, de uma elite em termos de progressão na carreira e de exercício das funções de comando em seu mais alto nível.

Embora não haja informações biográficas precisas para todas as autoras, pode-se perceber que a maioria nasceu nas décadas de 1930 e 1940, casou-se entre o final dos anos 1940 e a década de 1960 (a mais nova, no final dos anos 1970), e seus maridos passaram à reserva entre 1983 (o único que não foi promovido a general) e 2016, o mais recente — a maioria estava no generalato nas décadas de 1980 ou 1990.

É problemático dizer que elas pertencem a uma "geração" em termos etários; narram, contudo, experiências e opiniões muito convergentes. Seus textos trazem imagens, opiniões e referências recorrentes. Há uma série de ciclos, rituais, momentos-chave e pontos de inflexão previsíveis na carreira de seus maridos. Como nos ensina Everett Hughes, eles conjugam-se com as trajetórias pessoais e o tempo histórico em que se vive (Hughes, 2005). Podemos também ver esse cruzamento de trajetória pessoal (no caso, familiar) e tempo histórico a partir da noção de "campo de possibilidades" de Gilberto Velho, para quem cada projeto "formula-se e é elaborado dentro de um *campo de possibilidades*, circunscrito histórica e culturalmente, tanto em termos da própria noção de indivíduo quanto dos temas, prioridades e paradigmas culturais existentes" (Velho, 2013:101).

Examinando as narrativas autobiográficas dessas mulheres de militares, pode-se ver que esses momentos e passagens previsíveis trazem, também, a expectativa de sentimentos obrigatórios a eles associados, e institucionalmente chancelados. Os adjetivos, metáforas e imagens repetem-se com grande frequência. Fica evidente que passar por uma série de rituais coletivos permite que se adquira um sentimento de segurança, por viver algo compartilhado com outras mulheres de militares.

Resumo, a seguir, alguns dos principais elementos e momentos de suas narrativas, construindo uma espécie de "tipo ideal" da mulher de militar e de sua família.

O ingresso na "família militar"

Excetuando-se as que já eram filhas de militar antes de se casarem, essas mulheres entraram na "família militar" quando se casaram — muitas vezes, sem terem familiaridade com o "mundo militar". Conheceram seus futuros maridos ainda muito jovens e encantaram-se com suas fardas, sendo comum a imagem de um "príncipe" de contos de fada. Casaram-se logo após a formatura deles na Academia Militar das Agulhas Negras (Aman), se possível em espaços militares, como as capelas do Colégio Militar ou da Vila Militar. A cerimônia contou com o tradicional "cruzamento de espadas" dos colegas do marido, ritual que uma delas explica do seguinte modo:

> Nos casamentos de militares, após a cerimônia religiosa, quando os noivos saem da igreja, passam pelo corredor de amigos fardados, sob o tilintar das espadas. Isso não significa apenas um detalhe luxuoso do cerimonial, mas que a noiva está também casando com a profissão do marido. Aceitei casar-me com o Exército e levei o tenente como amante [MS:107].

Pouco depois, passaram pela primeira de muitas mudanças de casa (geralmente, também de cidade) devido às transferências dos maridos. Embora já tivessem ouvido que "viveriam com a casa nas costas", numa "vida de cigano", não estavam preparadas para a quantidade — são mencionadas entre 18 e 27 mudanças nos livros — nem para a intensidade dos problemas que enfrentariam.

A chegada a uma nova cidade é marcada, muitas vezes, por uma fase liminar, de espera de liberação da residência funcional em vilas ou prédios militares — os famosos Próprio Nacional Residencial (PNR), extremamente desejados pela economia que trazem para os orçamentos domésticos, quando se compara com o gasto que teriam no mercado de aluguéis. Essa espera se dá na maioria das vezes em hotéis de trânsito do Exército, ou em alguma residência provisória. Nessa fase, aprendem a importância da *solidariedade* de outras famílias militares que vivem no local, e que lhes emprestam utensílios de cozinha, roupas de cama e outros itens necessários, ou mesmo hospedam temporariamente os recém-chegados.

Essa experiência marca, de fato, a primeira sensação de se pertencer à "família militar" em sua plenitude:

> Nossos vizinhos tornam-se membros de nossa própria família. Protegemos seus filhos como se fossem nossos. [...] Tomamos emprestados os pais e mães para nos dar um colo, quando estamos com saudade dos nossos. Por isso, chamamos de "família militar". [MS:82]

O corte inicial muitas vezes é intenso, e assim descrito por uma delas, que se mudou, logo após casar, para Ponta Porã: "Aí veio a tristeza de deixar a família, os amigos, e seguir para o desconhecido. Confesso, chorei muito. Escondida e baixinho. Até o dia da partida, e aí sim foi triste" (CE:63).

Essa experiência inicial e fundadora, vale ressaltar, coincide em geral com o afastamento da família de origem. Com esta, serão mantidos vínculos mais intermitentes, por meio de visitas e temporadas de férias.

Muitas entre as autoras engravidaram logo, e em geral tiveram mais de um filho, nascido, quando possível, em hospitais militares. A experiência comum da maternidade aumenta a solidariedade grupal e reforça a imagem de uma "família verde-oliva". Os filhos das outras famílias militares serão tratados como sobrinhos, e se tornará comum para eles referirem-se aos colegas dos pais e suas mulheres como "tios" e "tias". Em grande parte do tempo, a vida é passada em companhia de outras mulheres e crianças, em função das muitas viagens, manobras e outros compromissos institucionais de seus maridos.

As mudanças devido às sucessivas transferências — seus maridos, em geral, não passam mais de dois anos em uma única guarnição — marcam fortemente suas narrativas. Para além das sucessivas readaptações às novas localidades e dos transtornos ocasionados pela mudança de casa, vive-se também a dificuldade em se lidar com a matrícula dos filhos em novos colégios. Estes muitas vezes sofrem com a perda dos antigos amigos e colegas, enquanto não fazem outros. Quando estudam em colégios militares, essa sensação pode ser minorada. Poucos filhos de militares, porém, manterão amizades de longa data, o que é visto como um ponto negativo. Esse ciclo se repete muitas vezes: "Mudanças, recomeços, escolas. A roda da vida girando, em uma velocidade que nem percebemos" (CE:36).

São previsíveis, contudo, alguns reencontros com colegas da mesma turma de formatura dos maridos, ou de turmas próximas, em decorrência de sucessivos períodos de escolarização. O primeiro deles ocorre quando eles seguem, no posto de capitão, para cursar durante um ano a EsAO, na Vila Militar do Rio de Janeiro. Uma das autoras diz que foi um período inesquecível, pois a Vila "constituía-se em uma grande família, todos os oficiais que ali moravam eram da arma de artilharia, a maioria das esposas nossas velhas conhecidas. Muita alegria. Partilhávamos de tudo, brincadeira das crianças, problemas e tristezas" (CE:36).

Pelo fato de a Vila Militar estar localizada no subúrbio de Deodoro, com um entorno considerado perigoso, e também pelo fato de que a maioria das mulheres está com filhos ainda pequenos, a sensação de isolamento do mundo "de fora" é grande, e a concentração de interações no próprio ambiente da caserna é enorme.

Outros reencontros, embora geralmente de menor escala e impacto, em função dos filtros da carreira, ocorrem durante o curso de dois anos da Escola de Comando e Estado-Maior do Exército (Eceme) (quando os maridos estão no posto de major) e, às vezes, no curso de um ano do Curso de Política, Estratégia e Alta Administração do Exército (CPEAEx) (no posto de coronel). Ambos são cursados na praia Vermelha, Zona Sul do Rio de Janeiro, com moradia no Edifício Praia Vermelha.

Algumas mulheres aproveitam o tempo livre para acompanhar o Curso de Extensão Cultural da Mulher, atividade tradicional que ocorre no Clube Militar e que consiste em palestras semanais com convidados, sobre os mais variados temas. A maioria, contudo, fica muito ocupada, para além das tarefas domésticas e do cuidado com os filhos, com eventuais auxílios aos maridos nos estudos (por exemplo, "iluminando" os mapas usados nas provas, ou colando letras nos dicionários para facilitar a consulta) ou com a participação nos muitos eventos sociais ligados à vida na "família militar". Nesses eventos, vale observar, geralmente há uma clara separação entre homens e mulheres.

A experiência de morar em Brasília, pela qual todas passam ao menos uma vez na vida, também é marcada por festas e intensa vida social. Em suas narrativas, porém, diferentes das atividades sociais, as de Brasília são marcadas pela proximidade do poder e pelo fato de que algumas ocorrem em palácios do governo.

A presença das mulheres nos eventos militares tem grande importância e centralidade. Ao chegarem a uma nova guarnição ou a uma nova escola, os oficiais e suas esposas (e, muitas vezes, filhos) são apresentados à comunidade militar. Nas cerimônias de passagem de comando, a mulher do novo comandante e por vezes seus filhos são inseridos no protocolo e publicamente apresentados. Quando há a visita de um oficial estrangeiro e o marido é designado para acompanhá-lo, a esposa também é "designada" para acompanhar a esposa do visitante, caso ela o acompanhe.

Apesar do onipresente relato das dificuldades com as sucessivas mudanças, há também uma nota positiva, em geral associada à percepção de que, com as mudanças, conhece-se todo o Brasil, e mesmo algum outro país, quando o marido vai fazer algum curso longo ou desempenhar alguma missão, como a de adido militar à embaixada do Brasil.

Uma carreira para toda a família, num mundo "totalizante"

> Casar-se com um militar é casar também com a profissão dele [MS:17].

A vida da mulher de militar se passa numa instituição que prefiro chamar de "totalizante", para diferenciá-la da noção de "instituição total" descrita por Erving Goffman (1974). Ao propor a caraterização de "totalizante", pretendo:

> qualificar o ato de atribuir um caráter total. Totalizante deriva de totalizar, que significa calcular ou formar o total, ter como total, perfazer um total. A mudança de caracterização — de total para totalizante — pretende caracterizar melhor uma experiência totalizadora e básica para a identidade militar, que engloba e fundamenta as características diferenciais entre militares e paisanos: a da preeminência da coletividade sobre os indivíduos. O resultado é a representação da carreira militar como uma "carreira total" num mundo coerente, repleto de significação e onde as pessoas "têm vínculos" entre si [Castro, 2007].

Nesse contexto, a dedicação à família deve ser a prioridade. A carreira do marido torna-se o centro de um *projeto familiar*. Poucas entre as autoras conseguiram manter uma atividade profissional após o casamento, e conscientemente se "sacrificaram" em prol da carreira dos maridos, pois: "Tal como a âncora que segura a embarcação, a mulher do militar é quem dá suporte para o sucesso do marido e dos filhos" (CE:150). A tarefa que cabe à mulher de um oficial é:

> apoiar sempre e em todas as circunstâncias o trabalho do marido, não para lhe apagar o brilho, mas, antes, ser uma coadjuvante que ele sabe estar ali sempre que ele precise. Ser a força do descanso no ambiente familiar e nas funções que lhe sejam outorgadas como mulher e companheira de um homem de caserna que seria, num futuro próximo, responsável por comandar outros homens [CE:154].

As mudanças sucessivas contribuem para a dificuldade em se manter uma atividade profissional própria, mas para isso também contribuem, em alguns casos narrados, os ciúmes ou uma visão mais tradicional do papel da mulher, expressos pelo marido.

Por vezes, as mulheres mantiveram trabalhos esporádicos ou atividades que visavam a complementar um pouco a renda familiar, como ministrar aulas particulares ou fabricar artesanato, muitas vezes restritas ao próprio "mundo militar". Eram, no entanto, atividades vistas como temporárias e secundárias em relação à carreira do marido.

O salário dos maridos é sempre considerado aquém do desejável — é recorrente a imagem do "dinheiro contado". Uma delas afirma que um general conhecido dizia que "o Exército contrata duas pessoas (marido e esposa) e só paga uma" (MS:390). A eventual ida para uma missão no exterior é um momento feliz porque se recebe em dólares; pode-se, então, na volta, comprar um carro ou dar entrada em um apartamento próprio.

Podemos observar claramente, nas narrativas, a "imersão" das mulheres num espaço social marcado pela instituição militar — capelas, hospitais, vilas, clubes, colégios. Como diz uma delas: "Somos VO, mulheres verde-oliva" (MS:377). A sensação de diferenciação — e afastamento — com o "mundo civil" é forte. Ela foi agravada, na vida dessas mulheres, pela experiência de terem vivido a carreira de seus maridos em grande parte durante o Regime Militar. Algumas poucas passagens deixam isso explícito, embora acredite que seja uma experiência mais geral.

As mais antigas lembram-se do governo de João Goulart como um período de insegurança: "Não havia clareza nas intenções dos dirigentes nem em suas atitudes. Éramos uma nau desgovernada, ao sabor dos ventos" (MM:23).

Outra, que veio morar no Rio de Janeiro em 1964, diz: "O País atravessava um momento crítico, daí resultando uma situação excepcional. [...] Os acontecimentos conduziram a caminhos indefinidos e surpreendentes e novas posturas se fizeram necessárias para que a ordem fosse estabelecida" (CE:138).

Veio então o golpe de 64 — ou "Revolução Democrática", como uma delas chama — e o país foi "recolocado no rumo certo". A sensação de hostilidade por parte de alguns setores da população está, contudo, presente. Uma delas diz que: "Em Recife [onde morou do final de 1964 até 1971] nunca sentimos o preconceito nem aquela raiva que, muitas vezes, tivemos de aguentar caladas, em outros lugares..." (CE:70). Outra, cujo marido foi transferido para o Rio de Janeiro em 1983, explica por que não queria ir: "Várias pessoas diziam que era o pior lugar para militar, que os civis não gostavam de quem usava farda, que a imprensa era muito parcial, que havia um enorme preconceito contra os oficiais e suas famílias [...]" (CE:64). No prefácio de *Caminhando com estrelas...*, a organizadora diz que o livro não pretende "despertar polêmicas que possam conduzir a questionamentos políticos pelo fato de sua narrativa perpassar um período especial da história do nosso País quando esteve sob o governo dos militares" (CE:11).

Vemos, com esses exemplos, como se manifesta o peso da conjuntura política, e como ele faz tomar uma atitude defensiva e fechar-se mais e mais no "mundo militar". O relacionamento com o "mundo civil", contudo, precisa ocorrer em algumas circunstâncias. Uma delas é quando o marido vai comandar uma unidade militar. Cabe então à mulher promover e participar de eventos assistencialistas. Estes, mesmo quando ocorrem nas vilas ou "círculos militares" (clubes que os maridos, tradicionalmente, também dirigem enquanto estão no comando), muitas vezes envolvem a "aproximação" ou "integração" com a "sociedade civil". A tarefa reveste-se de maior importância nas cidades menores, em função do destaque social que o marido passa a ter. É interessante observar que não há, por simetria, uma "família civil" no discurso das autoras, que frequentemente afirmam que a solidariedade reinante na "família militar" é vista com inveja pelos civis.

Há o relato, nos livros, de vários grupos e associações beneficentes e assistencialistas criados pelas mulheres de militares, muitas vezes visando a auxiliar o extrato mais baixo da carreira militar — soldados, cabos e sargentos; outras, voltadas para populações carentes. Como uma das autoras afirma: "A experiência demonstrou que os trabalhos em obras de caridade são os que mais congregam as esposas de militares, facilitam a integração com a sociedade, além do benefício social que trazem" (CE:198).

Muito frequentes são também os relatos de eventos e reuniões que a "esposa do comandante" tem que organizar na unidade em que o marido comanda, ou na vila em que moram: cultos religiosos, chás de solidariedade, visitas a asilos levando presentes, "costurinhas" para confecção de enxovais de bebês, acompanhar visitas de militares e civis à unidade que o marido comanda, participação em datas comemorativas e eventos cívicos, bailes e jantares beneficentes etc.

Nesses momentos, fica mais claro como a hierarquia e a disciplina, consideradas "pilares" da vida militar, passam a ser vividas cotidianamente e encarnadas pelas mulheres dos militares, mesmo elas não tendo qualquer vínculo formal com a instituição. Elas se tornam "coronelas" ou "generalas", mantendo uma hierarquia, entre as mulheres, correspondente à dos maridos. Torna-se "natural" que a esposa do comandante organize as atividades, "auxiliada" pelas esposas dos oficiais mais "modernos" ou dos praças. Muitas vezes, essa hierarquização das mulheres é vista sob uma ótica familiar, como se a mulher do comandante fosse uma espécie de "mãe" para as mulheres mais jovens.

O generalato: o ápice da carreira

Um momento decisivo na trajetória familiar dessas mulheres foi a passagem dos maridos ao posto de general. As promoções no Exército são praticamente automáticas até o posto de coronel, mas o generalato é reservado para poucos, e obedece a critérios políticos internos à instituição. A ansiedade com a divulgação das promoções pelo Alto Comando do Exército é grande. A promoção a general, quando acontece, é recebida com muita comemoração e alegria: é o "coroamento" de toda uma trajetória, o "sonho" de todo oficial, e de toda a família: "Senti que a vitória era nossa, era de toda a família" (CE:83).

Essa promoção não ocorre, contudo, para a maioria. Da turma de cerca de 350 oficiais que a Aman forma por ano, somente cerca de 15 a 20 serão promovidos a general de brigada, e uns quatro ou cinco chegarão a general de exército, o último posto da carreira. Pode-se permanecer no máximo quatro anos em cada posto, ou seja, até 12 anos no máximo como general. Como explica didaticamente uma das autoras, cujo marido chegou a general de exército:

> Quando um oficial general mais moderno é promovido antes dos mais antigos, estes têm seus nomes retirados da lista de promoções, e a esperança de promoção acaba para eles. Nesses casos, são os preteridos — palavra medonha a qualquer situação e profissão. [...] Algumas esposas sofrem mais que seus maridos, porque, muitas vezes, deixaram de lado seus próprios sonhos, para sonhar os sonhos deles. Sentem-se igualmente preteridas e até adoecem [MS:377].

A aposentadoria para os militares — a rigor, a "passagem à reserva" — ocorre, nesses casos, súbita e automaticamente:

> Tanto para coronéis, bem cotados para saírem generais, quanto aos generais bem cotados para atingirem as outras duas etapas, a notícia para os que devem parar, chega de supetão, sem aviso prévio. Eles saem para trabalhar de manhã, como sempre. Encontram seus projetos sobre suas mesas, como sempre. Vários ainda em andamento. À tarde, recebem a notícia de que no dia seguinte estarão na reserva. É esquisito! Perde-se o chão. Ninguém consegue se preparar para isso [MS:381].

É uma experiência vista pelas mulheres como muito difícil, pois: "A farda verde-oliva gruda na pele e entranha pelos poros" (MS:379).

Embora o marido de 32 das autoras tenha atingido o generalato, é interessante examinar a narrativa da única que viu seu marido, coronel, não ser promovido. O título do capítulo em que descreve esse momento — "O fim melancólico de uma carreira" — é bem evocativo do sentimento que desperta. O marido, que então tinha 53 anos e era adido militar junto à embaixada do Brasil no Iraque, voltou do trabalho "desfigurado" após receber a notícia: "Ele, geralmente falador, foi lacônico comigo. Também não encontrei palavras para consolá-lo. Acolhi-o em meus braços e, abrigando-o, expressei todo o meu sofrimento solidário. Isso, sim, era um comunicado definitivo" (MM:169). Uma semana depois, chegou o Boletim do Exército comunicando a passagem do marido para a reserva:

Enterraram mais um pouco o punhal no coração dele. O mesmo coração que pulsara pela profissão galhardamente por quase 40 anos. Enfim, pela primeira vez, Gabriel fez um comentário: "Deus me deu o pior dos castigos…" Beijei-o na testa. Às vezes, o silêncio vale mais do que as palavras [MM:170].

Há, mesmo entre os relatos das esposas de generais, palavras fortes de duas cujos maridos não progrediram até o último posto do generalato. Uma diz que a "convicção da injustiça" tomou conta da cabeça do marido; o mesmo sentimento é registrado pela outra, que diz que o marido "nunca baixou a cabeça nem perdeu sua honra para conseguir galgar o último posto que infelizmente lhe foi negado" (CE:61). Diz ainda que:

> Do tempo do Exército, eu posso dizer que quase tudo foi felicidade, não fosse a decepção pela qual meu marido passou ao deixar de ser promovido ao último posto. Assim, Vitor deixou o Exército e nem à despedida compareceu. Eu nunca mais consegui ser a mesma, não por mim, mas por meu marido que fez tudo pelo Exército e se viu privado do reconhecimento mais eloquente [CE:58-60].

Considerações finais: balanço de suas vidas

O balanço que as autoras fazem da vida na "família verde-oliva" é sempre positivo, mesmo considerando-se os casos de não promoção mencionados: "valeu a pena" é a expressão recorrente. Suas trajetórias são vistas como exemplos de "parceria" e "cooperação", "cobrindo a retaguarda" do marido na dedicação a um bem superior — seu progresso na carreira: "A nossa história está inexoravelmente vinculada à história deles" (CE:13). O sucesso — principalmente quando culmina na aquisição das estrelas de general — é de um projeto de toda a família:

> Estava cumprida a missão! A família cumprira a missão." Nossos filhos […] e nós. Quatro caminhantes com as Estrelas! Cada um com a sua parcela de participação, mas sempre unidos recebendo e dando apoio. Caminhamos de braços dados para vencer todos os obstáculos que se nos apresentaram [CE:108].

Fica a percepção de que elas também vestiram o "uniforme verde-oliva": "E confesso que, até hoje, 58 anos depois, eu e Armando não despimos, ainda, esse verde-oliva, porque não entramos nele, ele entrou em nós" (CE:129). É útil lembrar aqui da equação de Simmel (1939: cap. 10) a respeito da expansão dos círculos sociais e o desenvolvimento da individualidade: quanto mais estreito o círculo, como no caso do mundo militar, mais a identidade individual aparece englobada e referida à comunidade.

É preciso, todavia, recordar, nessa caracterização da família militar, que os relatos são, com uma única exceção, de mulheres "vitoriosas", cujos maridos atingiram o "ápice" da profissão, o generalato, fazendo jus ao tratamento de "Excelências".

Os ciclos da vida e os momentos de transição pelos quais essas mulheres passaram são, como vimos, muito recorrentes e persistentes em suas narrativas. Mesmo vivendo num período no qual o papel da mulher e do casamento alteraram-se profundamente na sociedade brasileira, manteve-se como ideal o modelo de uma Tradicional Família Militar. Esse modelo não deve ser visto como imutável. Ele pode ser influenciado pelo contexto histórico e político, que afeta a interação com a "sociedade civil". Pode, também, sofrer o efeito de mudanças societais, como a maior participação das mulheres no mercado de trabalho, ou institucionais, como o ingresso de mulheres nas Forças Armadas. Neste caso, introduz-se um tipo novo na família: a mulher de militar que é também, ela mesma, um militar.

É notável, contudo, como persistiu, ao longo do tempo descrito nas narrativas autobiográficas que examinamos, uma experiência de longa duração, como que "encapsulada" no "mundo militar".

Referências

CARVALHO, Marilu. *Caminhando com estrelas...* Brasília: Thesaurus, 2008.
CASTRO, Celso. Goffman e os militares: sobre o conceito de instituição total. *Militares e Política*, n. 1, jul./dez. 2007. Disponível em: <www.lemp.ifcs.ufrj.br/revista/anter.html>. Acesso em: 21 fev. 2017.
FARGON, Dímia. *Mulher de militar*. Rio de Janeiro: Biblioteca do Exército, 2012.

GOFFMAN, Erving. *Manicômios, prisões e conventos*. São Paulo, Perspectiva, 1974.

HUGHES, Everett. Ciclos, pontos de inflexão e carreiras. *Teoria e Pesquisa*, n. 46, p. 163-173, 2005 [1952].

MODESTO, Márcia. *A música vinha da sala…* Rio de Janeiro: Multifoco, 2014.

SIMMEL, Georg. *Sociología*. Buenos Aires: Espasa-Calpe, 1939 [1908]. 2 v.

VELHO, Gilberto. *Um antropólogo na cidade*. Ensaios de antropologia urbana. Rio de Janeiro: Zahar, 2013.

Projeto e individualismo: considerações sobre a adesão das esposas ao projeto profissional dos oficiais do Exército brasileiro

Maria Cecília de Oliveira Adão[1]

Para se tornar um oficial militar, um cadete passa por um intenso processo de formação que visa não somente romper com sua identidade anterior, mas, também, mudar a concepção que ele tem sobre si mesmo e o identificar com uma nova função, um novo papel, que por vezes é considerado mais digno e moralmente superior. Para adequarem-se a essa nova vida e serem dignificados por meio dela, os alunos das academias militares são levados, desde o primeiro momento, a formar ou introjetar o que se convencionou chamar "espírito de corpo". Este pode ser definido como um sentimento de companheirismo e solidariedade que deve acompanhá-los e ampará-los não só durante a estada na academia, mas por toda a carreira militar e que, com o tempo, se traduz em apego e zelo por toda a instituição.

Esse tipo de atitude é bastante valorizado porque ajuda o aluno a suportar e vencer os períodos iniciais, principalmente o de adaptação. Naquele

---

[1] O texto deste capítulo é parte da tese *A mudança da tradição: esposas, comportamento e Forças Armadas (1964-1998)*, por mim defendida na Universidade Estadual Paulista (Unesp/Franca). Utilizando a metodologia da história oral, a coleta dos depoimentos aqui utilizados foi realizada entre os dias 20 e 22 de janeiro de 2008 na cidade de Brasília, sob a organização do Centro de Comunicação Social do Exército (CeComSEx). Contamos com a participação de cinco casais militares, dois deles compostos por oficiais superiores (coronéis) e suas esposas civis, outro por um oficial subalterno (capitão) e sua esposa, também civil, o quarto composto por uma oficial subalterna (capitão) e seu marido, ex-membro do Serviço Temporário do Exército, e o último composto por uma oficial subalterna (tenente) e seu marido (subtenente). Para proteger as identidades dos depoentes, os nomes foram modificados.

momento são comuns as sensações de desamparo pelo afastamento da vida familiar cotidiana, na maior parte das vezes acrescido da distância geográfica, e apreensão quanto ao desempenho e permanência na academia; sentimentos que podem ser minorados pela solidariedade entre os alunos. Esse estado de união e disposição ao apoio mútuo é bastante valorizado na caserna e tido como fundamental para a manutenção de seu funcionamento.

O processo de socialização dos cadetes também envolve a aquisição de outros valores morais que deverão nortear suas ações não só ao longo de sua carreira, mas ao longo de sua vida, enquanto forem considerados militares, mesmo não estando mais no serviço ativo. Oliveiros Ferreira considera que a busca desses valores é orientada pela "ideia predominante" de honra, que deve acompanhar o militar e promover condutas que o levem a ser considerado digno do oficialato e da defesa da pátria. Em consonância, Celso Castro (2004:44) lista uma série de atributos que, em sua pesquisa, aparecem valorizados pelos cadetes e que, nessa perspectiva, são por nós considerados complementares e necessários para o exercício da conduta honrosa definida por Ferreira, tais como seriedade, profissionalismo, competência, maturidade, disciplina e ordem.

É interessante notar, como nos chama a atenção Oliveiros Ferreira (2000), que esses valores devem resultar em "conduta moral e profissional irrepreensíveis", conforme estabelece o Estatuto dos Militares em seu Título II, Capítulo I, Seção II, que versa sobre os deveres militares relacionados com a ética. São, portanto, valores cuja busca é incentivada e que devem resultar em ações e atitudes regulamentadas por estatutos de aplicação interna à corporação. Além disso, o cultivo desses valores deve, também, estabelecer uma diferença comportamental evidente entre militares e civis, culminando com um afastamento do militar do mundo civil. De acordo com Castro (2004:44), os atributos morais percebidos pelos cadetes "reforçam e ampliam aquela fronteira (entre nós-militares e eles-civis): o senso de honestidade e 'retidão' de caráter; a preocupação com causas nobres e elevadas — Pátria, Brasil [...]; o 'espírito de renúncia' e o desapego a bens materiais; o respeito à ordem, à disciplina e à hierarquia". Dessa maneira, ao cabo de sua formação, os militares se percebem como moralmente superiores aos civis.

Consideramos, portanto, que o processo de socialização militar visa substituir a identidade anterior do cadete por outra, tida como mais dignificante e, por isso mesmo, com alto valor positivo e que deve incidir diretamente sobre sua conduta tanto entre seus pares como também no mundo civil. Esse processo pode, ainda, ser estudado pela perspectiva do individualismo, conforme análise realizada por Gilberto Velho (1999). De acordo com o autor, vivemos em uma sociedade complexa, que pode ser definida como

> uma sociedade na qual a divisão social do trabalho e a distribuição de riquezas delineiam *categorias sociais distinguíveis com continuidade histórica*, sejam classes sociais, estratos, castas. Por outro lado, a noção de complexidade traz também a ideia de uma heterogeneidade cultural que deve ser entendida como a coexistência, harmoniosa ou não, de uma pluralidade de tradições cujas bases podem ser ocupacionais, étnicas, religiosas etc. [Velho, 1999:16, ênfase do autor].

A sociedade complexa apresenta aos indivíduos oportunidades de realizarem seus projetos, ou seja, ações "com algum *objetivo predeterminado*" (Velho, 1999:26, ênfase do autor), em contextos com diferentes potenciais para individualização ou desindividualização, ou seja, mais ou menos totalizantes.[2] Para que haja projeto, é necessário que o indivíduo possa escolher e orientar-se dentro de "*um campo de possibilidades*, circunscrito histórica e culturalmente, tanto em termos da própria noção de indivíduo como dos temas, prioridades e paradigmas culturais existentes" (Velho, 1999:72). Todo indivíduo está imerso em um contexto histórico e, portanto, sujeito a suas determinações, estando seus projetos submetidos aos mesmos pressupostos.

Partindo dessa perspectiva, consideramos que, quando o cadete opta por ingressar numa academia militar e tornar-se um oficial, ele dá início a um projeto individual que envolve a aquisição das características e valores anteriormente descritos e que se desenvolverá dentro de uma instituição

---

[2] Celso Castro propõe que a instituição militar seja classificada como *totalizante* — e não total, nos moldes de Erving Goffman (Goffman, 2003:17) —, uma vez que essa conceituação "pretende caracterizar melhor uma experiência totalizadora e básica para a identidade militar, que engloba e fundamenta as características diferenciais entre militares e paisanos: a da preeminência da coletividade sobre os indivíduos. O resultado é a representação da carreira militar como uma 'carreira total' num mundo coerente, repleto de significação e onde as pessoas 'têm vínculos' entre si" (Castro, 2007:5).

com alto potencial totalizante. Nas palavras de um subtenente, ao referir-se à formação dos cadetes:

> O que acontece é que mesmo não havendo contato anterior ou militares na família, o contexto onde está inserido aquele que pretende a carreira militar, quando ele busca isso, ele está isolando outras opções de vida: iniciativa privada, curso superior, estágio. Ele está inserido em um grupo muito parecido, porque há muitas semelhanças nesse grupo. Por isso que a unidade se dá tão forte lá dentro, são pessoas que se identificam e são um grupo verdadeiro. Pessoas que se juntam com objetivos comuns. [...] Quando eles se juntam, eles vão com objetivos muito parecidos. Não interessa que não sejam, ainda, militares, mas eles acreditam no valor da carreira militar.

Cremos, portanto, que uma vez terminado seu processo de profissionalização, o oficial passará a compor um grupo homogêneo, com forte ligação e coesão interna, que possui uma formação com alto grau de especialidade, bem como exigências profissionais bastante específicas.

É interessante perceber como a ideia de casamento e formação de um núcleo familiar próprio se relaciona com os valores e com a carreira militar. Nessa perspectiva, o casamento seria uma forma de o militar reafirmar a eficácia da formação que recebeu e de exercer os valores do grupo. As palavras do subtenente Martins confirmam essa percepção:

> Dificilmente você vai pegar militares ou qualquer outro aluno saído de outra escola que já não vislumbre um casamento, mesmo com vinte e poucos anos de idade. Por quê? Porque nessa profissão eles garantem que são homens formados. [...] E como ser um homem formado se não pensar em família? Entende? São valores, são conceitos que não são originários da instituição militar, mas eles se encontram no grupo dos militares.

Em concordância com o entrevistado, cremos que objetivar um casamento, mesmo que nos primeiros anos da carreira, seja uma maneira de agir em conformidade com os valores adquiridos no processo de formação militar. Em complementaridade, o casamento seria visto, ainda, como uma possibilidade de receber o apoio necessário para superar as exigências da profissão. Na percepção do coronel Miranda,

> As esposas, normalmente, cooperam sobremaneira. Dificilmente um militar vai passar uma vida e vencer seus desafios profissionais, os seus cursos, o seu caminho de obstáculos — que é natural que existam — se ele não tiver uma companheira. A companheira é uma essência do sucesso das pessoas.

Tendo em vista essa fala, seria razoável considerar que as esposas, para contribuir com o sucesso de seus maridos, precisariam aderir aos seus projetos de carreira. Cabe, portanto, verificar como se dá essa adesão e como as esposas se adaptam às exigências específicas da profissão militar. Considerando a perspectiva de Velho sobre o individualismo,

> Quanto mais exposto estiver o ator a experiências diversificadas, […] quanto menos fechada for sua rede de relações ao nível de seu cotidiano, mais marcada será a sua autopercepção de *individualidade singular*. Por sua vez, a essa consciência da individualidade — fabricada dentro de uma experiência cultural específica — corresponderá uma maior elaboração do projeto [Velho, 1999:35].

Assim, podemos afirmar que o oposto também é verdadeiro: quanto mais restrita for a rede de relações, menos individualista será o projeto. As palavras do subtenente Martins, marido da tenente Camila, ilustram essa afirmação:

> Agora tenho que tentar ver esse lado da mulher que se casa com um militar. Mais uma vez tem que se destacar o que é da cultura da comunidade do que da cultura de um grande centro. Tudo tem que ficar bem caracterizado. Por que eu falo isso? Eu acho que pela educação, pelo que é dado num grande centro, aquilo que uma mulher já independente — vamos dizer assim: já dona do seu futuro, estudando, trabalhando — tem como visão de sociedade é diferente daquela mulher que está morando com os pais ou com certo rigor de alguns conceitos tradicionais de família. São coisas diferentes.

Desse modo, percebemos que as mulheres que participaram desta pesquisa apresentam diferentes níveis de adesão à carreira de seus maridos, o que corresponde, também, a diferentes percepções de projeto, que podem ser mais ou menos individualizantes.

Nesse ponto, é relevante indicar que consideramos que nas famílias militares estudadas convivem e se interpenetram duas temporalidades.[3] A primeira se refere às esposas que foram socializadas até o início da década de 1960 e que apresentam um comportamento coerente com o estereótipo de gênero praticado no período.[4] A segunda é referente às mulheres que passaram pelo mesmo processo, mas a partir do final dos anos 1960. Educadas a partir de uma atitude de gênero mais flexível em relação ao papel a ser desempenhado, essas mulheres passaram a ocupar cada vez mais espaços, inclusive os tidos como exclusivamente masculinos, como o mercado de trabalho e o próprio Exército.

As diferentes atitudes de gênero apresentadas por essas mulheres levam a diferentes níveis de inserção social e à formação de redes de relações sociais diversas, como no caso das que desenvolvem atividades profissionais fora do lar e das que permanecem em casa. Essa diferenciação resultará em diferentes proporções de adesão ao projeto da carreira militar do marido. Percebemos ainda, entre os depoentes, uma diferença nos discursos, tanto de maridos quanto das esposas, entre aqueles que são oficiais superiores (dois coronéis e suas esposas) e aqueles que são oficiais intermediários (dois capitães e seus cônjuges) e oficiais subalternos (uma tenente e seu marido). Acreditamos que essas diferenças se devam a três fatores. Primeiro, o maior tempo de permanência na instituição no caso dos coronéis. Segundo, por serem mais velhos, esses casais estariam mais sujeitos às determinações dos estereótipos e atitudes de gênero comuns nos processos de socialização praticados até o final da década de 1960, enquanto as expectativas em relação às características demonstradas pelos demais casais seriam mais flexíveis. Finalmente, os demais oficiais citados pertencem aos quadros complementares, ou seja, não

---

[3] É importante indicar que essas duas temporalidades correspondem a dois modelos que apontam para uma tendência geral, mas não abarcam todas as situações existentes. Assim, consideramos que tanto quanto poderia haver casos de menor adesão entre as esposas da primeira temporalidade, pode haver casos de adesão total entre as esposas da segunda temporalidade.

[4] Maria Alice D'Amorim considera que existe uma permanência do estereótipo de gênero — entendido como "a percepção da tipicabilidade do traço segundo o sexo" — ao longo das décadas, mas que, no entanto, há uma flexibilização constante quanto à atitude de gênero, sendo essa definida como o que se considera desejável como característica para cada sexo. Acreditamos que a flexibilização da atitude de gênero ao longo do período estudado tem permitido que as mulheres atuem de forma diversa das anteriormente aceitas e contribui para a compreensão dessa atuação nos diferentes espaços, inclusive nos tidos como marcadamente masculinos (D'Amorim, 1996:160).

são militares de carreira e, portanto, estão sujeitos a um menor número de transferências e não aspiram aos postos do topo da hierarquia militar.

Assim, podemos destacar que, entre esposas mais velhas e aquelas que são filhas de militares, a adesão ao projeto profissional do marido é mais acentuada. Percebemos isso no depoimento de uma esposa de general:

> Ao aceitar o convite de amigas para escrever *um testemunho vivido durante "minha vida no Exército"*, achei que seria um livreto, onde outras mulheres também colocariam suas impressões sobre esse período, mas sem grandes pretensões, seria apenas uma gostosa conversa entre amigas, uma maneira de relembrar um tempo que nos marcou tanto. E marcou tanto, por quê? *Foram 42 anos vividos dentro de "uniforme verde-oliva". E confesso que, até hoje, 58 anos depois, eu e Armando não despimos, ainda, esse verde-oliva, porque não entramos nele, ele entrou em nós* [Carvalho, 2008:29].

No que se refere às filhas de militares, cremos que o fato de conviverem desde a infância em ambiente militar e terem sua rede de sociabilidade formada predominantemente por pessoas pertencentes a esse grupo potencializa essa adesão.

Podemos verificar, ainda, que a dedicação à vida familiar é vista como a maneira pela qual a esposa contribui para o sucesso do projeto profissional do marido, que passa a ser também o dela, já que os dois passam a viver "dentro de 'uniforme verde-oliva'", ou seja, estabelecem um projeto comum. Do ponto de vista do coronel Miranda, esse tipo de apoio é essencial para o sucesso na carreira militar e na vida familiar:

> O militar, com suas particularidades... Eu acho que as mulheres avultam de importância porque, na minha leitura, na minha percepção, como na dos meus companheiros [...] eu noto que as mulheres dão uma contribuição, principalmente, na parte emocional. Elas ajudam muito no sucesso, pela abnegação que elas têm, pelos cuidados que elas têm, principalmente, com os filhos, o cuidado com a casa, com as coisas, com o bem-estar da nossa família. Então, essa segurança de retaguarda é uma coisa extraordinária.

Érica, filha de militar e casada há mais de 20 anos com o coronel Miranda, quando perguntada sobre como encarava as exigências da vida profissional do marido, nos confirma a forma como a dedicação à família, por parte da mulher, está atrelada ao cumprimento do projeto familiar:

> Apesar das mudanças, apesar das dificuldades, apesar de abrir mão da tua vida. Você vê que ela (a família) é muito mais importante. *Esses laços de família são muito mais fortes do que a sua própria vida.* É difícil, muito difícil. Hoje em dia, eu reclamo bastante, sempre reclamei, porque *a gente sempre abre mão da sua individualidade em troca da família.*

Percebemos, então, que, em virtude das exigências da profissão militar e mesmo encarando dificuldades, as esposas pertencentes à primeira temporalidade estão dispostas a abrir mão de seus interesses individuais em favor da manutenção da união da família, sendo esse tipo de apoio visto como fundamental para o sucesso profissional do marido.

Cabe indicar, também, que a escolha de com quem casar, por parte dos maridos, já é orientada para contribuir para a realização de seus objetivos. Exemplificamos com as afirmações do subtenente Martins:

> Na verdade, essas coisas não são totalmente acaso. E militares tendem a casar com mulheres que vão justamente trazer essa segurança de uma pessoa no lar. Uma esposa dedicada, coisa dessa natureza. […] Porque isso vai gerar famílias em moldes muito tradicionais. Vai gerar porque a mulher nunca, nesses casos, foi enganada. "Não sabia que teria que viajar? Teria que morar numa região de selva?" Isso não acontece. Mas gera uma família bastante tradicional. E que vai resolver aquela questão, também, da família militar, se elas são condizentes ou não. Então, essa mulher inicial… É muito interessante, isso é, a escolha do sujeito militar pela companheira e ainda mais no início da carreira, quando eles são novos. Isso é muito interessante porque acaba gerando esse modelo supertradicional de família: pai, mãe dona de casa, mãe ideal, essas coisas assim.

Casar-se com uma mulher que concorde em gerar um núcleo familiar tradicional e que opte por zelar pelo lar e pelos filhos, na maior parte das vezes em detrimento de seus projetos individuais, como sua formação profissional ou o exercício de uma profissão, seria a forma ideal de garantir o alcance dos objetivos propostos na socialização profissional do militar.

Mesmo que em nossa sociedade o trabalho de manutenção da vida doméstica, geralmente feito pelas mulheres, seja tido como menos importante em relação ao trabalho remunerado, realizado em casa ou fora dela, essa desvalorização — que oporia trabalho feminino às atividades masculinas — não é percebida pelas esposas pertencentes aos meios militares. Embora os "sacrifícios" que fazem em favor da carreira do marido sejam evidentes para elas, eles não são vistos como desabonadores. Acreditamos que isso se deve, principalmente, à adesão ao projeto profissional do marido.

Uma explicação complementar seria a aplicação da fórmula expressa por Singly (2007:150): "O casal é a cabeça, os braços e o coração são as mulheres", que se refere a casais nos quais as decisões mais importantes são tomadas conjuntamente, e as concernentes ao cotidiano, pela esposa. Nesse sentido, o compartilhamento das grandes decisões seria uma forma de afirmar a igualdade do casal. Entretanto, no caso militar, com as especificidades da profissão, podemos ressalvar que, acrescido a isso, existe a percepção de que ambos estão sujeitos às decisões da instituição. Nas palavras de Carolina: "Acho que é amor mesmo, sabe? Amor, amor e amor. É só o que eu defino ser casada com militar. *É amor à Nação, amor ao marido*". Portanto, essas esposas sentem-se trabalhando junto com seus maridos no serviço à nação. Como exemplo, temos os depoimentos colhidos por Silva (s.d.:8):

> Eu quando… [risos] Agora eu vou falar que nem aquelas mulheres, "quando nós fizemos Estado Maior…" [risos] Têm muitos que até mandam fazer um diploma, dão para as esposas… aqueles agradecimentos, placa de prata agradecendo… [risos] […] Na verdade, eu sempre falo: o militar realmente é a mulher. Porque quem investe realmente nessa parte somos nós. Nós que estamos ali do lado. É engraçado, eu falo muito isso pro meu marido, é uma das poucas profissões que nós mulheres trabalhamos junto. Nós estamos ali junto. É chazinho, a gente tem que fazer, é jantar, nós vamos junto. É uma profissão que a mulher também está integrada. A única reclamação que eu faço é que nós não temos salário. [risos] A gente devia ganhar muito bem… [risos].

Outro aspecto importante a destacar é a capacidade da esposa de se adequar aos meios militares. Pensando nos valores aprendidos na formação militar, percebemos que esses são os mesmos procurados nessas mulheres. A fala do coronel Miranda é elucidativa:

No que tange esse aspecto, do que se espera da esposa, é que o meio militar, ele é formal. Então, se uma esposa, por exemplo, ela se comporta de uma maneira inadequada, naturalmente, ela vai chamar a atenção. E as pessoas tendem a se distanciar dela. Essa é a realidade que pode ocorrer. E a inadequação é aquilo que a gente julga que não é uma convivência harmônica. O peso da vestimenta, por exemplo. O palavrão é muito pouco usado no meio social. Uma pessoa que usa palavrão de forma contínua, inadequada ou, às vezes, imprópria, aquilo causa uma consternação. Há sempre uma expectativa da esposa de ela corresponder à semelhança do marido, uma tradição de bom convívio, de um tratamento respeitoso, mas ao mesmo tempo descontraído. Isso não quer dizer que não se brinque, não se sorria muito, não se divirta de todas as formas. Tudo isso dentro de um parâmetro que é aceitável, que é natural, de consideração e de respeito.

Portanto, seria esperado que a esposa do militar se comportasse de maneira semelhante ao marido. Um comportamento tido como inadequado ou impróprio por parte dela seria danoso ao convívio com o restante do grupo, o que, por sua vez, poderia vir a prejudicar a ascensão profissional do marido. Nesse sentido, uma forma de assegurar essa adequação seria casar-se com uma pessoa anteriormente relacionada com o meio militar. Quando perguntei ao subtenente Martins se havia, entre seus colegas, uma preferência por casar-se com filhas de militares, a resposta foi positiva:

> Isso é bastante comum. Não só filhas, às vezes, dentro da instituição-escola, o sujeito casa-se com a irmã do seu melhor amigo. Entende? Mesmo que ela não seja filha de militar, geralmente, é ligada à coisa militar e tem esse respaldo militar. Produz esse sujeito inserido dentro do contexto.

Essa afirmação, de que seria mais comum e interessante para um militar casar-se com uma pessoa já inserida nos meios militares, encontra respaldo no nosso universo de entrevistadas, 80% pertencentes a esse grupo. Érica esclarece: "Eu mesmo já venho de uma vida militar. Então, para mim, é até mais fácil de entender, de conviver, de aceitar este tipo de vida que a gente leva".

Consideramos que alguns fatores se conjugam para explicar a alta adesão das esposas pertencentes à primeira temporalidade ao projeto dos maridos. A maior parte de nossas depoentes são filhas de militares, o que possibilitou que tivessem um contato anterior com o meio em que seus maridos estão inseridos. Desde a infância, acostumaram-se a constantes mudanças e à valorização do núcleo familiar a que pertenciam. Além disso, admiram e adotam os mesmos valores ensinados durante o processo de socialização militar. Nas palavras de Carolina, esposa do coronel Oliveira:

> Tudo está dentro de um contexto. Quando você namora, teus valores são diferentes. Você leva muito em consideração os valores, a formação, a seriedade, a postura. Então, o militar desenvolve muito essas características. Então, fica realmente um fator bastante atraente. [...] eles desenvolvem características bastante importantes. [...] os militares parecem ser pessoas mais sérias, mais fortes. Eles te passam uma sensação que você está mais protegida. Então, realmente, eu sempre quis casar com um militar.

Dessa maneira, podemos perceber que, nos meios militares, existe uma adesão, tanto por parte dos homens quanto das mulheres, aos valores que os oficiais são estimulados a adquirir em seu processo de socialização profissional. Essa adesão leva à formação de casais que passam a ter um projeto comum, que se realiza por meio da carreira do marido. Nesse sentido, ambos reconhecem que o papel desempenhado pela esposa — dar apoio, cuidar dos filhos e do lar, na maior parte das vezes, abdicando de projetos pessoais — é fundamental para o sucesso da empreitada. Essa percepção é essencial para que a esposa se sinta valorizada, gratificando-a pelos sacrifícios pessoais realizados.

E o que dizer sobre as mulheres pertencentes à segunda temporalidade?

O período posterior à década de 1960 trouxe consigo mudanças que permitiram, nos períodos seguintes, que as mulheres pudessem pleitear espaços e direitos semelhantes aos dos homens. Também possibilitaram que a expectativa em relação à atitude de gênero feminina sofresse alteração, fazendo com que as mulheres fossem socializadas desenvolvendo e valorizando outras características que não as imediatamente identificadas com o ser feminino doméstico. Essas mudanças abriram espaço para que as mulheres de gerações posteriores desenvolvessem outros papéis sociais e tiveram como consequência, também, alterações no funcionamento das famílias.

François de Singly chama esse novo arranjo de "família da segunda modernidade". Para o autor, sua configuração se dá no final dos anos 1960 e se caracteriza principalmente "pela crítica ao modelo da 'mulher dona de casa', sob a pressão do movimento social das mulheres e do feminismo; pela desestabilização do casamento, com a instauração do divórcio por consentimento mútuo e pelo crescimento da coabitação fora do casamento" (Singly, 2007:130). O que leva à criação dessas características é a crescente percepção na sociedade de que "as relações só são valorizadas quando realizam as satisfações proporcionadas a cada um dos membros da família". Nesse sentido, a felicidade individual é mais importante do que a formação de uma "família feliz" (Singly, 2007:131). Essas mudanças resultam em uma maior instabilidade dos laços conjugais, já que há uma ênfase crescente nos projetos individuais. Nas palavras de Singly:

> o período contemporâneo é caracterizado por um maior domínio do destino individual e familiar e isso por duas razões que se reforçam: um sistema de valores que aprova essa autonomia, desvalorizando a herança material e simbólica e as condições objetivas que permitem o controle desse domínio individual, sobretudo a contracepção e as leis relacionadas a ela [Singly, 2007:128].

As relações se tornam mais frágeis porque passam a ter como foco a satisfação das necessidades afetivas dos indivíduos. Nessa perspectiva, quando estas não são mais atendidas, os cônjuges não se sentem obrigados a permanecer juntos para satisfazer alguma demanda da sociedade, que é percebida como sendo-lhes exterior.

Considerando esse contexto de valorização dos projetos individuais, a inserção feminina no mercado de trabalho torna-se bastante relevante. Dentro do núcleo familiar, ela assegurará a autonomia da mulher ante o salário do marido e pode ainda garantir, "enquanto dura o casal, uma proteção em caso de desemprego masculino e, principalmente, ele [o salário feminino] constitui uma das modalidades da mobilização familiar para o sucesso dos filhos" (Singly, 2007:129).

Cabe reafirmar o fato de que o trabalho feminino permite que a mulher circule em um número maior de esferas sociais. Essa mobilidade leva a uma expansão de sua rede de relações e a um consequente aumento dos contatos com diferentes experiências. Isso resulta em uma maior percepção de sua individualidade e numa maior elaboração de seus projetos pessoais. De acordo com Velho, "quanto mais exposto estiver o ator a experiências diversificadas, quanto mais tiver de dar conta de visões de mundo contrastantes, quanto menos fechada for sua rede de relações ao nível do seu cotidiano, mais marcada será sua autopercepção de *individualidade singular*" (Velho, 1999:32).

Conforme dito, essa percepção da individualidade reforça a busca pela satisfação individual, o que leva à formação de relações baseadas na afetividade, aumentando, assim, o número das uniões livres. É interessante perceber que não há um desaparecimento do grupo conjugal, já que esse é tido como uma importante forma de angariar afetos. Para Singly, isso significa "uma valorização do reconhecimento de sua própria existência pelo outro e a necessidade de um outro significativamente estável, ao mesmo tempo que uma valorização da independência, da autonomia pessoal" (Singly, 2007:134). É justamente a valorização dessa autonomia pessoal que transforma o engajamento no grupo familiar condicional.

No que se refere à caserna, a necessidade de adentrar o mercado de trabalho — imposta pela conjuntura econômica desfavorável e agravada pelo decréscimo do poder salarial dos militares — leva ao aumento da autonomia da esposa perante o marido, o que acarreta mudanças nos arranjos que atendem às necessidades específicas da profissão militar. Quando perguntados sobre como percebem, atualmente, a disposição feminina em acompanhar os oficiais em suas transferências, os entrevistados dizem, como Érica, esposa do coronel Miranda, que "as moças não estão tão adeptas. Muitas vezes, os maridos moram num lugar e elas continuam trabalhando em outro". Ou, ainda:

> Eu acredito que não. Hoje as mulheres não estão abrindo mais tanto mão assim da sua carreira, da estabilidade. Tanto é que, hoje em dia, tem casos de esposas que não estão acompanhando os maridos. Ficam em determinadas cidades e o marido vai transferido, porque, realmente, a vida não está fácil financeiramente. Então eles procuram juntar as duas profissões, de um e de outro, e está mais difícil para a esposa, hoje em dia, acompanhar o marido [Carolina, esposa do coronel Oliveira].

> Então, eu acho assim, existem esposas que ainda acompanham, que abdicam do seu trabalho para acompanhar a carreira desse militar, mas agora existe uma predisposição para tentar conciliar essas duas coisas. Por que isso que eu vejo? Por causa da questão financeira. Hoje em dia, não tem como, se você tiver uma quantidade de filhos maior, não tem como você sustentar com o salário só de um [capitão Eduarda].

Verifica-se, portanto, que atualmente há menor disposição das esposas em acompanhar seus maridos em suas transferências e que o fator visto como preponderante para essa decisão é a necessidade de manter-se no mercado de trabalho. Essa predisposição em permanecer pode ser identificada, também, como uma necessidade de realização individual, de conquista pessoal. Para as esposas mais jovens, socializadas de acordo com a segunda temporalidade, esse tipo de escolha pode indicar uma adesão maior a um projeto pessoal e não ao projeto do marido, como acorria, com maior frequência, anteriormente.

Entre os novos arranjos para equacionar essa situação, podemos destacar os seguintes: a possibilidade de o marido seguir sozinho para sua designação e a esposa permanecer na cidade onde trabalha, encontrando-se regularmente em uma das localidades; a esposa esforçar-se para passar em um concurso público federal ou trabalhar em uma empresa que possibilite transferências pelo território nacional para poder acompanhar o marido quando surge a necessidade; ou, a mais inovadora das possibilidades, o marido deixar ou licenciar-se da instituição para acompanhar a esposa. Acreditamos que esta última opção, muitas vezes por ser financeiramente vantajosa em comparação com as remunerações militares, tende a ser cada vez mais considerada, principalmente entre os escalões mais baixos, onde os proventos são menores. Como exemplo, segue a fala de Luiza, esposa do capitão Mercaldo:

> Eu tenho um amigo, que na verdade, ele é militar de outra Força, e a mulher foi transferida. Ela era de uma empresa e foi transferida e ele acabou pedindo licença para acompanhá-la, porque acabava sendo, até financeiramente, mais significativo para a estrutura familiar, então eles fizeram isso. Não é regra. Acho que ainda é um número pequeno, mas eu acredito que nós estamos conseguindo conquistar nossos espaços em gerenciamentos, em condução e que não sei se é tão fácil abrir mão. Seria difícil, cruel e acho que precisa ser revisto, sim.

Cumpre dizer que a maioria dos depoentes acredita que existe a real necessidade, por parte do Exército, de uma adaptação a essa nova realidade. Falando sobre uma solução para essa situação, Érica propõe: "O militar ficar mais tempo parado em cada local que serve. Quero dizer muito tempo. Bastante tempo. E as pessoas criarem uma solidez maior". Os dois coronéis entrevistados dizem que já existe um processo de adaptação por parte da instituição. De acordo com o coronel Oliveira, o Exército já "flexibilizou um pouco. Ele procura atender as necessidades do serviço e depois as necessidades individuais. Então, hoje, não há uma frequência de transferências tão grande como era anteriormente". O coronel Miranda aponta para uma preocupação para com o atendimento das necessidades da família:

> É uma evolução que está acontecendo, está sendo humanizado, muito. Antigamente, éramos movimentados assim de uma maneira bastante aleatória e pelo interesse do serviço. E, atualmente, se tenta sempre conjugar o interesse familiar. Aumentou-se muito a sensibilidade institucional para os problemas individuais de cada família. Isso está melhorando, está diminuindo o impacto. Mas a tendência é de as mulheres não abrirem mão das suas conquistas profissionais, e aí, de alguma maneira a instituição vai ter que se equacionar para que a família não seja separada e seja mantida sempre unida.

Como demonstra a tenente Camila, nos casos em que ambos os cônjuges são militares, o Exército tem aberto a possibilidade de acompanhamento no caso de transferência de um dos membros do casal. Em seu caso, casada com o subtenente Martins, ao sair da Escola de Administração do Exército (EsAEx), foi transferida para Brasília e seu marido pediu acompanhamento a partir da cidade de Porto Alegre, no que foi atendido. Segundo seu relato:

> Eu fiz a Escola [...] fui classificada aqui em Brasília. Aí eles me transferem, aí ele pede transferência por interesse próprio para acompanhar a família. Geralmente, o Exército tem dado, mas tem umas certas exigências — tem que ter um tempo de guarnição suficiente para a pessoa ser transferida, tem que estar de acordo com o comandante. Mas quando é para acompanhar a família o Exército tem dado, se a pessoa atende as exigências. E aí, ele vem, eu ganho a indenização, quem é transferido, e o outro vem como se fosse por interesse próprio.

Embora existam, tanto por parte do núcleo familiar quanto por parte da instituição, arranjos para equacionar as questões relativas às transferências, por vezes o afastamento geográfico do casal acaba por resultar em sua separação conjugal. Falando sobre um possível aumento no número de divórcios nos meios militares, Carolina acredita que, embora não tenha informações estatísticas, "existem muitos casos, em que a esposa não acompanha o marido".

Pensando que a adesão ao projeto dos maridos pelas esposas militares resulta em uma total adequação às necessidades profissionais deles e em uma grande cota de sacrifícios por parte delas, as separações indicam um movimento contrário: a valorização do projeto individual feminino diante da dificuldade de conciliação dos projetos de ambos. Nas palavras do capitão Mercaldo:

> Agora, o que houve de mudança é que é uma mudança da sociedade em relação à mulher. Então, por exemplo, há 20, 30 anos atrás, a mulher se sujeitava a muitas coisas em função de depender do marido. Hoje, com a evolução em que a mulher tem seu salário, tem uma educação superior, ela não se sujeita mais a certas coisas. Isso é uma evolução, não só do meio militar, é uma evolução da sociedade. Então, você vai ver que o índice de separação tem aumentado muito.

Conforme vimos anteriormente, da mesma maneira que o engajamento da esposa no projeto do marido é importante para o sucesso dele, o desengajamento, por meio da separação, pode ser prejudicial para a consecução desse objetivo. De acordo com os depoimentos, dentro da instituição, as separações são vistas, atualmente, de uma maneira menos negativa do que em períodos anteriores, embora ainda possam causar impedimentos no processo de ascensão na hierarquia militar. Na avaliação do capitão Mercaldo: "Até aí você vê outras coisas, você vê que até anos atrás, que o militar separado não sairia general. [...] E hoje em dia não tem mais isso".

As considerações de Érica podem ser vistas como complementares: "Tem alguns casos que, vamos assim dizer, de oficiais que estavam praticamente certos como generais e, por uma separação, causou problemas e eles acabam não sendo promovidos. E como tem casos em que isso aí não é muito levado em consideração e saem generais".

Para explicar o fato de que em determinados casos a separação é vista como um fator negativo e em outros não é considerada, Moysés, marido da capitão Eduarda, diz acreditar

> que o Exército ainda tem que mudar alguns paradigmas. Um dos paradigmas é o seguinte: um militar de carreira que quer chegar ao posto de general, da forma que

ocorrer uma separação, um divórcio, a maneira que ocorrer, pode prejudicar, sim. Então, às vezes, [...] ele se separou da mulher, deu muita briga, ele namora uma pessoa do próprio ambiente de trabalho dele, às vezes bem próxima, sendo subordinada dele. Isso, às vezes, perante os amigos que já são de um posto avançado, que podem indicar ele para um posto de general, isso pode, realmente, atrapalhar. No Exército ainda tem aquele negócio, depende de com quem você está casado. Se essa pessoa não tem um histórico, se ela tem um histórico, ela pode queimar sua ascensão, mas isso eu acredito nos postos mais em cima, para general. O que nos demais, para baixo, não interfere.

Apesar de haver uma tendência a uma maior aceitação das separações no âmbito institucional, pode-se perceber na família militar[5] uma forte resistência a essa situação. As palavras de Érica são representativas ao explicitar essa posição. Embora longa, vale a citação:

Eu acho importante o casamento para a manutenção da saúde da instituição, porque esse convívio... de troca de esposas é até difícil no convívio, na relação social da família militar. Porque eu, por exemplo, sou amiga de uma pessoa. E, de repente, ela se separa. Essa outra esposa, eu vou ter uma certa rejeição com ela. Uma dificuldade. Por quê? Porque o militar leva uma vida muito difícil. Só quem vive isso desde o início, do casamento até chegar a coronel. A gente leva uma vida muito difícil. Você mora em lugares que jamais pensou na vida. Você tem que deixar até as suas guloseimas para ficar comendo só o que tem. Então, você leva uma vida muito difícil. Tem que abrir mão de muita coisa. Então, quando um oficial se separa da pessoa, que você vê que se dedicou, você fica meio revoltado. Aquela pessoa passa a ser malvista. Ela (a nova esposa) chega e não tem a mesma, vamos dizer, aceitação do que aquela esposa. [...] a gente tem uma dificuldade de realmente colocar essa pessoa dentro do círculo de amizade normal, que você desenvolve a vida inteira. Até pela intimidade que você já tem. Porque as coisas vêm de longos anos. Então é difícil uma pessoa, de repente, que chega e agora é tua esposa e faz parte daquele círculo que você constrói... é difícil a

---

[5] Mudando-se constantemente, em alguns casos mais de uma vez ao ano, e impedidas de estabelecerem laços de solidariedade mais duradouros nas localidades onde residem, as famílias buscam apoio em outras famílias compostas por militares e que compartilham a mesma situação. Essa união passa a compor a chamada "família militar", uma rede de apoio e solidariedade na qual, principalmente, as mulheres podem se estribar. Para maiores informações sobre as funções exercidas pela família militar, ver Adão (2016).

aceitação. É mais complicado. Então, eu acho e até fico chateada, às vezes, de ter uma rejeição porque a pessoa não tem culpa. Muitas vezes, [o oficial] conhece uma pessoa que não foi a causa de uma separação. Simplesmente, então, quando o caso é esse, é até mais fácil. *Quando é causa de uma separação, essa é inviável.*

Sendo um grupo com participação prioritária das mulheres[6] e que se baseia no estabelecimento de fortes laços de apoio mútuo e solidariedade entre elas, a família militar, ao opor-se às situações advindas de uma separação, age como uma fonte de regulação moral de todo o meio militar. Ela traz para si a obrigação de denunciar o desvio dos valores cultivados na caserna. Como nos ensina Gilberto Velho, "a acusação de desvio sempre tem uma dimensão moral que denuncia a crise de certos padrões ou convenções que dão ou davam sentido a um estilo de vida" (Velho, 1999:61). Ao denunciar o desvio, ou seja, a exclusão da esposa do projeto conjunto com o marido, a família militar marca a distinção entre as práticas aceitas e as rejeitadas pelo grupo, as quais são necessárias para a manutenção de sua existência na forma como está estabelecida. Ainda de acordo com Velho,

> a existência de uma ordem moral identificadora de determinada sociedade faz com que o desviante *funcione* como um marco delimitador de fronteiras, símbolo diferenciador de identidade, permitindo que a sociedade se descubra, se perceba pelo que não é ou pelo que não quer ser [Velho, 1999:59].

Essa situação nos remete à distinção praticada na caserna entre nós-militares e eles-civis, sendo os primeiros percebidos como possuidores de melhores condições morais que os demais. A preservação das boas práticas na família militar, onde convivem as duas temporalidades, seria uma forma não só de defender a manutenção dos valores da corporação, principalmente entre as esposas "mais antigas", mas também de valorizar o espaço no qual elas exercem plenamente seu papel de esposas de militares e onde se evidencia, por completo, a adesão delas ao projeto de seus maridos.

---

[6] Embora participem das atividades promovidas pelo grupo, os maridos passam boa parte do tempo "em serviço" e, além disso, têm a oportunidade de estabelecer um número maior de contatos nas diferentes esferas sociais a que suas funções lhes permitem acesso. Assim, são as mulheres a força preponderante nesse espaço, e a valorização delas passa pela defesa dele.

Referências

ADÃO, Maria Cecília de Oliveira. *Aspectos da adesão feminina aos valores militares*: o casamento e a família militar. Disponível em: <www.scielo.br/pdf/his/v29n2/v29n2a07.pdf>. Acesso em: 28 maio 2016.

CARVALHO, Marilu. *Caminhando com estrelas...* Brasília: Thesaurus, 2008.

CASTRO, Celso. *O espírito militar*: um estudo de antropologia social na Academia Militar das Agulhas Negras. 2. ed. Rio de Janeiro, Jorge Zahar, 2004. [1. ed.: 1990]

_____. *Goffman e os militares*: sobre o conceito de instituição total. 2007. Disponível em: <www.academia.edu/19936225/Goffman_e_os_militares_sobre_o_conceito_de_institui%C3%A7%C3%A3o_total>. Acesso em: 28 maio 2016.

D'AMORIM, Maria Alice. Cognição social, estereótipos e sexismo. *Revista Ciências Sociais*, Rio de Janeiro, v. 2, n. 2, p. 156-165, dez. 1996.

FERREIRA, Oliveiros. *Vida e morte do partido fardado*. São Paulo: Ed. Senac, 2000.

GOFFMAN, Erving. *Manicômios, prisões e conventos*. São Paulo: Perspectiva, 2003.

SILVA, Fernanda Machado Chinelli. "*Eu adoro ser mulher de militar*". Estudo exploratório sobre a vida das esposas de militares. s.d. Disponível em: <www.arqanalagoa.ufscar.br/abed/integra/fernanda_chinelli_14-08-07.pdf>. Acesso em: 28 maio 2016.

SINGLY, François de. *Sociologia da família contemporânea*. Rio de Janeiro: Editora FGV, 2007.

VELHO, Gilberto. *Individualismo e cultura*. Notas para uma antropologia da sociedade contemporânea. Rio de Janeiro: Jorge Zahar, 1999.

Estrangeiras em terras desconhecidas: esposas de oficiais do Exército, transferências territoriais e inserção no mercado de trabalho

Sílvia Monnerat

A frase utilizada como título deste capítulo faz referência à fala de uma interlocutora de pesquisa que, a respeito das inúmeras mudanças territoriais pelas quais passou ao longo da trajetória profissional do marido, um oficial do Exército brasileiro, disse: "sou uma estrangeira em terra desconhecida! Não sei onde vamos morar!". Essa frase simboliza o sentimento de despertencimento vivido por essas mulheres que, em suas trajetórias de vida, vivem a incerteza sobre o próximo destino como uma constante.

Tendo como objetivo analisar relações familiares de esposas de oficiais do Exército brasileiro e partindo de um enfoque comparativo que privilegia experiências vividas e diferenças geracionais, o capítulo trata das dificuldades enfrentadas por essas mulheres em se inserir no mercado de trabalho, explorando semelhanças e diferenças encontradas em 17 entrevistas realizadas ao longo do ano de 2015. As entrevistas, aqui alvo de análise, apontam para a existência de semelhanças estruturais entre as organizações familiares estudadas, semelhanças estas que corroboram a efetividade do uso da expressão *família militar*[1] e possibilitam o estabelecimento de aproximações em suas percepções e experiências de vida.

---

[1] Para fins analíticos, entendo família militar como: "uma categoria nativa que procura estender os laços de parentesco para além da família nuclear, fundamental para a compreensão da dinâmica das relações sociais no meio militar" (Chinelli, 2009:97) e para compreender a "construção de todo um aparato simbólico que torna a família militar um elemento vital para se entender a dinâmica diária do militar" (Silva, 2009:118).

Sobre as semelhanças encontradas nos relatos das esposas de militares, destaca-se que, em seus discursos, essas mulheres se mostram, muitas vezes, mais pertencentes ao universo militar do que ao universo civil — ainda que elas mesmas sejam civis, isto é, não façam parte da instituição militar, como seus maridos. O pertencimento à *família militar* se dá pelo casamento com um oficial, que automaticamente as insere nessa "grande família", entendida como fruto da união de todas as famílias de militares do Exército brasileiro.

A identificação dessas mulheres com a categoria nativa *família militar* não está livre de conflitos. Muitos desses conflitos se relacionam ao sentimento de afastamento (físico e emocional) que sentem em relação às famílias de origem. Ao casarem com um oficial do Exército, sabiam que tinham optado por uma vida nômade, em que ficariam aproximadamente dois anos em cada cidade, pois, afinal, essas constantes transferências são inerentes à carreira de todo oficial do Exército que deseja alcançar altas patentes dentro da corporação. Dentro da lógica militar, é necessário que o oficial tenha um amplo conhecimento do território nacional e, para isso, deve servir nas diferentes regiões do Brasil, ao longo de sua trajetória militar. Ficar em uma mesma cidade ou região retarda ou mesmo impossibilita a progressão profissional. Os conflitos oriundos dessas constantes transferências podem ser lidos no depoimento a seguir, de uma esposa de oficial da ativa:

> o primeiro baque foi ir pra longe da família. Porque você sai de todo o seu contexto [...] é um lugar diferente, uma cultura diferente, as pessoas são estranhas pra você. Existe uma coisa muito boa no meio militar que é [...] a solidariedade. [...] tá todo mundo meio que no mesmo barco, então todo mundo se ajuda, se acolhe... [...] na minha época a gente dizia que a doença que mais acometia mulher de militar era a depressão. [...]. Porque eu casei, meu marido era tenente e tenente é quem mais rala no quartel, que fica mais tempo, tira mais serviço. Você chega numa cidade você não conhece nada, você tem que se virar pra achar o marceneiro, pra achar a loja que vende não sei o quê... você tem que se virar! [...] A gente aprende a criar os filhos sozinha, com o medo.

Para elas, o que mais marca esse sentimento conflituoso são as dificuldades enfrentadas pelos filhos. Ao optarem por se unir a militares que almejavam crescer na carreira, sabiam que enfrentariam essas dificuldades. Seus filhos, no entanto, não optaram por isso, nasceram nesse meio e têm que aprender a viver com a escolha dos pais. A mesma esposa que deu o depoimento anterior discorreu também sobre dificuldades enfrentadas por filhos de oficiais do Exército:

> eles [os filhos] não têm o vínculo familiar, porque eles já nascem longe de casa [dos avós] [...] Eu tava conversando com uma colega minha ontem e ela tava dizendo assim: "os filhos da gente não têm raízes". Porque bem ou mal, eu nasci e cresci em Salvador. Tenho meus amigos de infância, tenho a minha família. [...] Mas eles nasceram nesse contexto, eles não têm raízes... são pessoas... eu digo, são pessoas do mundo. Eles não têm raiz pra onde voltar. A minha maior preocupação é a raiz na família, de você ser um estranho, de você ser uma visita, com os primos, com os avós, entendeu?

O medo de que seus filhos não tenham vínculo com a família de origem apareceu diversas vezes nos depoimentos e evidencia o quanto as constantes mudanças trazem a essas mulheres a sensação de que eles não estariam ligados à rede familiar mais extensa.

Se, por um lado, esse sentimento de despertencimento em relação às famílias de origem foi muito relatado, por outro lado, foi destacada também a existência de um forte sentimento de solidariedade entre os diferentes núcleos familiares compostos por militares. Essas relações, baseadas na ajuda mútua, se dão principalmente em ocasiões em que o marido está afastado do núcleo familiar por estar cumprindo escalas de serviço no quartel ou em alguma missão externa.

Essa aproximação entre diferentes famílias de oficiais se dá a partir do convívio em vilas e prédios militares, comemorações e festas (institucionais ou organizadas por membros isolados), atividades assistenciais e/ou atividades voltadas para a integração social dessas mulheres (tais como chás e atividades desenvolvidas para fins religiosos). Dentro desse contexto, essas relações, baseadas na solidariedade, podem evoluir para sentimentos mais profundos de amizade e/ou compadrio que, em muitos casos, perduram por toda a vida. Esse sentimento de solidariedade pode fazer, inclusive, com que ocorra um deslocamento em relação à percepção de pertencimento, aproximando-as mais de outras famílias de militares do que de suas próprias famílias de origem. Os relatos sobre a *família militar* tendem a enfatizar esse sentimento de coleguismo, como é possível observar nos trechos transcritos a seguir, os dois primeiros de uma viúva de oficial da reserva e o terceiro, de uma esposa de oficial da ativa:

> A convivência é que une. Você vai num lugar, aí você fica amiga e todo mundo te recebe. As mulheres dos militares fazem festa quando você chega.

> [E]u acho que a família militar, ela é muito unida. Onde você chega, você recebe apoio dos outros, um ajuda o outro.

> Com isso [as dificuldades], a gente cresce muito, amadurece mesmo! A gente tá num meio em que todo mundo é guerreira mesmo! Todo mundo se vira nos trinta, isso é o nosso comum! [...] Eu vejo ela contando os perrengues delas e eu penso: gente, eu passei por isso tudo! A gente se solidariza nos perrengues! Muda um pouquinho aqui, um pouquinho ali, mas a perrengueira é igual. Mas assim, quando a gente volta pra casa [...] e vê as irmãs que foram criadas ali, ao lado da galinha mãe e a gente vê como... a gente sente assim, "nossa, como eu tô fora da bolha! Como elas continuam ali dependendo..."

Essas falas se coadunam com o enfatizado por Chinelli (2009:97), ao destacar o sentimento de união e solidariedade que também foi observado por ela durante sua pesquisa:

> Dado o escasso contato com as famílias de origem, é muito comum que oficiais, esposas e filhos se voltem para seus pares, as demais famílias que residem nas vilas e prédios militares. O sentimento de união e solidariedade é justificado muitas vezes pelo fato de todos ali estarem em contato frequente e compartilharem as mesmas dificuldades de adaptação [...].

Interessante observar, no entanto, que esse sentimento de pertencimento (e os motivos que circunscrevem esse pertencimento) é muito similar aos acionados por outras mulheres, em outros campos de pesquisa antropológica.[2]

---

[2] Tal como na pesquisa de doutorado por mim desenvolvida, sobre relações familiares de pacientes psiquiátricos (Monnerat, 2014).

A solidariedade cunhada a partir da vivência de experiências similares, o (re)conhecimento de dificuldades em contexto comum e a troca de conhecimento sobre essas vivências são tópicos evocados por esposas e mães em pesquisas realizadas em diversos campos antropológicos e se articulam a todo um saber relacionado com os estudos de gênero, família e cuidado no Brasil, do qual posso destacar o trabalho de Durham (1983:16), ao enfatizar que "o cuidado com as crianças e sua socialização inicial são sempre da competência feminina, e os homens apenas intervêm de forma auxiliar ou complementar".

Assim, percebe-se que essas relações de cuidado estão inseridas em uma discussão mais ampla sobre gênero e cuidado e não apenas circunscritas ao "universo militar", afinal, elas são esposas e mães que, como outras esposas e mães, em ambientes civis, também encontram conforto ao compartilhar suas experiências e estabelecer relações de solidariedade a partir do convívio mútuo.

Acredito, então, ser possível trabalhar com a hipótese geral de que o papel de esposa e mãe (responsável pelo cuidado familiar) traz às mulheres, de maneira geral, um encargo emocional e físico, que tende a encontrar conforto no convívio com outras mulheres que passam situações semelhantes e que possuem, em certa medida, trajetórias similares, estimulando assim a criação de espaços em que uma rede de solidariedade é formada. Busco, então, neste trabalho, transitar entre a afirmação de que as famílias de mulheres de militares estudadas possuem características similares entre si, que legitimam a utilização da categoria nativa *família militar*, mas, por outro lado, sublinhar que as características por elas evocadas para marcar tal pertencimento estão presentes nos discursos de outras mulheres (em meios não militares) em suas autorrepresentações individuais e/ou familiares.

Algumas considerações sobre metodologia

Tendo como objetivo analisar e comparar os discursos proferidos por duas gerações de esposas de oficiais do Exército brasileiro, além de apontar possíveis transformações geracionais nas formas como elas significam os conflitos oriundos de sua opção em acompanhar o marido nas inúmeras transferências durante a trajetória profissional como oficial do Exército brasileiro, foram realizadas oito entrevistas individuais (quatro com esposas de oficiais da ativa e quatro com esposas de oficiais da reserva); três entrevistas realizadas em grupo (um grupo focal com 11 esposas de oficiais da reserva; uma entrevista com duas esposas de coronéis da ativa; e outra com quatro esposas de oficiais da ativa — dois majores e dois coronéis), além da análise de anotações feitas em caderno de campo.

Acredito ser importante destacar algumas informações sobre como cheguei a essas mulheres, para uma elucidação metodológica mais adequada do estudo aqui apresentado. Para critérios analíticos, dividi minhas interlocutoras em dois grupos: um que abarca esposas de militares da reserva e outro da ativa. Fiz essa divisão por alguns motivos que também devem ser expostos: em primeiro lugar, pelo fato de ter acessado duas redes distintas para chegar aos dois grupos. Os dois campos foram abertos a partir do contato com uma mulher pertencente a cada um dos grupos, que me apresentou pessoas de sua rede de amizade.

No primeiro caso, fui apresentada à mãe de um colega de trabalho, filho de coronel reformado do Exército, já falecido, com quem fiz uma entrevista individual (com a participação do colega pesquisador, filho da entrevistada). A partir desse contato, foi possível organizar um grupo focal[3] com mais 10 de suas amigas de um curso de extensão do Clube Militar, todas elas esposas ou viúvas de oficiais reformados.[4] Fiz também uma visita ao Clube Militar, em um evento organizado por esse grupo de senhoras, no qual pude estabelecer um contato mais próximo com algumas das participantes do grupo focal, conversar informalmente, observar suas formas de interação e, principalmente, conseguir consentimento para a realização de entrevistas individuais (apenas uma das entrevistadas individualmente não havia estado presente no grupo focal, anteriormente mencionado).

---

[3] O grupo focal foi organizado por mim, em conjunto com os professores Celso Castro (FGV) e Adriana Marques (na ocasião, professora da Eceme; atualmente, da UFRJ), no primeiro semestre de 2015, tendo como objetivos servir de material empírico para análise da pesquisa e também como parte do curso "Métodos Qualitativos em Estudos Militares", disciplina oferecida conjuntamente para alunos de pós-graduação da FGV e da Eceme, ministrado pelos professores anteriormente mencionados. A mediação do grupo focal foi feita por mim e por Adriana Marques.

[4] Duas delas tinham maridos pertencentes à Marinha e não ao Exército. Para fins analíticos, seus comentários não foram incluídos neste artigo.

O segundo grupo, formado por esposas de oficiais da ativa, foi aberto com a ajuda de uma jovem colega de pesquisa que, ela mesma sendo oriunda de Colégio Militar, me apresentou a mãe de uma amiga, esposa de oficial do Exército. Após conversas por telefone, marcamos uma entrevista, para a qual ela convidou uma vizinha, também esposa de oficial do Exército. Essa vizinha, por sua vez, me apresentou suas colegas do "Grupo do Terço", um grupo de orações e demais atividades religiosas, baseadas na religião católica, organizado pelo grupo de esposas de oficiais da ativa por mim entrevistado. Os encontros desse grupo são sediados em uma sala cedida pela instituição, no Edifício Praia Vermelha, no Rio de Janeiro, que serve de moradia para as famílias de oficiais que cursam a Eceme. Esse contato me possibilitou organizar uma entrevista coletiva com as quatro esposas de militares, as quais, posteriormente, entrevistei individualmente.

Para além dessa explicação, referente à separação de minhas interlocutoras em dois grupos (devido às redes acionadas), outro motivo também justificou essa escolha: durante as entrevistas, minhas interlocutoras fizeram, em seus discursos, separações entre a "sua geração" e outras gerações (mais velhas ou mais novas) de esposas de oficiais quando tinham a intenção de marcar transformações relacionadas com a estrutura e com as expectativas sobre a *família militar*. Foi possível verificar, ainda, uma diferença qualitativa em seus discursos, que reforçou ainda mais a divisão do universo de pesquisa em dois grupos, principalmente no que diz respeito aos relatos sobre o trabalho feminino na esfera pública.

Cabe destacar, também, que antes de minha entrada nesse campo de estudos, eu não possuía nenhuma familiaridade com o tema. Ainda que estivesse acostumada com estudos antropológicos sobre relações familiares (Monnerat, 2014), nunca havia estudado o universo militar. Para me aproximar de minhas interlocutoras, tive que acionar alguns mecanismos de identificação, já que não conhecia elementos que me tornassem familiarizada com o universo militar. Essa identificação veio, sobretudo, pela maternidade. O fato de ser casada e mãe possibilitou essa aproximação, pois demonstrei um olhar "de dentro" sobre questões relacionadas com a maternidade e com o matrimônio. Assim, consegui acessar informações valiosas concernentes às experiências vividas por essas mulheres e não apenas informações que legitimassem o discurso institucional sobre a *família militar*. Ser mãe possibilita um conhecimento menos romantizado sobre a criação dos filhos, no qual se sabe que conflitos são inerentes às relações familiares. Assim, perguntas sobre as dificuldades vivenciadas durante o nascimento e crescimento dos filhos, articuladas a depoimentos pessoais feitos por mim, possibilitaram o acesso a relatos mais condizentes com a experiência vivida e com as incertezas em relação aos filhos (principalmente entre as esposas de oficiais da ativa que têm filhos ainda em idade escolar, quando o futuro — emocional e profissional — dos filhos ainda é incerto). Ainda que este capítulo não vá discorrer diretamente sobre as vicissitudes decorrentes do cuidado com os filhos, é importante destacar que a forma como encaram a maternidade e as obrigações com ela relacionadas está intimamente ligada à forma como elas entendem seu pertencimento à *família militar*.

Assim, o estudo aqui apresentado deve ser entendido como uma interpretação possível que, invariavelmente, se relaciona com a subjetividade da autora e com o *campo de possibilidades* em que estava inserida por ocasião da pesquisa. As reflexões aqui expostas levam em conta, portanto, minhas opiniões, percepções e vivências, assim como as apreensões feitas por mim sobre discursos e experiências proferidos por minhas interlocutoras de pesquisa. Este capítulo refere-se, então, a um estudo antropológico de cunho qualitativo, baseado na análise de entrevistas realizadas com um número restrito de esposas de militares. Não pretendo chegar a conclusões que abarquem todo o universo militar; busco, a partir das entrevistas feitas e da revisão da bibliografia sobre família (e especificamente sobre a *família militar*), fazer um estudo exploratório que evidencie transformações e permanências na maneira com que esposas de oficiais do Exército brasileiro significam as dificuldades de se inserir no mercado de trabalho.

Devo destacar, ainda, que não consegui entrevistar nenhuma mulher que, por ocasião da pesquisa, estivesse trabalhando fora — tal como foi feito por Adão (2008). Portanto, não tratarei desse tipo de arranjo familiar neste trabalho, uma vez que não posso mais que conjecturar sobre as experiências de vida dessas mulheres, ainda que tenha ouvido de minhas interlocutoras (todas sem trabalhar, quando as entrevistei) referências sobre o período em que conseguiram desenvolver suas profissões ou sobre trajetórias de amigas que foram bem-sucedidas em tal empreendimento.

Os relatos sobre as dificuldades para conciliar trabalho com vida doméstica proferidos pelas esposas de oficiais da reserva, durante o grupo focal, foram evasivos, curtos e, aparentemente, pouco conflituosos. A ênfase era sempre na "ajuda" que receberam de empregadas domésticas e babás e que possibilitaram que se ausentassem de suas residências para desenvolver atividades remuneradas fora de casa. A entrevista individual que fiz com uma esposa de coronel reformado, que trabalhou como professora, foi igualmente evasiva e mostrou que, ainda que trabalhasse fora, esperava-se que ela assumisse atitudes "condignas" com a profissão de seu marido:

> Eu nunca senti nada, não tive dificuldade. Depende da pessoa, né? Saber administrar empregada, a casa... também tem isso, né? [...] Pra mim... eu sempre me adaptei, tem mulher que não... que não gosta, né? Que não gosta de... porque tem limites, tem critério, né? É uma carreira militar, onde seu marido tá exposto como autoridade. [...] Atitudes da mulher do militar são importantes na carreira dele.

Os relatos dados pelas esposas de oficiais da ativa sobre o tempo que conseguiram desenvolver seus trabalhos vinham, normalmente, acompanhados de queixas sobre as dificuldades enfrentadas, tal como discutirei mais adiante.

Família e trabalho: entre acompanhar o marido e ter uma profissão

As formas de organização familiar vêm sofrendo constantes transformações, desde os anos 1960. Essas transformações dizem respeito, principalmente, às relações de gênero e à diminuição do número de unidades familiares estruturadas em torno do pai provedor e da mãe responsável pelo cuidado dos filhos (Peixoto, 2007:11). Ainda que se observe uma maior incidência no número de mulheres que passaram a ocupar um lugar no mercado de trabalho, essa não parece ser a realidade vivida por grande parte das famílias de militares do Exército brasileiro, que continuam a apresentar um alto número de estruturas familiares baseadas no molde tradicional (isto é: pai provedor e mãe dona de casa).

Segundo minhas entrevistadas, esse tipo de composição familiar está intimamente relacionado com as dificuldades de incorporação de mulheres de militares em trabalhos formais. Essa realidade traz às mulheres (principalmente as mais novas, socializadas para o trabalho em suas famílias de origem) conflitos oriundos da dificuldade em conciliar uma vida cheia de mudanças com seus projetos profissionais. A seguir, é possível ler a transcrição do depoimento de uma esposa de oficial da ativa que evidencia bem essa dificuldade de inserção no mercado de trabalho:

> Eles [empregadores] questionavam por que eu mudava tanto de emprego. Cada empresa em um lugar diferente... então, quando me questionavam por que eu mudei e descobriam que meu marido era militar, pronto! As portas se fecham e não se abrem nunca mais! "A gente não tá dando mais emprego pra mulher de combatente, porque quando o Exército manda o marido embora, ele não quer saber se você [esposa] trabalha, se seus filhos tão no ano letivo e não tem como terminar o ano, ele [o Exército] quer que você vá embora".

Considerando fundamental a questão da incorporação do trabalho feminino para as esposas entrevistadas, principalmente as que têm o marido ainda na ativa, podemos observar os conflitos oriundos da tentativa de entrada dessas mulheres no mercado de trabalho. Com isso, tal como sugeriu Velho (1981:78-79), conseguimos "contextualizar a família no quadro mais amplo do universo de representações e da cultura propriamente dita", e investigar se em uma *instituição totalizante* (Castro, 2007) como o Exército, com ideais fechados no que diz respeito à estrutura familiar de seus membros, também é possível encontrar indícios de um "pluralismo familiar [...] resultado de uma transformação profunda das relações de gênero e da emergência de um equilíbrio entre autonomia individual e pertencimento familiar", tal como indicado por Peixoto (2007:12).

Ao delimitar esse tema de pesquisa, acreditava que iria, invariavelmente, esbarrar na dificuldade de chegar aos conflitos intrafamiliares vividos e às situações extraordinárias ocorridas, devido ao "fechamento" da instituição militar. Tinha como hipótese que, seja pelo esquecimento, seja pela imagem que pretendem passar, as representações expostas seriam fatalmente entrecortadas por expectativas e silêncios institucionais, códigos de conduta e símbolos internalizados pelos militares, mas também por aqueles que com eles se relacionam em sua esfera mais íntima, como sua família. Acreditava, portanto, que os dados e as histórias que chegariam a mim seriam sempre permeados pela imagem de "família ideal" perpetrada pela instituição, tal como evidenciei em outra publicação (Monnerat, 2015).

Nesse ponto, no entanto, encontrei uma importante diferença entre as duas gerações alvo de análise: as mulheres das duas gerações estudadas lida(va)m com as dificuldades de se inserir no mercado de trabalho de maneiras distintas. Observei que, nas falas das esposas de oficiais da reserva, o modelo de família tradicional era comumente valorizado, sendo reforçada a importância da mulher no convívio com os filhos e no cuidado da casa, tal como exposto nos trechos transcritos a seguir, fruto de entrevista com viúva de oficial reformado. Para ela, o fato de a mulher não trabalhar era visto pelo Exército como

> uma coisa inerente à mulher, a dona de casa, ela não precisava sair de casa pra ganhar o dinheiro, quer dizer, ela estava na casa dela cuidando do lar dela, dos filhos, estava sempre à disposição do marido, né? Aí não era malvista. [...] [As que trabalhavam] não eram muito bem-vistas, não, até porque não estavam nunca disponíveis para acompanhar os filhos nos aniversariozinhos, nas brincadeiras, acompanhar os maridos na rodada de chope ou fazer alguma coisa, esses chás e essas reuniões sociais. Diziam: a fulana arranjou esse emprego só pra andar pela rua, sair de casa, o marido que abra os olhos, era esse tipo de comentário [...]. Mulher na rua não era bem-visto, não.

Por outro lado, ao nos voltarmos para as entrevistas feitas com esposas de oficiais da ativa, ainda que o cuidado com os filhos e com o marido também tenha sido largamente enfatizado como o motivo que as levou a abandonar suas carreiras, é possível perceber uma preocupação maior com a inserção no mercado de trabalho, prevalecendo um discurso que enfocava a necessidade do trabalho feminino e o relacionava não apenas a uma demanda pessoal — ao projeto de vida individual dessas mulheres —, mas também à conjuntura nacional e às mudanças culturais relacionadas com a divisão sexual do trabalho. Segundo a esposa de um oficial da ativa:

> sempre existiu uma mentalidade do militar antigo de que a mulher era pra ficar dentro de casa, cuidando dos filhos e dando suporte. Essa é uma mentalidade que prevalecia na própria instituição [...]. Eles faziam quase uma lavagem cerebral na gente: "não, tem que ficar, tem que cuidar... porque o marido sai o tempo todo, ele precisa do apoio de casa!". [...] Então não existia aquela coisa de estimular a mulher

ao trabalho. Eu lembro que a [cita o nome de uma amiga também entrevistada] falou: "[o Exército] tinha que aproveitar a mão de obra feminina. [...] quando a gente chegasse tinha que ter um emprego para a gente". Mas não fazia parte da ideia deles fazer isso... pelo contrário, no início, quando as meninas conseguiam um emprego temporário no Exército, quando o marido era transferido, eles não facilitavam para ela transferir. [...] Hoje, graças a Deus, isso já mudou muito porque as meninas vêm com outra cabeça, os meninos também vêm com outra cabeça porque o mundo ficou muito consumista, então ninguém quer dividir salário... [...] Na minha época, todo mundo casava quando saía da Aman. Hoje em dia eles não casam mais, eles esperam a menina formar [...], muitos esperam até passar num concurso. [...] Então, [...] a gente começou a brigar pra trabalhar fora, pra poder fazer a faculdade e tudo isso a gente encontrou muita dificuldade... 1) porque não tinha apoio. 2) porque chega num lugar que não tem com quem deixar os filhos.

O depoimento relaciona as dificuldades em dar continuidade à carreira profissional em meio a uma trajetória recheada de mudanças territoriais à própria visão institucional sobre a *família militar*, que as fixava na esfera doméstica e esperava que assumissem a função de pilar de sustentação do lar. Segundo ela, essa perspectiva institucional teria durado muito tempo, mas, devido a uma mudança cultural (referente à forma como os jovens veem as relações matrimoniais e profissionais), transformações na própria organização da *família militar* teriam ocorrido. Nos relatos citados a seguir, é possível observar como essas esposas de oficiais significam o conflito entre as expectativas nutridas por elas ao longo de sua infância/juventude em relação ao trabalho e as dificuldades em fazê-lo de fato após seu casamento com um militar. Essas falas, a primeira, de uma esposa de oficial da ativa, e as seguintes, de esposas de oficiais da reserva, expõem uma diferença qualitativa na forma como as duas gerações se referem à inserção da mulher no mercado de trabalho:

A questão do trabalho, [...] a minha vida toda eu queria ter um futuro profissional e eu tive que acomodar as minhas expectativas [...] você vai sopesar se você quer a família ou se você quer sua vida profissional. [...] As meninas têm que moldar a expectativa profissional para estar sempre mudando. Isso já gerou muita separação, isso já gerou muita angústia e nem todo mundo aguenta.

As mulheres de hoje estão muito presas à profissão delas, o que antigamente não era.

Mas eu acho que uma mulher que trabalha e casa com um oficial, um vai ser sacrificado... ou ele, ou ela! Se for ela, tudo bem, ela acompanha o marido numa boa... Vamos dizer que ela vá com o marido, tudo bem, ele faz o trabalho dele, mas ela prejudica o dela... não é? [...] Mas se ela não for com o marido, tá arriscado a perder o marido! Perde mesmo!

A mulher hoje em dia se prepara para ter uma profissão. Se ela se casar com um militar, vai haver conflito, com certeza! Porque ela não vai querer deixar o seu emprego, que já é difícil conseguir, pra acompanhar o marido que vai ser transferido. [...] Então muitos casamentos estão se desmanchando, inclusive entre os militares, eu acho que devido a essa dificuldade... elas não querem mais ser donas de casa, como nós fomos!

Sobre essas falas, destaco: a ênfase na mudança de expectativas em relação ao casamento, à inserção no mercado de trabalho, e o entendimento de que essas transformações são geracionais. A dificuldade em conseguir um emprego em um contexto de muitas transferências foi muito destacada pelas esposas de oficiais da reserva, mas foi entre as esposas de oficiais da ativa que esse tópico encontrou mais ênfase, como podemos ver nos dois depoimentos a seguir transcritos:

Aí fui me deparar com uma coisa que batia de frente comigo que era ficar em casa. Eu queimei minha língua porque eu falei que eu jamais ia ficar em casa! [...] Só que a vida foi me moldando e me mostrando que eu precisava ficar dentro de casa. Eu não poderia trabalhar fora porque as minhas filhas precisavam de mim e o meu esposo também. Então eu abracei a causa, mas ao mesmo tempo tive vontade de trabalhar, entendeu? Pela minha criança, por todo o projeto que foi colocado na minha cabeça, né? Eu fui criada assim, eu tinha que trabalhar fora de casa! Então isso foi uma luta pra mim, ficar em casa!

Eu passei por essa luta interna de ter que parar de trabalhar, eu passei muitos anos culpando o Exército. Tudo eu achava que era culpa do Exército, entendeu? "Ah, eu não consigo trabalhar, a culpa é desse Exército." Até você introjetar que não é bem assim, e tal... e você viver em paz... foram anos de angústia.

Ainda que a segunda geração de entrevistadas tenha, em sua totalidade, aberto mão de suas atividades profissionais em prol da vida familiar, foi a primeira geração que trouxe uma visão mais resignada sobre o papel da mulher na *família militar*, mais próxima, inclusive, do ideal de família propagado pela instituição — isto é: homem provedor e mulher cuidadora. Ao evidenciar os conflitos inerentes às suas escolhas, as entrevistas com as esposas de oficiais da ativa soaram como mais condizentes com a experiência vivida, por seus relatos serem perpassados ora por momentos conflituosos, ora por alegrias e conquistas familiares.

Sobre essa diferença qualitativa nos discursos, acredito que esteja relacionada com o fato de essas senhoras (do grupo de esposas de oficiais da reserva) serem, em sua maioria, viúvas, e de seus depoimentos se darem com base em uma análise *a posteriori* de suas próprias vidas. Era recorrente ouvir, ao final das entrevistas: "eu faria tudo igual novamente". Em seus discursos, os relatos das esposas da reserva tinham menos críticas e/ou queixas em relação à experiência vivida e procuravam recorrentemente enaltecer as virtudes de pertencer à *família militar*.

Acredito que tecer críticas sobre seu próprio passado poderia ser entendido por elas como uma forma de criticar sua própria trajetória pessoal, o que não era o caso, uma vez que todas se consideravam realizadas em suas experiências como mães e esposas pertencentes à *família militar*. Isso, no entanto, não aconteceu nas entrevistas com as mulheres mais jovens, que ainda estavam trilhando seus próprios caminhos familiares e/ou profissionais. Embora as entrevistadas mais jovens não trabalhassem fora por ocasião da entrevista, elas ainda estariam vivendo os dilemas referentes à escolha de acompanhar o marido nas inúmeras mudanças territoriais e, consequentemente, de abrir mão de sua vida profissional. Esses dilemas não se referiam, como no caso da geração mais antiga, apenas à memória de um passado já distante: se constituíam como o presente dessas mulheres.

É claro que existe uma grande diferença entre falar sobre o presente e sobre o passado. Pode-se conjecturar que, se entrevistadas quando jovens, minhas interlocutoras, hoje idosas, poderiam ter feito também análises mais críticas e sofridas sobre as dificuldades que enfrentaram. Ao olhar para trás, a análise é distinta, uma vez que já sabem qual foi o resultado final de suas escolhas, o que não acontece com as esposas de oficiais da ativa, que não sabem qual será o futuro de seus casamentos e de seus filhos. Da mesma forma, acredito que, se voltar a entrevistar as esposas de oficiais da ativa quando elas forem idosas, seus discursos não serão os mesmos, pois suas construções (que hoje são sobre o futuro) seriam analisadas retrospectivamente e, assim, as incertezas e inseguranças seriam apenas vestígios de um passado já vivido.

É fundamental, então, pensar sobre o peso que a memória tem na construção de discursos e relações, e, para tanto, devo destacar o trabalho de Myriam Lins de Barros (2006:114), quando a autora enfatiza a importância do grupo social no processo de constituição da memória:

> as condições e situações de classe, o pertencimento a grupos sociais, a definição dos lugares atribuídos a homens e mulheres, a trajetória no trabalho e na família são alguns elementos para tratar as memórias como reconstruções seletivas das lembranças. Estas referências sociais ou, como Halbwachs as define, estes quadros sociais são o fundamento social da memória individual. Assim, o indivíduo só pode ter memória de seu passado enquanto membro do grupo e, se entendemos que cada um traz, em si, uma forma particular de inserção nos diversos mundos em que atua, inserção que muda ao longo da vida, as memórias individuais são, portanto, pontos de vista da memória coletiva, entendida como a memória vivida do grupo social.

Essa citação nos mostra como a memória é seletiva e fundamentada nas relações sociais, necessariamente travadas em grupos. Por isso, não é de se espantar que tenha encontrado semelhanças entre as memórias relatadas a mim por essas mulheres, que são amigas entre si e representantes de uma mesma geração, uma vez que as lembranças têm um "caráter eminentemente geracional" (Lins de Barros, 2006:114). Assim, essas mulheres são por mim entendidas como representantes de duas gerações, e as transformações observadas em suas formas de significação estariam intrinsecamente relacionadas com as mudanças experimentadas na cultura mais ampla em que estão inseridas, principalmente no que diz respeito às transformações nas relações de gênero, diante de um contexto geral de expansão do número de mulheres inseridas no mercado de trabalho e de um número crescente de divórcios — diferentemente do experienciado pelas mulheres da geração mais antiga, quando o trabalho feminino e o casamento tinham outro peso social.

Ao buscar os conflitos inerentes às relações familiares, consegui acessar discursos mais críticos em relação às escolhas e às privações pelas quais minhas interlocutoras passa(ra)m. Acredito que, com a análise dos discursos proferidos por elas, foi possível ultrapassar representações da "idealizada família militar" (Silva, 2010:100) e conhecer um pouco mais sobre vivências reais. Conhecer alguns dos conflitos cotidianos vividos pela(s) *família(s de) militar(es)* é fundamental para refletir sobre as estratégias de manejo utilizadas por essas mulheres ao tentar conciliar a vida familiar com a inserção no mercado de trabalho. Dessa forma, além de possibilitar o acesso a representações coletivas sobre a "idealizada família militar" e suas formas de organizações, as entrevistas possibilitaram, também, o acesso a experiências cotidianas concernentes às duas gerações alvo de análise, diferenças essas que me parecem muito representativas quando nos referimos à forma como o trabalho feminino é entendido por diferentes gerações.

Referências

ADÃO, Maria Cecília de Oliveira. *A mudança da tradição*: esposas, comportamento e Forças Armadas (1964-1998). Tese (doutorado) — Universidade Estadual Paulista Júlio de Mesquita Filho, São Paulo, 2008.

CASTRO, Celso. Goffman e os militares: sobre o conceito de instituição total. *Militares e Política*, n. 1, jul./dez. 2007.

CHINELLI, Fernanda. *Mulheres de militares*: família, sociabilidade e controle social. Dissertação (mestrado) — Programa de Pós-Graduação em Antropologia Social, Museu Nacional, Universidade Federal do Rio de Janeiro, Rio de Janeiro, 2008.

_____. Pesquisa e aliança: o trabalho de campo com mulheres de militares. In: CASTRO, Celso; LEIRNER, Piero (Org.). *Antropologia dos militares*: reflexões sobre pesquisas de campo. Rio de Janeiro: Editora FGV, 2009. p. 91-105.

DURHAM, Eunice. Família e reprodução humana. In: CHAUÍ, Marilena; CARDOSO, Ruth; CÉLIA, Maria. *Perspectivas antropológicas da mulher*. Rio de Janeiro: Zahar, 1983. v. 3, p. 13-44.

LINS DE BARROS, Myriam. Trajetória dos estudos de velhice no Brasil. *Sociologia*, Lisboa, v. 52, p. 109-132, 2006.

MONNERAT, Sílvia. *De médico e de louco toda família tem um pouco*: um estudo sobre pacientes psiquiátricos e relações familiares. Tese (doutorado) — Programa de Pós-Graduação em Antropologia Social, Museu Nacional, Universidade Federal do Rio de Janeiro, Rio de Janeiro, 2014.

_____. Entre malucos e milicos: etnografia, estereótipos familiares e papel da mulher nas relações de cuidado. *Iluminuras*, Porto Alegre, v. 16, p. 97-114, 2015.

PEIXOTO, Clarice. Prefácio — As transformações familiares e o olhar sociológico. In: SINGLY, François. *Sociologia da família contemporânea*. Rio de Janeiro: Editora FGV, 2007. p. 11-12.

SILVA, Cristina Rodrigues da. Explorando o "mundo do quartel". In: CASTRO, Celso; LEIRNER, Piero (Org.). *Antropologia dos militares*: reflexões sobre pesquisas de campo. Rio de Janeiro: Editora FGV, 2009. p. 107-127.

_____. A família na prática: uma análise antropológica sobre o parentesco militar. Dissertação (mestrado) — Universidade Federal de São Carlos, São Carlos, 2010.

VELHO, Gilberto. *Individualismo e cultura*: notas para uma antropologia da sociedade contemporânea. Rio de Janeiro: Jorge Zahar, 1981.

Família militar: apontamentos sobre uma comunidade performada

Fernanda Chinelli

Praia Vermelha, Urca. Esse recanto bucólico do Rio de Janeiro foi o cenário das reflexões apresentadas neste capítulo. Resistindo à tentação da paisagem paradisíaca, não falarei sobre a beleza natural que atrai tantos milhares de turistas que chegam à praça General Tibúrcio, deparam-se com a praia curta, espremida entre dois morros, e dirigem-se à entrada do bondinho do Pão de Açúcar para admirar uma das vistas mais deslumbrantes do mundo. Ao contrário deles, me volto para o lado esquerdo, onde se ergue o imponente Edifício Praia Vermelha.

O EPV, como é conhecido pelos seus moradores e vizinhos, é um edifício de uso exclusivo do Exército, habitado tanto por oficiais-alunos da Eceme quanto do Instituto Militar de Engenharia (IME), e outros oficiais. Possui 14 andares e cerca de 20 apartamentos por andar (o número de unidades por andar varia), onde residem aproximadamente 2 mil pessoas. Os apartamentos variam em tamanho e conservação,[1] e a distribuição é feita com base em uma ordem de prioridades cujos principais critérios são a quantidade de dependentes e a antiguidade na carreira. No térreo funcionam diversos estabelecimentos comerciais desde policlínica, bancos, farmácias, lanchonete, restaurante e papelaria até salão de beleza e alfaiate. Situado a poucos metros do EPV, o Círculo Militar da Praia Vermelha, além de área de lazer, oferece

---

[1] O EPV tem passado por extensas reformas e modernização em anos recentes, posteriormente à realização da pesquisa que deu origem a este capítulo.

para os oficiais e seus dependentes aulas de natação, futebol, academia de ginástica etc.

Essa rede de facilidades comerciais e de lazer possibilita ao morador realizar a maioria das atividades cotidianas num reduzido entorno, muitas vezes restringindo a circulação por outros bairros do Rio de Janeiro a passeios nos shoppings próximos ou idas a supermercados para as compras do mês. Poder-se-ia inferir que o EPV e seu entorno constituem uma "comunidade" com fronteiras espaciais bem demarcadas (o bairro da Praia Vermelha) e certo grau de homogeneidade, já que seus membros são compostos exclusivamente de família de militares.

No EPV desenvolvi a pesquisa de campo que deu origem à minha dissertação de mestrado, defendida em 2008, sobre a vida e os projetos individuais de esposas de oficiais do Exército brasileiro (Chinelli, 2008), universo até então pouco examinado nas ciências sociais no Brasil. Neste capítulo pretendo retomar algumas discussões presentes no estudo que desenvolvi durante o mestrado. O objetivo principal aqui é reformular certas questões então suscitadas, que giram em torno de um pressuposto relativo à clássica oposição analítica público/privado, que percebi ser insuficiente para dar conta dos dados colhidos em campo. Assim, no decorrer do capítulo, tratarei de observar a complexidade assumida pelos termos dessa dicotomia no referido contexto etnográfico, evidenciando como seus contornos são socialmente definidos.

Trata-se de compreender as maneiras pelas quais aquelas mulheres compartilham, através dos maridos, os valores militares; suas estratégias de sociabilidade; sua margem de manobra na construção da individualidade em um espaço marcado pelos princípios da hierarquia, disciplina e espírito corporativo. Complementarmente, interessa-nos também investigar como os valores militares, sobretudo os que ressaltam o espírito de coletividade e os princípios de hierarquia e disciplina, têm influência direta na vida das mulheres, sendo por elas apropriados segundo modalidades e estratégias específicas.

O trabalho etnográfico que deu origem à dissertação foi desenvolvido durante os anos de 2006 e 2007 e as principais informantes no campo foram esposas de majores e tenentes-coronéis, oficiais-alunos da Eceme, que habitam o EPV. A Eceme é qualificada como pós-graduação pelo sistema de ensino do Exército e é passagem obrigatória para os que pretendem alcançar o generalato na linha bélica da carreira.

A escolha do campo foi motivada, de um lado, pelo interesse em garantir que a observação se concentrasse em mulheres de militares com uma posição consolidada na carreira. Ademais, ela permitiu que o trabalho de campo fosse conduzido em um espaço físico delimitado, o EPV. Tal restrição espacial etnográfica, por sua vez, possibilitou-nos apreender o ponto de vista das mulheres entrevistadas sobre aspectos relacionados com as carreiras e trajetórias de seus maridos, bem como o ritmo de vida rotineiro no ambiente militar. Finalmente, o acerto do recorte etnográfico revelou-se na chance de observar *in loco*, de uma perspectiva raramente acessível aos civis (a figura prototípica do "outro" na *Weltanschauung* da caserna), as dinâmicas culturais que regem o conceito de "família militar", do qual tratarei mais adiante.

No período em que frequentei o EPV, pude realizar 15 entrevistas, além de manter conversas informais nos corredores do prédio. Pude também presenciar uma das atividades mais comuns entre as mulheres do EPV: buscar os filhos que chegam das escolas no ônibus escolar. Para além da observação participante rotineira, um evento em especial acabou por se mostrar bastante rico do ponto de vista etnográfico, assemelhando-se àquilo que Max Gluckman classicamente chamou de "situação social", em referência ao episódio da construção de uma ponte na Zululândia moderna, presenciada pelo antropólogo durante sua pesquisa de campo, realizada em fins da década de 1930. Por "situação social" Gluckman referia-se a um tipo de evento no qual aparecem sob forma condensada, como num instantâneo, vários traços da organização social e da visão de mundo do(s) grupo(s) humano(s) estudados: suas hierarquias, divisões sociológicas, expressões simbólicas, maneirismos vocabulares etc. Em nosso caso, a "situação social" que detalharei mais adiante foi uma reunião de esposas, cujo objetivo principal era o de definir as atividades sociais nas quais elas se envolveriam ao longo do ano.

Ainda sobre a pesquisa de campo, considero importante mencionar duas interlocutoras fundamentais para a realização da pesquisa. A primeira foi uma senhora na faixa dos 60 anos, viúva de um general da reserva. Ela me foi apresentada por seu filho, que tinha conhecidos no edifício. Foi também por meio dele que conheci a moradora do EPV com quem mais tive contato e que me levou à maioria de minhas interlocutoras. Ela foi de extrema importância para que eu pudesse me familiarizar com a rotina do prédio. Foi Júlia quem me explicou os horários do EPV, esclareceu expressões e me alertou para que eu evitasse possíveis "gafes".

A oposição público *versus* privado e o trabalho de campo com mulheres de militares

Tendo partido da premissa segundo a qual observar a "casa", antes que a "caserna", era um caminho mais fácil para a compreensão da sociabilidade militar, descobri estar errada logo nos primeiros dias de campo: a "casa" não era completamente alheia às formalidades da instituição militar. Notei que um civil pesquisando na caserna ou em seu entorno era facilmente antagonizado, como quem tivesse por função "falar mal" da "classe militar". Daí a desconfiança inicial para comigo, que não tinha nenhum contato prévio no meio.

Devo admitir que minhas tentativas iniciais de participar do cotidiano do EPV, permanecendo nele e/ou nas cercanias, foram um fracasso. Sendo percebida como "de fora", eu era constantemente ignorada. Nos meus atrapalhados esforços para abordar alguma pobre alma e lhe explicar a razão da minha presença, tudo o que conseguia era aprofundar a distância entre pesquisador e pesquisados. Por questão de tempo, a saída mais fácil, quiçá a única, foi recorrer à minha principal informante, uma notável mediadora. Mesmo assim, nos meus primeiros contatos com as entrevistadas, era necessário esclarecer cuidadosamente que eu estava realizando um trabalho acadêmico; que meu foco eram as esposas, não os oficiais; e que não tinha a intenção de criticar ninguém. Tive de fazer, enfim, o gesto de rendição esperado diante do exército "inimigo": agitar a bandeira branca.

Pensando retrospectivamente, naqueles primeiros contatos e dificuldades enfrentadas já era possível entrever o que seria o principal achado etnográfico da pesquisa, que não pode ser separado das decisões de método tomadas no seu próprio desenrolar: o comprometimento das mulheres de oficiais, não apenas com as carreiras de seus maridos, mas com a instituição militar como um todo.

Assim, a questão motriz de toda a discussão que desenvolvi sobre as esposas de militares é que as vidas dessas mulheres estão, sob diversos aspectos, inextricavelmente vinculadas à profissão de seus maridos. As transferências, a variação dos locais de moradia e as regras de convivência são molduras (em alguns casos, limites) por meio das quais essas mulheres elaboram seus projetos individuais. A situação etnográfica sugeriu que valores domésticos e profissionais estão profundamente inter-relacionados, o que nos permite articular, sob uma nova ótica, questões sobre gênero, família e controle social.

Para desenvolver o argumento, conto com dois conceitos teóricos amplamente desenvolvidos na literatura antropológica: o de *projeto* ou "conduta organizada para atingir finalidades específicas", tal como formulado por Velho (1994), para quem os projetos seriam caminhos escolhidos subjetivamente entre um "campo de possibilidades" informado pelos paradigmas culturais compartilhados (Velho, 1994:40); e o de *rede social*, tal como formulado por Bott (1976:212), segundo o qual "o meio social imediato de uma família urbana consiste em uma rede e não em um grupo organizado. Uma rede é uma configuração social onde algumas, mas nem todas, das unidades externas componentes mantêm relações entre si".[2] O conceito de rede social é importante para a compreensão das maneiras pelas quais as relações conjugais/familiares e o meio social estão numa relação de influência mútua. Daí que Bott (1976:242) afirme ser seu objetivo "compreender como o funcionamento interno de um grupo é afetado, não somente por sua relação com as pessoas e com as organizações de seu meio, mas também pelas relações entre essas pessoas e organizações". Assim, pretendo apresentar a dinâmica de interações que caracteriza o universo estudado, sempre com o cuidado de não ignorar a margem de manobra e o "campo de possibilidades" na construção da individualidade das esposas de militares.

A presente discussão resvala também no campo da teoria do gênero, sobretudo no seu desenvolvimento pós-modernista. A partir da década de 1970,

---

[2] Não pretendo utilizar o termo de maneira a identificar, como faz a autora, "redes de malha estreita" e "redes de malha frouxa", nem demonstrar como o grau de densidade da rede influencia o padrão dos papéis conjugais, dadas as especificidades do caso estudado. Por exemplo, poder-se-ia pensar que o tipo de rede social que definiria as relações entre famílias de militares seria a de "malha frouxa", já que a constante mobilidade social distanciaria os indivíduos de seus parentes e dificultaria o estabelecimento de relações intensas entre os indivíduos. Entretanto, muitas vezes essas relações, apesar das distâncias geográficas, estão pautadas pela frequência de contatos, atitudes solidárias e favores recíprocos característicos das "redes de malha estreita". Mesmo assim, caracterizá-las como tal seria também insuficiente, já que, muitas vezes, tais atitudes solidárias e a ajuda mútua são frutos de motivações não necessariamente espontâneas, mas estabelecidas institucionalmente.

a literatura antropológica sobre gênero começou a sofrer forte influência da crítica cultural feminista. Em 1974, Michele Rosaldo escrevia um artigo seminal — hoje um clássico dos estudos de gênero — intitulado "*Women, culture and society: a theoretical overview*", publicado na coletânea de mesmo nome, organizada pela autora em parceria com L. Lamphere (Rosaldo, 1974). Nele, a autora faz uma contundente investida contra a dicotomia público/privado, oposição historicamente central para a antropologia social (sobretudo anglo-americana). O ponto forte do artigo é apontar uma característica supostamente transcultural que justificaria a submissão feminina: a desvalorização da esfera doméstica (relacionada com as mulheres, a casa, os cuidados com os filhos e o interior do *socius*) em face da esfera pública da vida social (os homens, a política, o exterior do *socius*). Uma crítica complementar foi sustentada por Sherry Ortner (1974), ao propor que a desvalorização feminina se fundamenta na associação simbólica entre mulheres e natureza, esta tida como subordinada à cultura, domínio essencialmente masculino.

Ambas as hipóteses ganharam aportes a partir da década de 1980, quando experiências etnográficas e reflexões epistemológicas colocaram em xeque não apenas os conteúdos semânticos associados aos termos da oposição, mas também o próprio uso dicotômico de termos como público/privado e natureza/cultura (MacCormack e Strathern, 1980). Para Yanagisako e Collier (1987), tais dicotomias analíticas, que guiaram o desenvolvimento do conceito de gênero na antropologia, teriam como origem o pressuposto de que toda distinção entre homens e mulheres se explica, em última análise, pela diferença natural entre eles. Para essas autoras, ao contrário de determinantes pré-sociais, as diferenças sexuais deveriam ser problematizadas e pensadas também como construções sociais.

Em texto anterior, Yanagisako (1979) observara algumas das implicações do pressuposto "biológico" da diferença entre homens e mulheres na literatura antropológica sobre parentesco. Segundo a autora, as tentativas de evitar uma visão funcionalista sobre a família, tal como a elaborada por Malinowski, foram acompanhadas por uma tendência à distinção conceitual entre *family* e *household*, sendo a primeira relativa ao parentesco, e a segunda à coabitação (Yanagisako, 1979:162). Entretanto, as dificuldades de se estabelecer as fronteiras da *household* fizeram com que esta fosse encaixada no domínio das atividades "domésticas" (Yanagisako, 1979:165), cujas tarefas centrais estariam ligadas à produção e ao consumo de comida e à reprodução social, incluindo a gestação e cuidados com filhos. Assim, as maneiras pelas quais os antropólogos explicaram as estruturas e unidades sociais engajadas nas atividades da *household* derivam da oposição conceitual entre o "doméstico" e o "político-jural" (Yanagisako, 1979:187). Meyer Fortes já havia argumentado, em *Kinship and the social order* (Fortes, 1969), que uma das bases dessa distinção estaria no tipo de premissa normativa que regula cada domínio. Assim, no domínio político-jural as sanções seriam públicas, formais ou mesmo institucionais, enquanto o domínio doméstico seria regulado por constrangimentos informais, afetivos e morais.

Yanagisako sustenta que o tipo de distinção pressuposta por Fortes repousa na ideia de que o laço biológico entre mãe e filho seria o fundamento das relações domésticas. Diz a autora:

> tal como observado nas tentativas de definir *família* e *grupo doméstico*, há a crença de que a reprodução – ou seja, a provisão de pessoal adequadamente aculturado para preencher as posições sociais requeridas à perpetuação da ordem social – seja a atividade primária na esfera doméstica [Yanagisako, 1979:189; tradução minha].

Um dos caminhos trilhados por antropólogos para escapar desse "determinismo biológico" foi observar as motivações e consequências políticas das ações femininas nos grupos domésticos em diversos contextos etnográficos, "alargando" a compreensão da dinâmica de tensões sociais que neles operam. Segundo Yanagisako, as relações domésticas estão tão imiscuídas nas relações de aliança política, que a separação entre aspectos domésticos e políticos é artificial e ilusória.

Em contraposição à perspectiva determinista, Yanagisako aponta como alternativa a abordagem simbolista de David Schneider (1968). Em lugar de definir o parentesco como domínio autônomo, tal enfoque permite observar como o campo semântico da família está presente nos mais diversos domínios culturais, assim como é por eles perpassado. Ainda segundo Yanagisako:

> Abordagens simbólicas do parentesco contribuíram para a nossa compreensão das interpenetrações entre aquele e outras esferas culturais. Embora as relações de "parentesco" possam ter significados simbólicos não redutíveis a outras relações (econômicas,

por exemplo), vários estudos demonstram, ao mesmo tempo, que o "parentesco" não é um domínio de sentido discreto e isolado. Antes, os significados atribuídos aos relacionamentos e ações entre parentes são extraídos de diversos domínios culturais, incluindo os da religião, nacionalidade, etnicidade, gênero e conceitos tradicionais de "pessoa" [Yanagisako, 1979:193; tradução minha].

É a partir desse conjunto de críticas à dicotomia público/privado, aqui retomadas resumidamente, que pretendo iluminar certos dados sobre a sociabilidade no ambiente militar e sobre minha experiência de pesquisa de campo com mulheres de militares.

"Mulher de militar": transferências e projetos pessoais em questão

A narrativa mais recorrente entre as mulheres com quem conversei durante o trabalho de campo, e no decorrer dos últimos anos, informa-nos que as transferências dos maridos influenciam radicalmente suas vidas e as de seus filhos. Em alguns momentos, as mudanças são valorizadas: é uma oportunidade de conhecer o vasto território brasileiro, dando aos filhos a oportunidade de viverem ricas experiências. Mas os deslocamentos geográficos dos oficiais determinam boa parte das condições de possibilidade dos projetos individuais de suas esposas. A frequência das mudanças é vista como o principal motivo pelo qual as mulheres não conseguem constituir uma carreira profissional, já que o pouco tempo de permanência em uma cidade torna muito difícil o estabelecimento em um emprego. Com isso, e pelo fato de a carreira dos maridos ser vista como muito absorvente e sacrificante, acabam recaindo sobre as mulheres as responsabilidades pela casa e pelos filhos. Há mulheres que trabalham, mas em geral são aquelas com empregos de horários flexíveis, ou que permitam as transferências, como era o caso de algumas professoras e funcionárias públicas com quem conversei. Há também aquelas que, apesar de não terem um emprego formal, complementam a renda familiar com trabalhos manuais, que vendiam no próprio EPV, como pude observar em alguns casos.

É frequente que as mulheres dos militares se assumam como "profissionais do lar", o que à primeira vista pareceria reforçar a já mencionada oposição entre público e privado. A carreira do marido é vista, muitas vezes, como mais absorvente e sacrificante. Está presente no discurso delas a noção de que os maridos não têm como assumir os cuidados da casa e dos filhos, dadas as contingências da carreira militar:

> porque ele não pode faltar, nunca faltou. Nesses 13 anos que eu tenho de casada, meu marido pode estar com 40 graus de febre, que nuncá faltou. Nunca faltou, entendeu? Então eu acho que é assim, quem passa na Academia, quem leva a sério a carreira militar, eles têm um compromisso com aquilo, que você não vê nas outras profissões [...]. Então é assim, ele não falta e não quer faltar, então por isso que ele não quer que eu assuma um compromisso, porque aí eu também terei o compromisso de ir.

Esse padrão de comportamento bem como a importância da figura da esposa na carreira dos maridos militares foram apontados por Janowitz (1960:187):

> a comunidade militar era organizada de modo a que as relações familiares apoiassem o oficial em sua convicção de estar, mais do que fazendo um trabalho, atendendo a um chamado e cumprindo uma missão. Os conflitos entre a família e as obrigações de carreira eram mantidos a um nível mínimo [tradução minha].

Além de sua predominância na vida doméstica, as mulheres de militares também desempenham papel relevante no que se refere à trajetória profissional de seus maridos, desde o apoio afetivo prestado até a influência que podem exercer no bom relacionamento com seus superiores, o que eventualmente resulta em benefícios concretos para suas carreiras.

> Eu acho que isso também é bom pra eles, nós estarmos presentes. E acho que isso os impulsiona a estarem trabalhando. Eu acho que a mulher tem que ser a base do lar. Também por eles trabalharem muito. Muitos estão estudando muito, então na maior parte do tempo estão ausentes e a gente que tem que segurar. Mulher de militar segura a barra. Segura mesmo.

> Eu acho que para ele quanto mais eu estiver indo nos eventos, acho que é melhor, e também, todos os eventos que ele participa, que as esposas têm que ir, eu vou. Teve uma palestra que até a [amiga], nós acabamos indo, mas a palestra era muito chata

[...] E nós fomos, meu marido quase me obrigou a ir nesse negócio — "não, tem que ir porque o general falou e que não sei o quê", e eu vou me arriscar a não ir?

Assim, a pesquisa revelou que as mulheres se percebem em uma posição de igualdade em relação aos maridos e se consideram personagens ativos e relevantes no desenvolvimento de suas carreiras: elas não trabalham para os maridos, mas *com eles*. Destarte, o discurso que enfatiza o aspecto doméstico da ação feminina convive com aquele segundo o qual as mulheres são parte decisiva na vida pública (institucional) do marido, ao ponto em que público e privado passam a se interpenetrar. A fala de uma de minhas informantes é reveladora de até que ponto chega essa interpenetração:

Aí [...] é chazinho com as mulheres, todas as esposas... E tem outros tipos de festividade, que são jantares, e tal [...]. *A nossa função é a parte social do trabalho deles.* Na verdade, eu sempre falo: *o militar realmente é a mulher.* Porque quem investe realmente nessa parte somos nós. Nós que estamos ali do lado. É engraçado, eu falo muito isso para o meu marido, é uma das poucas profissões que nós mulheres trabalhamos junto. Nós estamos ali junto. É chazinho, a gente tem que fazer, é jantar, nós vamos junto. É uma profissão que a mulher também está integrada. A única reclamação que eu faço é que nós não temos salário [risos]. A gente devia ganhar muito bem... [risos].

A possibilidade de permanecerem em uma cidade por motivos profissionais quando da transferência de seus maridos é quase sempre descartada, exceto quando a distância entre uma cidade e outra permite visitas frequentes ou quando a atividade é flexível, de modo a facilitar os deslocamentos. Certamente, esse processo não se dá sem tensões. Em muitos casos, a mulher e/ou os filhos não podem acompanhar o militar na transferência, como é comum quando os filhos ingressam em uma universidade ou quando a mulher não se dispõe a abrir mão de um emprego. Mas, em geral, percebe-se que manter a família unida é o motivo fundamental para que as esposas abram mão de suas trajetórias profissionais para acompanhar seus maridos.

Como aponta Barros, a educação militar enfatiza valores e instituições estáveis e estabilizadoras, entre as quais está a família nuclear contemporânea, que seria percebida como "o arranjo 'natural' de parentesco, no sentido de prover estabilidade e permitir a socialização dos novos membros num ambiente basicamente 'saudável'" (Barros, 1978:98, tradução minha). Assim, a família militar deve manter-se *indivisa*, tarefa para a qual as mulheres contribuem decisivamente, por vezes às custas de seus projetos pessoais, dificilmente realizáveis devido ao nomadismo implicado na vida militar. As mudanças de domicílio são, então, um fator fundamental para a compreensão da atual família militar. Para além dos valores cultivados pela instituição por meio da educação militar e dos locais de sociabilidade (Castro, 2004; Barros, 1978), os constantes deslocamentos geográficos são apontados pelas esposas como o motivo fundamental da divisão de papéis.

A família militar

A partir das observações anteriores, nota-se como uma expressão muito repetida durante as conversas com minhas informantes — a "família militar" — adquire nova relevância. Trata-se de uma categoria nativa que procura estender os laços parentais para além da família nuclear, sendo, portanto, fundamental para a compreensão da dinâmica de relações sociais nesse meio específico.

Dado o escasso contato com as famílias de origem, é muito comum que oficiais, esposas e filhos se voltem para seus pares, ou seja, as demais famílias que residem nas vilas e prédios militares. O sentimento de união e solidariedade é justificado, muitas vezes, pelo fato de que todos ali estão em contato frequente e compartilham das mesmas dificuldades: a adaptação a uma nova residência, a distância da família de origem, o recorrente sentimento de solidão.

A gente fala que é a família militar. E é verdade. Uma ajuda a outra. Tem esse lado muito bom. E o melhor ainda é quando depois de muitos anos nós vamos encontrar as mesmas amigas, de quando o filho era pequeno, de quando nasceu o neném e ela ajudou.

A minha família está aqui dentro. […] Aqui em casa nós somos muito apegados a amigos. E quando a gente faz amizade no meio militar é fácil porque depois a gente se reencontra. Agora, no meio civil é muito difícil. […] Porque a gente passa a maior parte das nossas vidas em contato com esses amigos, e não com o mundo familiar. A minha família está aqui dentro. […] Então, o que a gente faz? A gente se ajuda. Uma depende da outra pra um quebra-galho, uma festinha, filho doente.

A ênfase na união e na camaradagem é característica conhecida da instituição militar (Castro, 2004). Em tal ambiente, a preeminência da coletividade é considerada fundamental para seu bom funcionamento, caracterizando a dinâmica na caserna. Essa dimensão extrapola os aspectos profissionais e penetra na vida familiar. Assim, há um incentivo formal por parte da corporação à confraternização e à união de todos os membros da grande e idealizada "família militar".

Um exemplo desse movimento de integração é o cargo da "xerife das mulheres", atribuído à esposa do "xerife da turma da Eceme" (o aluno mais antigo, cuja função é representar a turma). A "xerife" é apresentada no evento oficial de boas-vindas às famílias, cabendo-lhe a responsabilidade de organizar atividades coletivas reunindo as demais esposas, como se pode perceber nas falas de duas "xerifes":

> E como a gente está longe da família, a gente faz almoço de Páscoa, de Dia das Crianças, sempre organiza uma gincana. [...] A gente acaba reunindo. [Onde?] Ou é em casa, com poucas pessoas, ou é no clube. Em todo lugar que a gente chega tem uma estrutura com clube, hotel de trânsito, então a gente consegue se organizar pra fazer.

> depende muito das pessoas. [...] alguém vai ter que fazer. Aí ninguém quer assumir. Então, como meu marido é mais antigo, a responsabilidade cai em cima de mim. Aí eu teria que fazer tudo, não pelo fato de ter o trabalho, mas pelo custo.

A chegada de uma nova turma à Eceme fornece outro exemplo de estímulo ao espírito de camaradagem que valoriza a coletividade. A cada um dos casais que chegam é atribuído um casal de "padrinhos". Formado por um aluno da turma anterior e sua esposa, este é responsável por ajudar os recém-chegados na mudança e na ambientação. Ao final do ano letivo, é distribuída à turma que já está cursando a Eceme uma lista dos alunos que iniciarão o curso no ano seguinte. É a partir dela que os "veteranos" deverão escolher seus "afilhados", obedecendo à ordem de precedência hierárquica entre os alunos. Assim, no início do ano seguinte, todos os alunos novos já têm seus padrinhos, que devem estar prontos para ajudar os afilhados no que for necessário.

Quer dizer, você vai ajudar aquelas pessoas naquilo que for possível pra recebê-las no ambiente novo. Esse negócio de militar, profissional como pessoal. Tanto pra receber na escola como pra receber nessas questões mais domésticas e tal, pra ajudar. [...] Então, a madrinha ajuda naquilo que for possível. Como eles já são daqui então... Nós precisamos dos nossos padrinhos o ano passado, porque nós chegamos aqui no Rio, não tínhamos nada e tínhamos um outro fator, que era ter que procurar apartamento, então como é que você vai alugar num lugar que você não conhece nada? Então, o nosso padrinho foi fundamental o ano passado porque ele nos ajudou a andar aqui pelo bairro como um suporte mesmo pra gente, quando nós chegamos aqui no Rio.

É claro que as relações entre padrinhos e afilhados não se dão sempre da mesma maneira. O grau de intimidade varia, já que os casais podem ou não se conhecer de outras vilas militares, podem ou não ter coisas em comum. Mas, apesar dessas peculiaridades, o padrão relacional entre padrinhos e afilhados reforça o espírito de união, camaradagem e solidariedade no ambiente militar. Há uma clara tentativa de reproduzir padrões de interação semelhantes aos que caracterizam as relações familiares, o que fica evidente no uso dos termos "padrinhos"/"afilhados" (Arantes, 1994) e, mais genericamente, "família militar".

> A família, portanto, enquanto paradigma de como e de para que fim as relações de parentesco devem ser conduzidas, especifica que as relações entre os seus membros são aquelas baseadas no amor. Pode-se referir à família como "aqueles que amamos". Amor aí pode ser entendido como solidariedade difusa duradoura. O fim para o qual são conduzidas as relações familiares é o bem-estar da família como um todo e de cada um de seus membros individualmente [Schneider, 1968:50; tradução minha].

Assim, é possível compreender os motivos pelos quais a rede de relações sociais no meio militar é vista como "uma grande família" pela maioria de seus membros, já que seus modelos de conduta estão orientados para essa "solidariedade difusa duradoura" característica dos laços familiares. É a partir dessas relações de reciprocidade e solidariedade que se dá a dinâmica de interações no meio militar, como explicita uma entrevistada: *Não tem como não participar. Porque você encontra no elevador, porque batem na sua porta.*

Porque, quando você chega, você tem uma madrinha que é do segundo ano e que... enfim, tem que participar. É parte do jogo".

Portanto, observa-se que os valores que regem a vida na caserna, e que foram incorporados por processos intensos de socialização na formação do "espírito militar" (Castro, 2004), muitas vezes extrapolam suas fronteiras e influenciam as rotinas e os padrões de sociabilidade, não apenas dos oficiais, mas também de seus familiares. A ideia de *não ter como não participar* demonstra o caráter quase compulsório do engajamento da mulher nas atividades sociais do meio militar. Não se trata de obrigação formal, mas de uma coerção grupal análoga aos compromissos morais e corporativos do militar, que reforçam o "espírito de corpo". O incentivo institucional é condição para que a preeminência da coletividade, o espírito de união e a camaradagem se estendam para além das fronteiras profissionais da caserna e se mantenham nas demais dimensões da vida. Em resumo, vejo o cargo de "xerife das mulheres" e a instituição do "casal de padrinhos" como incentivos semioficiais à manutenção de valores caros ao espírito militar.

Casa-caserna

À luz dos fatos apresentados, principalmente o de que as experiências sociais das famílias de militares muitas vezes se confundem com a sociabilidade da "caserna", passo a abordar a dinâmica de interações no EPV, como pude observar durante o trabalho de campo.

O EPV, como já descrito anteriormente, é habitado por pessoas oriundas de diferentes regiões do país, que estão ali porque os maridos são oficiais do Exército, fator que, como veremos mais adiante, faz com que a diversidade sociogeográfica seja, em certa medida, obliterada.

O fato de pertencerem à mesma profissão desfavorece o aparecimento de conflitos abertos (no sentido de explícitos, públicos) no prédio. Isso porque, além das inúmeras formas de incentivo ao espírito de união e coletividade já discutidas na seção anterior, há sempre a possibilidade de que o vizinho seja da mesma turma do marido ou que venha a trabalhar com ele futuramente. Isso implica um determinado padrão de cordialidade e boa vontade, já que as famílias podem ter de se relacionar em outras circunstâncias que não as de moradia, como as solenidades da instituição militar e os eventos sociais do grupo de pares do marido.

Entretanto, devo enfatizar que esse padrão de cordialidade não anula os conflitos. Como em qualquer outro meio social, entre os militares também há competição e brigas.[3] E no caso específico do EPV não é diferente. Como pude perceber durante a pesquisa, tanto nas narrativas de minhas informantes quanto por experiências próprias, assim como acontece em muitos outros prédios, as paredes que dividem os apartamentos têm pouco poder de isolamento sonoro, além de corredores bastante amplos, favorecendo a acústica e a circulação do som. Por esses motivos, o barulho e a falta de privacidade constituem as principais fontes de desconforto entre vizinhos.

O princípio da cordialidade no prédio prevê não apenas a maneira segundo a qual vizinhos devem lidar com situações de desconforto entre si, mas também as interações nas dependências do prédio. É muito raro que os moradores — e outros frequentadores do prédio, como eu — não se cumprimentem. "Bom dia", "Boa tarde" e "Boa noite" são quase regra, assim como a troca de pequenas gentilezas, como segurar a porta do elevador ou ajudar a carregar sacolas de compras. É o inverso do que pode acontecer em outros prédios com as dimensões do EPV, em que, muitas vezes, "Poucas são as pessoas que se cumprimentam nos corredores e elevadores, e menos ainda entabulam conversações" (Velho, 1973:43).

Para Janowitz, nas regras de etiqueta e cerimônia dos militares, há sempre "um hiato entre as regras prescritas e a prática efetiva". Mesmo assim, as regras prescritas são uma moldura para o comportamento social: "Nenhuma outra ocupação, à exceção da diplomacia profissional, é tão preocupada com cortesia e protocolo. A educação "antiquada" e as maneiras formais sobrevivem, ainda que adaptadas às realidades da vida organizacional moderna" (Janowitz, 1960:196; tradução minha).

---

[3] Vale notar que a classificação do militar na turma tem influência direta em sua carreira, servindo de critério para a determinação do próximo local de moradia. Ou seja, os militares também competem entre si. A meritocracia, como já descreveu Castro (2004), é um valor inerente ao "espírito militar".

Algo semelhante ocorre também no EPV:

> Agora, o que acontece, são pessoas muito diferentes. [...] são pessoas com formações diferentes, culturas diferentes. Então, é muito heterogêneo e o que acontece, é natural às vezes ter alguns problemas que acontecem. No EPV realmente é um lugar complicado de se morar. [...] Então tem que saber conviver. Tem pessoas que você pode dar "Bom dia", "Boa tarde", "Boa noite", chamar pra sua casa, porque realmente é amigo. Agora, tem pessoas que você só dá "Bom dia" e "Boa tarde".

A fofoca é outra fonte de tensão entre os moradores. "Falar mal" dos vizinhos ou relatar fatos da intimidade do outro parece ser uma grande fonte de desconforto e atrito, mesmo que de forma velada. "Fofocar" parece ser uma prática quase generalizada no EPV, fato que todas as esposas confirmaram, apesar de nenhuma ter admitido participar da "rede de rumores".

A partir do que presenciei no EPV, fica claro que a fofoca desempenha um forte constrangimento social e contribui para reforçar um determinado padrão de conduta. A fofoca parece ser, então, uma maneira de inibir os moradores do prédio ao comportamento incompatível com as normas sociais ali vigentes. Isso porque o desviante pode sofrer sanções sociais tanto quanto profissionais, ambas potencialmente prejudiciais à sua carreira. É preciso ressalvar que a fofoca não é a única forma de constrangimento, já que a instituição militar tem como pilares a disciplina e a manutenção da ordem, que só são possíveis com um alto grau de controle, tanto físico quanto moral.

A literatura antropológica está repleta de subsídios para pensar a influência dos "rumores" e fofocas nas relações sociais. No caso do EPV, acredito que a fofoca seja uma poderosa forma de controle social, seguindo a famosa interpretação de Gluckman (2010), segundo a qual a fofoca é uma instituição social cujo papel é reforçar as normas da comunidade. No entanto, paralelamente à hipótese funcionalista, centrada na sua utilidade em relação ao grupo, há outra interpretação possível, como a de Paine (1967), que classifica a fofoca como um gênero de comunicação informal, e também uma estratégia de defesa de interesses pessoais. Assim, a principal divergência entre os dois autores pode ser resumida na seguinte afirmação de Paine, para quem o argumento de Gluckman "concentra a atenção na comunidade antes que no indivíduo" (Paine, 1967:280; tradução minha).

A partir do que presenciei no EPV, acredito que as duas interpretações não são excludentes. Logo, sem negligenciar os efeitos mais individuais da fofoca — como o prazer de quem fofoca ou, ao contrário, o desprazer de quem é por ela atingido —, no EPV fica claro que ela desempenha um forte constrangimento social, contribuindo para reforçar um determinado padrão de conduta.

[Marido]: Existe um negócio […] que a mulher militar, entre aspas, ela é mais vigiada.
[Pergunta]: Vigiada?
[Marido]: Ela é mais vigiada do que, por exemplo, uma mulher… Sei lá, a sua liberdade é um pouco diferente. Você é a mulher do militar. E a mulher de um militar tem, vamos dizer assim, um determinado padrão de conduta, de comportamento. Se alguém, por exemplo, um amigo meu, passa mal e dá um show, e bate o carro e não sei o quê. […] Se um militar, por exemplo, fizer um negócio desse aí numa vila militar, Nossa Senhora!
[Esposa]: Vai preso!
[Marido]: Entendeu? É muito desagradável. Para uma mulher de militar, então, fazer uma coisa dessas, Pelo amor de Deus! Então, então, querendo ou não, eu acho que existe…
[Esposa]: Tem um negócio de um controle social muito grande.
[Marido]: Um controle social diferente. Ainda existe. […]

A fofoca parece ser, então, uma maneira de inibir os moradores do prédio ao comportamento incompatível com as normas sociais ali vigentes. Isso porque o desviante pode sofrer sanções sociais tanto quanto profissionais, já que desvios de conduta podem ser registrados no "Livro de alterações",[4] ou

---

[4] O "Livro de alterações" é um documento do Exército onde estão registrados os dados mais importantes da carreira do militar, como punições, elogios e promoções, além de comentários sobre sua vida pessoal, como o registro de seu casamento. Ele é a reunião das "Folhas de alteração" emitidas por cada unidade à qual o militar serve. Na Portaria nº 001 — DGP, de 3 de janeiro de 2001, encontramos a seguinte definição: "Folha de Alterações é o documento, de responsabilidade da OM, destinado ao registro semestral das alterações relativas aos militares na ativa onde são escriturados os dados relativos às atividades e à vida pessoal do militar que forem publicados em boletim interno da OM, reservado ou ostensivo, à qual estiver vinculado" (Disponível em: <www.dgp.eb.mil.br/normas/Port001-01.htm>).

o oficial pode colocar em risco sua rede de relações, vista como importante na dinâmica de promoções.

Considerações finais

Durante o trabalho de campo, tive a oportunidade de presenciar uma reunião das esposas, realizada pela nova "xerife das mulheres", na qual seriam discutidos os eventos de confraternização a serem realizados nos meses seguintes (passeios, chás, lanches etc.). Ao contrário do que eu poderia imaginar, baseando-me nos relatos que havia ouvido, como os anteriormente citados, o quórum do encontro foi baixo: apenas seis mulheres estavam presentes.

A discussão sobre os eventos começou com a tentativa de definir como seria o primeiro chá do ano. Depois foi debatida a questão das excursões, passeios organizados para que as esposas conhecessem pontos turísticos da cidade ou redondezas. Diversas sugestões de eventos foram discutidas, mas sempre permeadas pela questão do baixo quórum. Como seriam definidos eventos que envolveriam todas as esposas dos alunos da Eceme, mais de 150, se estavam presentes apenas seis delas? "Vão dizer que é 'panelinha'", "E se organizarmos tudo e ninguém for?"

A partir daí uma série de sugestões foram levantadas para dar conta do problema da escolha dos eventos, e ficou decidido, finalmente, que uma circular com opções de passeios, chás e almoços seria enviada às esposas. O texto foi redigido ali mesmo na reunião e, nesse momento, todas estavam aparentemente cansadas de toda a discussão, que levou cerca de duas horas.

Considero a reunião das mulheres um momento privilegiado para observar aquilo que Marcel Mauss descreveu sobre a teoria da dádiva:

> o caráter voluntário, por assim dizer, aparentemente livre e gratuito, e no entanto obrigatório e interessado destas prestações. Elas assumem quase sempre a forma do regalo, do presente oferecido generosamente, mesmo quando, nesse gesto que acompanha a transação, há somente ficção, formalismo e mentira social... [Mauss, 2003:188].

Como já adiantei, tomo o encontro mencionado segundo o conceito gluckmaniano de "situação social", e o faço pelos seguintes motivos. A imagem da "família militar" como uma comunidade extremamente coesa, em que todos se conhecem, se identificam e se ajudam, foi, naquele momento, posta em questão. O que vi não foi um grande grupo de mulheres unidas e organizadas por livre e espontânea vontade, *como as narrativas ouvidas em diversas conversas me haviam feito acreditar*. Na verdade, deparei-me com um grupo — o das mulheres ausentes — desinteressado na "coletividade das esposas". Além disso, o pequeno grupo que estava presente na reunião não me parecia satisfeito em perder sua tarde de sábado para discutir os eventos do ano. Pelo contrário, a sensação foi a de que aquelas mulheres haviam sido convocadas a participar de uma reunião importante para a manutenção do bem-estar do grupo e a reiteração da unidade da "família militar", com ênfase no espírito de integração e solidariedade. A flagrante falta de espontaneidade na promoção da confraternização dava a impressão de que o incentivo à coletividade é, em boa medida, *institucional*: ele "vem de cima". Não há, decerto, sanções explícitas e formais, mas nota-se o funcionamento de vários mecanismos sociais designados a impor a ideia de coesão e "espírito de corpo" entre as mulheres.

Reconheço que discuto apenas uma reunião de um grupo específico de esposas de oficiais que passaram pela Eceme. De fato, no discurso da "xerife" da turma do ano anterior, o engajamento das esposas parece ter sido muito mais intenso já que, como ela disse, "todas, de certo modo, acabam contribuindo". Mesmo nos casos em que parece ser apenas um grupo que promove os eventos, a participação neles é grande: "O objetivo do nosso grupo é unir, é juntar. É formar mesmo essa família, e pra gente se conhecer. E todas participam".

Sei também, como já mencionado, que os dois anos vividos pela família do militar no Rio de Janeiro durante o curso da Eceme correspondem a um período muito específico da carreira, e o mesmo vale para a dinâmica de interações entre as famílias e entre as esposas, que varia em termos de localização geográfica, infraestrutura, condições de moradia etc. Assim, não estou afirmando que os chás, almoços, churrascos e festas são necessariamente um peso que a "xerife" da turma e as outras esposas devem carregar. Muito pelo contrário, esses eventos são descritos quase sempre como prazerosos. As famílias se entrosam, os filhos brincam, os oficiais se entretêm junto aos colegas, e as esposas conversam, fofocam e trocam dicas entre si. Entretanto, algumas vezes, como demonstrou o clima da reunião do grupo de esposas que acompanhei, *o simples prazer da confraternização não parece suficiente para garantir a realização de eventos integradores.* Assim, o incentivo institucional é condição para que a preeminência da coletividade, o espírito de união e a camaradagem se estendam para além das fronteiras profissionais da caserna, e se mantenham nas demais dimensões da vida militar, incluindo nela o lazer, as amizades, as esposas e filhos etc. Em uma palavra, vejo o cargo de "xerife das mulheres", atribuído à esposa do "xerife" da turma da Eceme, como um incentivo *veladamente institucional* — "esse negócio de militar, profissional como pessoal [...]", como diz a entrevistada na citação anterior — à manutenção de valores fundamentais ao "espírito militar" (Castro, 2004).

Mais do que baseada em emoções e interesses materiais ou simbólicos, as entrevistas indicaram estarmos diante de uma "comunidade forçada" — no sentido de que a livre-iniciativa das mulheres não parece ser o bastante para a manutenção dos eventos sociais, o que pode ser percebido por meio do exemplo da reunião descrita, em que, mesmo estimulada institucionalmente mediante a figura da "xerife", contou com um pequeno número de participantes. Talvez seja possível dizer que as mulheres (e seus maridos e filhos) "vivem uma ficção", no sentido de uma sociabilidade performada, entendendo-se "performance" conforme Goffman (1975). Elas sabem que a "família militar" corresponde a um estilo de vida muito particular por seu caráter imposto e institucionalmente regulado nos mínimos detalhes. Por outro lado, exatamente por esse motivo, consideram que não podem evitar totalmente sua própria adesão ativa, a qual é facilitada pela série de aspectos convenientes e genuínos — entre os quais, o mais relevante talvez seja o suporte material e afetivo recebido em momentos de vulnerabilidade derivada do desenraizamento.

Referências

ARANTES, Antonio A. Pais, padrinhos e o Espírito Santo. In.: _____ et al. *Colcha de retalhos*: estudos sobre a família no Brasil. 3. ed. Campinas: Editora da Unicamp, 1994.

BARROS, Alexandre. *The Brazilian military*. Professional socialization, political performance and State building. Tese (doutorado) — The University of Chicago, Chicago, 1978.

BOTT, Elizabeth.. *Família e rede social*. Rio de Janeiro, Francisco Alves, 1976 [1971].

CASTRO, Celso. *O espírito militar*: um estudo de antropologia social na Academia Militar das Agulhas Negras. 2. ed. Rio de Janeiro, Jorge Zahar, 2004.

CHINELLI, Fernanda. *Mulheres de militares*: família, sociabilidade e controle social. Dissertação (mestrado) — Programa de Pós-Graduação em Antropologia Social, Museu Nacional, Universidade Federal do Rio de Janeiro, Rio de Janeiro, 2008.

FORTES, Meyer. *Kinship and the social order*: the legacy of Lewis Henry Morgan. Chicago: Aldine, 1969.

GLUCKMAN, Max. Análise de uma situação social na Zululândia moderna. In: FELDMAN-BIANCO, Bela (Org.). *Antropologia das sociedades contemporâneas*: métodos. 2. ed. São Paulo: Unesp, 2010. p. 237-364.

GOFFMAN, Erving. *A representação do eu na vida cotidiana*. Petrópolis: Vozes, 1975 [1959].

JANOWITZ, Morris. *The professional soldier*. A social and political portrait. Nova York: The Free Press, 1971 [1960].

MACCORMACK, Carol P.; STRATHERN, Marilyn (Org). *Nature, culture and gender*. Cambridge: Cambridge University Press, 1980.

MAUSS, Marcel. Ensaio sobre a dádiva: forma e razão da troca nas sociedades arcaicas. In: _____. *Sociologia e antropologia*. São Paulo: Cosac Naify, 2003 [1925].

ORTNER, Sherry. Is female to male as man is to culture? In: ROSALDO, Michelle Zimbalist; LAMPHERE, Louise (Ed.). *Woman, culture and society*. Stanford: Stanford University Press, 1974.

PAINE, Robert. What is gossip about? An alternative hypothesis. *Man*, n.s., v. 2, n. 2, p. 278-285, 1967.

ROSALDO, Michelle. "Woman, culture and society: a theoretical overview". In: ROSALDO, Michelle Zimbalist; LAMPHERE, Louise (Ed.). *Woman, culture and society*. Stanford: Stanford University Press, 1974.

SCHNEIDER, David M. *American kinship*: a cultural account. New Jersey: Prentice-Hall, Inc., 1968.

VELHO, Gilberto. *A utopia urbana*. Rio de Janeiro: Zahar, 1973.

_____. *Projeto e metamorfose*. Rio de Janeiro: Jorge Zahar, 1994.

YANAGISAKO, Sylvia. Family and household — analysis of domestic groups. *Annual Review of Anthropology*, v. 8, p. 161-205, 1979.

_____; COLLIER, Jane. Toward a unified analysis of gender and kinship. In: ____; ____ (Ed.). *Gender and kinship*: essays toward a unified analysis. Stanford: Stanford University Press, 1987.

Famílias na fronteira: experiências de esposas de militares na selva brasileira[1]

Cristina Rodrigues da Silva

O sumiço de dois fuzis de um quartel na fronteira norte brasileira e a subsequente ameaça da imagem de soberania e vigilância nacional do Exército na localidade provocaram reações não só de militares, mas também de seus familiares. Em simultâneo, os militares começaram a atuar de forma mais ostensiva na área para recuperar o armamento perdido, enquanto as esposas dos militares iniciaram um voto religioso para que os maridos encontrassem os fuzis. Elas fizeram orações e um jejum em segredo, se privando de uma das três refeições diárias. Dois meses após o incidente, os fuzis foram encontrados e ambos (militares e esposas) comemoraram. Houve uma mobilização conjunta, em que a ação feminina do jejum operou como um complemento da bem-sucedida investida militar sobre o caso e que nos mostra como as mulheres fazem (e se sentem) parte do Exército também.

Ao destacar a relação entre as famílias e o Exército, esse caso nos revela que a participação das esposas nos contextos do quartel e das vilas militares dinamiza e se adensa na medida em que há um compartilhamento e porosidade entre os espaços público e doméstico. Desse modo, este capítulo mostrará as experiências de esposas de militares brasileiros que vivem em região de

---

[1] Uma versão anterior e levemente modificada deste capítulo foi publicada em *Handbook on gender and the military* (United Kingdom: Palgrave Macmillan, 2017). Ambos os textos baseiam-se em minha tese de doutorado intitulada *O Exército como família: etnografia sobre as vilas militares na fronteira*, defendida em maio de 2016 na Universidade Federal de São Carlos (PPGAS-UFSCar).

fronteira no norte do país com base em uma descrição etnográfica e análise relacional que parte da compreensão de como o universo estudado (militares e esposas de militares) se compõe e se pensa como família, como cônjuge e como militar; do modo em que são produzidas essas configurações por meio de uma série de relações cotidianas que essas pessoas compartilham com outras famílias de militares; e da organização dos espaços de moradia onde são geradas essas convivialidades.

Levando-se em conta que no cenário atual da antropologia brasileira a família tem sido estudada a partir de duas vias de investigação: uma que enfatiza a experiência direta dos sujeitos com o que eles consideram esferas familiares, e a outra analisando a intervenção estatal na vida familiar — como os diferentes discursos, principalmente na ação das políticas públicas, constroem uma visão normativa sobre família (Fonseca, 2010) —, minha abordagem procura um ponto intermediário entre essas duas linhas. Isto é, exploro como ambos (instituição e sujeitos) flexibilizam a(s) família(s).

Assim, considero que a noção de família é múltipla, sendo entendida não só em sua forma nuclear (pais e filhos, construída pela aliança e consanguinidade), mas também no compartilhamento de relações entre pessoas que, *a priori*, não têm nenhum vínculo familiar, mas que podem identificar-se como *parentes* ao passarem por experiências de vida em comum e habitarem nos mesmos espaços, vivendo relações de solidariedade e tensões umas com relação às outras, estabelecendo moralidades e afetos como uma *comunidade*, como parece ser o caso das famílias de militares no Brasil. Essa perspectiva se aproxima da noção de "mutualidade do ser", de Sahlins (2013), bem como da noção anterior e bastante similar de "relacionalidade", de Carsten (2004). Nessas duas abordagens, o parentesco ganha contornos que remetem também (mas não somente) à produção do parentesco para além das relações consanguíneas.

Sobre a família militar brasileira

Por ser um país de dimensões continentais, no Brasil há uma alta movimentação dos militares pelo território, ocupando espaços diversos, desde centros urbanos e modernos até locais de extrema precariedade, com o objetivo de circular, conhecer e defender as várias regiões do país como uma das metas da profissão e manutenção da soberania nacional.[2] As famílias, principalmente as esposas dos militares, acompanham-nos em grande parte dos deslocamentos e lidam com as dificuldades da adaptação aos novos locais em que os maridos são transferidos, lidam com as pausas nas suas carreiras e formações profissionais e renovam suas relações de amizade com outras famílias de militares a cada cidade em que habitam.

Nessas constantes transferências geográficas (ocorridas a cada dois ou três anos), os militares e suas famílias circulam por PNRs (Próprio Nacional Residencial), moradias que são padronizadas e que tanto física quanto administrativamente seguem uma estrutura específica pautada nos valores e normas do Exército. São casas agrupadas em vilas de acordo com a hierarquia militar, com arquiteturas e dimensões maiores à medida que a patente do militar aumenta e com regras de convivência e normas para o "bom" uso das residências e relacionamento entre o pessoal militar.

A ideia de uma movimentação contínua pelo território nacional indica que há um constante fluxo de militares e suas famílias pelo país e constitui um estilo de vida particular às pessoas pertencentes ao universo militar, estabelecendo uma forte relação entre Exército e família. No entanto, essa temática foi muito pouco estudada no contexto brasileiro.

Tradicionalmente, os cientistas sociais brasileiros vêm estudando os militares na arena política, em decorrência do advento do golpe militar de 1964, e da sucessão, nessa mesma época, de governos militares em quase toda a América do Sul. Assim, estudos que tratem sobre os aspectos internos da organização e o esforço de compreender o modo de vida e as categorias essenciais dos próprios militares são poucos e recentes, tornando os militares um objeto de estudo pouco usual no Brasil. Isso se deve a certo estranhamento dos pesquisadores em se aventurar num universo que carrega o peso político de um passado ditatorial, ao mesmo tempo que a instituição militar tem uma série de burocracias, controles e ordenamentos hierárquicos que podem dificultar o acesso do pesquisador, como ter que solicitar uma autorização formal para a realização da pesquisa e ela ser recusada, ou apresentar uma

---

[2] A alta mobilidade geográfica não só é entendida como uma das características dessa profissão, mas é devidamente regulamentada, sendo considerada decorrência dos deveres e obrigações do militar.

grande demora para que seja efetivada; ou ter sua pesquisa condicionada pela instituição militar, isto é, o estudo ser planejado em alguma medida pelos militares (como eles serem os responsáveis por indicar as pessoas que serão entrevistadas para a pesquisa).[3]

No que se refere aos estudos sobre a família militar brasileira, inicialmente, alguns trabalhos que enfatizaram outras temáticas da organização militar abordaram o assunto, mas de forma exploratória. Alexandre Barros (1978) estabeleceu alguns padrões de relacionamento afetivo dos oficiais e a origem social dos alunos da Academia Militar das Agulhas Negras (Aman — instituição responsável pela formação dos oficiais combatentes do Exército brasileiro) na década de 1960 e 1970. E Celso Castro (1993, 2004), em seu trabalho sobre a construção da identidade militar durante os anos de formação de oficiais na Aman, também analisou a origem social dos alunos da academia na década de 1990 e correlacionou-a com os dados de Barros, apontando uma presença significativa de filhos de militares seguindo a mesma carreira do pai. Esse quadro apontava uma forte identificação dos filhos com a vida militar, indicando a "representação da carreira militar como uma 'carreira total' num mundo coerente, repleto de significação e onde as pessoas 'têm vínculos' entre si" (Castro, 2004:46). Dessa forma, as características esperadas no mundo militar, como a hierarquia, o espírito de união e a camaradagem entre os membros da organização, acabariam se estendendo para além das fronteiras profissionais do quartel e abarcariam a vida pessoal, familiar e o círculo de amigos dos militares.

Somente três pesquisas abordaram a família como questão principal e apresentaram elementos semelhantes de análise em seus resultados (Adão, 2008; Chinelli, 2008; Silva, 2010). Esses trabalhos trataram do universo dos oficiais do Exército brasileiro entrevistando militares e seus cônjuges que configuravam distintas gerações, patentes e organizações militares. Mas, entre a diversidade das análises realizadas, havia uma percepção comum sobre a ideia do que é ser esposa de militar no Brasil e da intervenção do Exército sobre o modo de vida e moradia não só de seus profissionais, mas também de seus familiares.

---

[3] Sobre reflexões, dificuldades e abordagens metodológicas nas pesquisas com militares no Brasil, ver a coletânea de Celso Castro e Piero Leirner (2009).

Nesse sentido, ao notar certas similaridades nos discursos de oficiais e seus cônjuges, Silva (2010) aponta que a "família militar" adquire um sentido peculiar para a instituição militar brasileira: ela pode (e deve) ser entendida como categoria nativa que traduz uma ideia de coletivo da organização. Estabelece relações que devem ser calcadas em cumplicidade, solidariedade e respeito entre seus membros (afetos e deveres morais que os militares compreendem como condutas "naturais" da família), estendendo-se também para as relações entre seus cônjuges e filhos/as com outras famílias de militares. A "família militar" brasileira seria constituída, portanto, por um caráter englobante e segmentário: identifica o *todo*, a grande *família militar*, como uma comunidade composta de militares e seus familiares, mas também pode ser instrumentalizada para falar de partes da organização militar (os *irmãos de armas*, quadros, seções e unidades do Exército), ou para representar as relações de vizinhança entre cônjuges e filhos de militares como *parentes circunstanciais* (a proximidade física dessas pessoas e o compartilhamento de relações do cotidiano permitiriam uma experiência familiar para além das relações consanguíneas).

No que se refere às esposas e aos filhos de militares, o Exército brasileiro também estimula um estilo de vida muito particular nesse contexto: relações de aliança e inimizade entre as mulheres dos militares que afetam e são afetadas pelas relações do quartel; a acentuação de hierarquias sociais pautadas pelas hierarquias do quartel; moradias padronizadas nas vilas militares (os PNRs); e uma série de mecanismos e elementos que visam garantir o funcionamento da comunidade militar *como uma* família. Assim, há um duplo movimento entre Exército e família, em que se tenta ordenar as famílias por meio de princípios de hierarquia e disciplina (dimensões estruturantes da instituição), ao mesmo tempo que o Exército se espelha na ideia de família patriarcal, na qual há uma autoridade paterna (aqui podendo ser entendida como o papel do comandante e oficiais superiores), mas também são valorizadas as relações de camaradagem e afeto entre parentes (irmãos de Armas, por exemplo).

Nessas circunstâncias, ser esposa de militar demanda uma série de obrigações e condutas às mulheres: alta mobilidade geográfica, distanciamento da família de origem, o papel de produtora da casa (relações no âmbito privado) e de realizadora ou participante ativa de atividades de cunho assistencial e solidário (papel público), ser cuidadora e vigilante nas suas ações e nas ações das outras esposas (sobre o modo como se veste e sobre o que se fala com outras famílias para preservar a moralidade da carreira do marido), prestar solidariedade a outras famílias etc. Desse modo, por um lado, há uma unidade e intervenção institucional muito clara na vida das famílias de militares, com regras e prescrições definidas pela organização militar. No entanto, essa aparente uniformidade e "harmonia" da vida no quartel não significa que tudo seja "como deve ser". Assim, por outro lado, há as ações das pessoas que se dizem e sentem familiares nesse contexto, que se envolvem em conflitos, fofocas e alianças com outras famílias, mostrando uma série de dificuldades e resistências vividas pelos familiares, mas também o dinamismo das relações nesses espaços.

É importante ressaltar que, mesmo nas últimas décadas, com a maior participação feminina no mercado de trabalho, e, por consequência, uma parcela significativa das esposas de militares também exerce uma profissão (até mesmo como militares), ainda se nota que parte das famílias dos militares brasileiros adere ao estilo de vida militar, mesmo que em localidades e temporalidade específicos. Isto é, em algum momento da trajetória do marido, as esposas vivem em vilas militares, acompanham-no pelas transferências pelo país, organizam e/ou participam de eventos comemorativos e formaturas no quartel e na vila etc. Outras configurações também podem ser possíveis, como a ocorrência de divórcios ou com a família morando afastada do cônjuge militar por alguns períodos (conforme aponta Adão, 2008), mas a alta mobilidade dos militares pelo país e a existência de moradias militares em grande parte desses lugares promove, em vários momentos, a circulação das famílias em conjunto com os militares (Silva, 2013).

Partindo desses enunciados, a seguir mostro algumas relações e associações produzidas no cotidiano das famílias de militares em duas localidades na fronteira amazônica: a dinâmica da vida nas vilas militares da cidade de fronteira (município base de instalação das organizações militares da região) e as experiências das famílias em um pelotão especial de fronteira (unidade militar menor e subordinada à organização militar do município). Com o intuito de manter o anonimato dos casos por mim estudados na pesquisa de campo na região, não mencionarei os nomes dos lugares, apenas indicando-os como cidade de fronteira (CF) e pelotão especial de fronteira (PEF).

Os dados aqui utilizados são oriundos da pesquisa de campo que realizei durante seis meses entre os anos de 2010 e 2012 na região de fronteira amazônica, no Alto Rio Negro, para a pesquisa de meu doutorado.[4] A investigação teve como objetivo observar o cotidiano e as formas de organização social de famílias de militares do Exército brasileiro que vivem em região de fronteira no país e foi formalmente autorizada pelo comandante da organização militar vigente na época. Para a coleta de dados, o método principal consistiu na realização de etnografia, recurso antropológico clássico que implicou a observação e a participação no cotidiano de esposas de oficiais e sargentos. Em particular, acompanhei um grupo de esposas de militares que participava de uma organização filantrópica, mas também participei de outras atividades diárias das esposas e de momentos de confraternização entre as famílias (festas nos clubes militares e formaturas no quartel, por exemplo), bem como fiquei hospedada na casa de algumas dessas famílias. Também realizei algumas entrevistas na forma semiestruturada e apliquei questionários para levantar dados socioeconômicos do universo estudado.

Famílias de militares na fronteira amazônica brasileira: duas experiências

Inicio esta parte com um relato de uma das viagens que fiz à região pesquisada em fevereiro de 2010. Eu estava no aeroporto da capital do Amazonas, na sala de embarque aguardando meu voo para a cidade de fronteira (que se localiza cerca de 800 km de distância da capital). Começo a observar duas mulheres conversando entre si e que também estavam à espera do mesmo voo que eu. Deduzi que eram esposas de militares que moravam no destino final da viagem (a cidade de fronteira), pois uma delas dizia que estava pensando o que fazer quando se mudasse de lugar e que não via a hora disso acontecer. Na hora de entrar no avião, uma das mulheres sentou-se com seu marido e durante a viagem de duas horas e meia não trocaram palavras. A mulher parecia insatisfeita com a viagem. Quando chegamos ao aeroporto do destino final, ela sorri sem

---

[4] Essa pesquisa, que resultou em minha tese de doutorado, contou com o financiamento de bolsa de investigação pela Fundação de Amparo à Pesquisa do Estado de São Paulo (Fapesp).

graça para o marido e diz: "ah, a gente podia ter ficado um pouquinho mais lá [em outra localidade], não precisava voltar tão cedo pra cá [cidade de fronteira]".

Essa situação resume as primeiras percepções de parte das esposas de militares quando chegam à cidade de fronteira do noroeste amazônico brasileiro. Além da viagem ser demorada e com custos relativamente caros, pois há poucos voos disponíveis para a região, a primeira visão que uma pessoa tem quando o avião está para pousar na localidade é a extensão de uma vasta floresta e a sensação de "vazios" populacionais e urbanos ao redor. A noção de distância é relatada ao indicarem a região como "longe do (e até esquecida pelo) Brasil", nos mostrando o "choque" inicial de muitas famílias com um lugar que se apresenta como de difícil acesso e comunicação, e com características culturais ímpares em relação ao resto do país.

A região de fronteira é considerada uma *guarnição especial* pela instituição militar, o que implica um sítio caracterizado por uma grande importância estratégica e simbólica,[5] mas em um espaço inóspito e com condições que os militares classificam como precárias de vida (falta ou defasagem de educação, transporte, saúde, comércio). Servir em uma guarnição especial, por outro lado, confere gratificações ao profissional: 20% a mais do soldo (salário) em seus vencimentos, a incorporação de oito meses de serviço a cada dois anos servindo na região (o que, futuramente, facilita promoções e antecipação da aposentadoria), ajuda de custo em dobro para a transferência geográfica (gastos com a mudança de ida e volta da família).[6] Também contribui para a valorização de várias características inerentes à carreira militar, o que inclui prêmios simbólicos como a concessão da Medalha de Serviço Amazônico que premia militares que tenham prestado relevantes serviços em organizações militares da Amazônia.

---

[5] A ideia de uma presença militar brasileira na Amazônia, a defesa e o aumento de tropas a partir da década de 1990 na região se justificam por uma série de elementos históricos que os militares brasileiros "deslocaram" e utilizaram como retórica para "inventar" uma autorrepresentação militar de formação da nacionalidade que conecta a campanha da expulsão holandesa de Guararapes no século XVII com a ameaça mais recente de uma "internacionalização" da Amazônia (Castro e Souza, 2006).

[6] Os dados a respeito da classificação e características da *guarnição especial* foram retirados do site do DCEM. Disponível em: <http://portal.dcem.dgp.eb.mil.br/documentos/Livreto%20Gu%20Esp%20x%20Loc%20A%20x%20Loc%20B%20(MD-EB).pdf> Acesso em: 30 dez. 2012.

Cabe destacar que, há algumas décadas, o destacamento de um militar para servir em uma unidade de fronteira poderia significar uma forma de punição institucional (Stevaux, 1996:39). Esse caráter de "punição" estaria relacionado com as "agruras da vida na selva, que exige do militar e de seus familiares vários sacrifícios, e ao significado atribuído à missão: contribuir para a manutenção da integridade territorial do Brasil" (Marques, 2007:94). A selva, tomada por um local verde, imenso e isolado, caracterizada por um vazio demográfico, significa para os militares, como já destacou Leirner (2013), olhar para uma região que representaria um domínio do imprevisível e do perigo, um espaço que precisa ser domesticado (cujo inimigo não são só os estrangeiros e a "cobiça internacional", mas também a própria selva). Essa tarefa é o que tornaria a missão do Exército brasileiro de servir na região uma lógica sacrificial e que, hoje, ao contrário de ser entendida como uma experiência negativa, é recorrentemente valorizada pela instituição militar, pois congrega valores e deveres pelos quais é esperado que o militar atue (propiciar o "civismo" à região, resguardar e defender as fronteiras, demonstrar o "amor à pátria" acima de qualquer interesse pessoal e o "espírito de corpo").

A área hoje, portanto, é um dos possíveis locais de passagem de oficiais e praças do Exército, a maioria oriundos das regiões Sul e Sudeste do país (e cuja permanência na fronteira varia de um a cinco anos, de acordo com as funções e posições de carreira de cada profissional). No ano de 2010, a guarnição militar era abastecida de 594 militares (entre oficiais, subtenentes e sargentos).

A cidade de fronteira (CF) situa-se à margem de um extenso rio e tem uma população aproximada de 39 mil habitantes. A maioria da população local é indígena, de diferentes etnias. É uma cidade que pode ser caracterizada como de interior, com estilo de vida muito diferente das metrópoles, com pequenos comércios e escolas; e é caracterizada por ter uma diversidade cultural baseada nos costumes indígenas (isto é, com cosmologias e formas de convívio e pensamento muitas vezes distintas da concepção ocidental/euro-americana com a qual entendo que a maioria das famílias de militares compreende como suas formas de organização social).

O acesso à CF é por avião ou barco e o município é abastecido pela capital do estado do Amazonas. Para os pelotões de fronteira há ainda maior dificuldade de locomoção e abastecimento, pois se localizam em lugares ainda mais distantes e dispõem de poucos recursos de mobilidade. Toda essa área, portanto, apresenta obstáculos de acesso, transporte e comunicação, além de falta de energia e de água em vários períodos do ano e a restrição de alimentos e diversos bens de consumo (assim como, por conta dessas limitações, os produtos vendidos nos mercados são mais caros que em outras cidades).

O trabalho militar na região é intenso, visto que é uma área vasta e caracterizada por não ter uma presença efetiva do Estado brasileiro. Nesse caso, e nas suas devidas proporções, é o Exército que passa a atuar como um dos agentes estatais na área, senão o principal, inclusive dispondo legalmente de artifícios para atuar como polícia no local. Na CF estão instalados uma brigada e um batalhão do Exército brasileiro. A brigada é responsável pela segurança da região e atua como uma unidade administrativa e de inteligência, planejando as operações terrestres e obtendo recursos para abastecer seu contingente (com mantimentos, armamentos, combustível etc.). O batalhão é sua unidade guerreira: militares treinados para atuar na fiscalização e guarda dos territórios fronteiriços. E essas organizações militares coordenam pelotões espalhados pela fronteira, que são as menores unidades militares, mas responsáveis por "impor", como falam os militares, a *presença* no território. Há missões de mapeamento territorial, planejamentos para a ocupação da área e operações de fiscalização contra o tráfico de drogas e o comércio ilegal. Todas essas atividades indicam que muitos militares se ausentam, em demasiado, de suas casas, apesar de levarem suas famílias para viverem no local.

A ida dos familiares para a região é uma estratégia não só do Exército na sua posição de *manter a ideia de família* (e de oferecer um suporte emocional para seus profissionais), mas também cabe destacar que, ao longo de anos de negociações e conflitos entre indígenas e militares na área, houve um pedido das autoridades indígenas para que os militares viessem acompanhados de seus dependentes como uma forma de amenizar possíveis tensões nas relações com os indígenas.[7]

---

[7] Casos de mulheres indígenas grávidas de militares que sumiam ou negavam a paternidade eram uma das situações que se buscava evitar com a presença de militares casados e acompanhados de suas famílias no local. Assim como mulheres indígenas que se casavam com militares alteravam relações na comunidade indígena local, configurando tensões nos arranjos matrimoniais entre aldeias indígenas (Lasmar, 2008).

Em todas as unidades militares da área, portanto, uma parte considerável dos militares de carreira vem acompanhada de suas famílias que moram em vilas específicas conforme posto e hierarquia do marido, seguindo regras gerais da organização militar como um todo no Brasil. Somente nos pelotões de fronteira, por serem unidades com poucos militares (de 20 a 50 soldados), as casas são próximas umas das outras, independentemente do posto do militar.

Cabe destacar que a existência formal de círculos militares na profissão, divididos pelas hierarquias (por exemplo, círculos de oficiais que se subdividem em círculos de oficiais-generais, círculo de oficiais superiores, círculo de oficiais intermediários e assim por diante), não representa apenas uma divisão regulamentar, mas ordena a sociabilidade entre os militares mesmo fora do quartel. Assim, a estrutura arquitetônica das vilas pelas hierarquias dos maridos militares permite que todo mundo saiba onde todo mundo mora, o carro que cada um possui, e esse caráter da moradia configura-se como uma espécie de extensão do quartel, nas suas devidas proporções. Há o reconhecimento do vizinho como alguém prestador de solidariedade e afetos, que compartilha das mesmas relações, experiências, anseios e dificuldades (as constantes mudanças, a ausência da família de origem e a ausência do marido/pai quando este está em atividades no quartel); mas há também imposições do trabalho em momentos mais diversos do cotidiano das famílias, que geram controle e vigilância.

Dinâmica das vilas militares e associação das esposas na cidade de fronteira

No contexto da cidade de fronteira, as relações de proximidade e convívio são de maior intensidade entre as famílias de militares e há pouca interação com as famílias da população local. Essa configuração é estimulada pelas formas de organização dos espaços militares, circunscritos pelos limites das vilas e unidades do quartel. CF comporta 11 vilas militares do Exército divididas entre vilas para oficiais superiores, intermediários e subalternos; e para subtenentes e sargentos (que são os militares em maior número na região).

A vila onde se localiza a casa do general (comandante da unidade militar) tem uma vista de frente para o rio e é um local com menos casas que as demais vilas. Há um guarda para a segurança e as casas são grandes e espaçosas. As vilas dos sargentos concentram um maior número de casas, bem humildes, velhas, mas dispostas sob uma mesma arquitetura. Quanto mais baixa a hierarquia, mais casas aglomeradas. A prescrição hierárquica está inscrita em toda a moradia e daí deriva-se a relação de menor posto/graduação, menor valor pago, residências fisicamente menores, independentemente do número de dependentes que acompanhem o militar (isto é, se a pessoa for um sargento e tiver quatro filhos, sua casa terá o mesmo número de cômodos e espaço que a casa de um sargento que tiver um filho, e ambas serão menores do que a casa de um oficial major).

As famílias que habitam nessas vilas também dispõem de clubes separados hierarquicamente para atividades de lazer: clube dos oficiais e dos sargentos, mas que, no contexto da fronteira (e diferentemente de outros centros urbanos), é frequentado por ambas as patentes. Nesses clubes ocorre um cotidiano intenso de eventos festivos (tanto formais como formaturas e coquetéis promovidos em comemoração de datas militares quanto festas de aniversário e comemoração de dia das mães) que reúnem e promovem maior convívio entre as pessoas nesse ambiente da caserna e estimulam um contexto diferenciado do cenário local da CF.

Como não há estrutura de cidade grande (com shoppings, parques e outras áreas de lazer), a frequência às festas garante uma rotina agitada e integradora entre as famílias de oficiais e de sargentos na CF. No entanto, esse cotidiano de festas não deixa de atualizar o caráter da vida militar, isto é, a rotina de eventos cerimoniais e comemoração de datas solenes é um fenômeno que ocorre em outros lugares que tenham vilas militares. Assim, ao que parece, essas famílias mantêm um estilo de vida específico que pode sempre ser adaptável em todo lugar, seja no Amazonas ou no Rio de Janeiro (podem-se mudar os cenários e a rede de sociabilidade delas, mas a estrutura se mantém). O que também reforça essa ideia é o fato de essas celebrações no meio militar serem marcadas por cerimoniais (ambientes e trajes mais formais) que destoam do ritmo e do modo de vida da região.

Além desses clubes e atividades festivas e de lazer, as vilas militares na cidade também oferecem uma série de outros serviços que esposas de militares prestam: venda de pães, pizzas, bolos; serviços de estética como manicure, cabeleireiro; confecção de bijuterias, chinelos e bolsas customizadas; aulas de inglês e matemática para os filhos de militares; e também aulas de judô, natação e dança. Tanto as esposas de oficiais quanto de sargentos são produtoras e clientes nesse circuito de vendas e comércio dentro da vila.

Outra questão na região é que o Exército garante algumas formas de cuidado às famílias (área da saúde, por exemplo), mas não há um amparo ao lado emocional e psicológico das esposas. E viver na fronteira, em condições precárias, gera instabilidades emocionais entre as famílias. Por exemplo, muitas delas chegam à cidade sem os filhos e, normalmente, é a primeira vez que os filhos ficam separados dos pais. Isso ocorre porque na cidade não há boas ofertas de educação no ensino fundamental e médio, e opta-se por deixar o filho com outro parente em alguma capital do país para concluir os estudos de forma satisfatória; mas afasta o filho do convívio cotidiano do lar.

Há também a dificuldade das esposas em exercer uma profissão ou continuar os estudos na região, visto que muitas se consideram "paradas" quando vão para a fronteira, devido à distância e à falha frequente dos meios de comunicação. Mas, nesse caso, há também uma facilidade para mulheres que sejam professoras ou trabalhem na área de saúde (enfermeiras, médicas). Pois há uma grande demanda desses empregos na cidade e contrata-se de forma rápida para esses serviços. Há também esposas que se tornaram militares durante a estada na região, por meio de concurso temporário prestado no Exército, em particular na área de enfermagem. E essa era uma situação na qual o marido militar oferecia bastante incentivo à sua esposa e que gerava um maior entendimento do casal.

Nesse contexto, é importante ressaltar que as esposas de militares não são só acompanhantes de seus maridos e suas principais motivações de bem-estar no serviço militar. Mais que isso, elas também vivenciam uma sociabilidade específica nesse meio, amparando-se umas nas outras e reproduzindo um estilo de vida semelhante ao do quartel, mas ao seu próprio modo. Isto é, as relações entre as esposas decorrem das posições hierárquicas dos maridos militares, mas são geradoras também de outras formas de convívio.

Um exemplo que congrega essas duas situações entre as esposas dos militares na vivência na fronteira são as atividades de caráter assistencial de que parte delas participa e que são promovidas por um grupo denominado *Jovens Guerreiras*. O grupo realiza um projeto presidido pela esposa de um general comandante da organização militar da cidade, que busca atender populações carentes da região, ao mesmo tempo que promove a convivência entre as esposas de militares das vilas. O grupo é constituído de esposas de oficiais e de sargentos e também de militares mulheres (que participam em menor escala). As *Jovens Guerreiras* também recebem apoio da instituição militar e a esposa do general é a interlocutora, por excelência, dos pedidos de suporte do grupo à corporação militar. A maior parte das atividades gira em torno do trabalho social que elas desenvolvem na região, como idas a comunidades indígenas para doação de roupas usadas, visitas a escolas infantis para doar livros didáticos e equipamentos de uso geral; mas também são realizadas atividades entre as esposas, como aulas de artesanato e pintura, almoços e reuniões de comemoração entre elas.

Com relação à interação entre *Jovens Guerreiras* e população local, o contato maior acaba ocorrendo entre as próprias esposas de militares e não diretamente com as pessoas das comunidades indígenas. A esposa do general é uma das únicas a dialogar com elas. Mas, no geral, prevalece uma relação desigual, em que as *Jovens Guerreiras* se configuram como benfeitoras e os indígenas como os que precisam de cuidados. Uma atenção maior é prestada às crianças indígenas que "encantam" as esposas de militares — é comum as mulheres tirarem fotos com as crianças no colo. Essas atividades, em que as esposas se deparam com um modo de vida muito distinto do seu contexto, acabam produzindo, do ponto de vista delas, valorizações e sensibilidades sobre seu próprio "mundo", isto é, amenizam em algum sentido as dificuldades e os problemas por que elas possam estar passando.

O grupo, portanto, faz parte do maquinário militar, mobilizando atividades que têm respaldo do Exército e dele fazem parte, mas construído num contexto muito específico: sob a ótica das mulheres e como elas ressignificam suas vidas no meio militar (não só como acompanhantes dos maridos). Ao promover atividades de cunho assistencial, de integração entre as esposas e de presença nos espaços da vila e do quartel, as *Jovens Guerreiras* conectam-se com a *Família Militar*. A esposa coordenadora do grupo atua em relativo sincronismo com o marido, marcando suas funções hierárquicas de esposa de comandante, mas também toma como essencial no grupo *valorizar* todas as mulheres que estão na mesma situação enquanto esposas de militares, de modo a buscar uma tentativa virtual e momentânea de neutralizar as distinções que são tomadas como naturais.

Uma grande quantidade de atividades a serem desenvolvidas e a convivência compartilhada entre esposas de diferentes patentes permitiam a criação de contextos igualitários entre elas, possibilitando proximidades entre os distintos círculos hierárquicos. A convivência gerava convites para caminhadas, almoços, empréstimo de roupas. Com os maridos sempre ausentes das casas, as esposas organizavam seu cotidiano entre elas e o grupo servia, para muitas, como um ponto forte de convivialidade. Dele surgiam muitas *amizades* entre esposas de oficiais e sargentos. Essas amizades respeitavam o espaço interno da casa de cada uma delas, isto é, as mulheres visitavam umas às outras, ofereciam caronas umas às outras, mas as esposas de sargento não apareciam na casa das esposas de oficiais sem serem convidadas e, geralmente, os maridos não eram amigos entre si.

Para além dos princípios de solidariedade e suporte entre as famílias na vila, há também outros mecanismos característicos da organização militar que operam com intensidade nessas relações, como o controle e a hierarquia. Nota-se isso, principalmente, quando há situações não esperadas pelo modo de vida militar. Como no caso em que a esposa de oficial superior passou a ter grande amizade com a esposa de um subtenente por conta da atividade das *Jovens Guerreiras*. A relação foi motivo de ciúmes e fofoca por parte de muitas esposas de oficiais e havia constrangimento da esposa do subtenente em ser vista sempre na companhia da esposa do oficial superior. Ressalta-se que havia outras esposas de oficiais superiores que se aproximaram de esposas de sargentos (e vice-versa) e não foram alvo de boatos.

Sobre o controle, entre as esposas havia sempre todo um cuidado na fala (o que se deve e o que não se deve falar às outras para evitar conflitos e fofocas). Houve um caso de uma esposa de sargento que deixou o marido sozinho na CF porque a mãe dela estava doente e porque ela também sentia falta dos filhos que não moravam com eles. Quando ela foi embora da cidade, eu presenciei uma conversa de outras esposas de militares que recriminaram a opção dela de partir, pois ela "deveria" estar junto do marido, pois "ele era a sua família".

De modo geral, na CF, as dificuldades enfrentadas pelas esposas de militares (como o isolamento geográfico) acabam aproximando-as umas das outras e um conjunto de atividades é criado entre elas para amenizar esses problemas. É possível observar como a ordem hierárquica dos maridos encontra eco no que acontece na ação de suas esposas (e pelo próprio caráter militar das moradias), mas não totalmente, porque a dinâmica das *Jovens Guerreiras* é impactada pela hierarquia formal, mas a ultrapassa e a desestabiliza em vários momentos.

As famílias e o estado de "paz aparente" no Pelotão Especial de Fronteira

Embora a cidade de fronteira se localize distante de grandes centros urbanos, são os pelotões de fronteira que definitivamente se encontram em maior isolamento. Por exemplo, se em CF há a precariedade de serviços como energia e internet, alimentos superfaturados no mercado, preços caros e pouca oferta no transporte, nos pelotões a situação se agrava: há unidades que não dispõem de energia em tempo integral, e em que pode haver racionamento de comida e água, bem como a não disponibilidade constante para o deslocamento na área e a dificuldade para tal mobilidade (seja pela escassez de combustível ou pela falta do meio de transporte). Nos pelotões vivem, em média, 15 dependentes de militares (entre oficiais, sargentos, cabos e soldados). Por ser um grupo menor que vive na região, a sociabilidade torna-se mais intensa e potencialmente conflituosa, carregada de narrativas sacrificiais vividas por familiares e militares

O PEF pesquisado dispõe de um alojamento para cabos e praças solteiros e 11 PNRs destinados ao comandante do pelotão e demais oficiais, sargentos e cabos com famílias. As casas militares são todas do mesmo tamanho, independentemente do posto/patente do militar: são casas de madeira com dois quartos e um banheiro. Devido à proximidade das casas e à disposição das janelas (caso estejam abertas, o que sempre é uma probabilidade devido ao calor na área), cinco minutos de caminhada são suficientes para percorrer as moradias, além de ser possível observar com facilidade o que acontece dentro das casas, ao passo que também, para quem está dentro do PNR, é possível observar o que ocorre no lado de fora.

As moradias também apresentam algumas regras próprias que as diferenciam de outras vilas militares. Por exemplo, exceto a moradia designada ao comandante, o restante das casas é destinado a militares com famílias. Logo, se chegar um sargento com mulher e filhos e um tenente solteiro, a preferência pela casa será do sargento. E o tenente provavelmente dividirá outra residência com sargentos ou outros tenentes solteiros. Essa situação ocorria no PEF em que realizei a pesquisa: a casa do subcomandante do PEF (um tenente) era coabitada com um sargento, já que ambos eram solteiros e as demais casas já estavam ocupadas com militares e seus dependentes. Cabe destacar que esse tipo de situação é impensável em outras áreas militares no Brasil, em que há a divisão de círculos hierárquicos até nos refeitórios.

No PEF a energia é racionada e distribuída por um gerador, havendo luz no período das 12 às 14h e das 18 às 24h. Por conta disso, tomar banhos quentes ou usar eletrodomésticos/eletroportáteis que consumam muita energia, como o secador, não é viável na localidade. Com relação a redes de comunicação, havia internet disponível nas casas (funcionando com um sinal muito fraco) e apenas um telefone na sala de trabalho do comandante.

Outro ponto é a forma diferenciada de como são doados os equipamentos e móveis da casa quando uma família vai embora do pelotão. Os equipamentos não ficam permanentemente na mesma residência, ocorrendo uma lógica de doação dos equipamentos ordenada por uma dimensão temporal dos militares no pelotão, e não prescrita por uma antiguidade hierárquica militar. Ocorre, por exemplo, quando um casal desocupa uma casa que tem o fogão mais novo da vila. A família que reside na vila militar há mais tempo, independentemente de o cônjuge ser um oficial ou sargento, pode ficar com esse fogão. Certa vez, nesse PEF, houve um tenente recém-chegado (que não era o comandante do pelotão) que reclamou do fato de que ele tinha materiais domésticos antigos e mais desgastados do que os materiais das casas dos sargentos e exigiu ao comando do pelotão que ele passasse a ter os equipamentos melhores — e que eles fossem retirados da casa dos sargentos. No entanto, como os sargentos já estavam há mais de um ano no pelotão, o tenente não teve sua reclamação atendida. Mais tarde ele minimizou a situação quando percebeu que, mais que criar inimizades no local, precisava da solidariedade das outras famílias para lidar com possíveis problemas que tivesse que enfrentar naquela situação de fronteira.

O abastecimento do pelotão com mantimentos, combustível e outros suprimentos necessários (remédios) para a vivência na unidade militar é fornecido uma vez ao mês por aviões da Força Aérea Brasileira (FAB), que atua como colaboradora do Exército na região. No entanto, apesar de previsto que uma vez ao mês ocorra essa viagem ao pelotão, sempre pode haver alguma eventualidade e a viagem ser adiada. Na data em que visitei a localidade, a aeronave já estava com atraso de algumas semanas, pois havia ocorrido um terremoto no Haiti (janeiro de 2010) e uma parte dos aviões da FAB foi direcionada para cooperar com este último evento.

Mas, em uma conversa com o comandante, fui informada de que cada PEF tem uma reserva de suprimentos para mais ou menos 60 dias, em caso de emergências ou impossibilidade de reabastecimento na área. As famílias que estão no pelotão ganham uma cesta básica com mantimentos por mês ("rancho", no jargão militar), mas aproveitam as vindas do avião e fazem pedidos de outros produtos aos supermercados locais de CF. No caso, os supermercados fazem a entrega no batalhão (em CF), e o batalhão depois encaminha as compras no avião com destino ao PEF. No entanto, uma parte dos produtos, às vezes, chega danificada ao pelotão: é comum que mercadorias que apresentam alguma fragilidade, como ovos, cheguem estragadas no seu destino.

O pouco contato e acesso com o que acontece fora do pelotão promove o espírito da *Família Militar* entre as pessoas e estimula ações solidárias entre as famílias, não importando a hierarquia dos militares. Para qualquer problema ou emergência que surgir (uma doença ou falta de comida), eles terão, primeiro, que recorrer uns aos outros. Assim, os familiares participam ativamente de um circuito de prestações no pelotão: trocas de alimentos, gás, roupas etc. A primeira pessoa a quem recorrer para viabilizar a troca sempre será a que faz parte da sua rede preferencial mais próxima. Por exemplo, duas esposas combinam uma refeição juntas: uma fornece os ingredientes e a outra cozinha. Em alguns casos, o circuito é estendido de forma que: a esposa A empresta um botijão de gás para a esposa B; mais tarde, a esposa B empresta um botijão para a esposa C; e quando a esposa C vai liquidar a dívida com B, ela oferece o botijão para a esposa A e, assim, esse círculo de trocas laterais se encerra. Mesmo que o retorno do bem trocado não seja imediato, há a liquidação da dívida em momento posterior, porque no pelotão as pessoas constantemente estão participando do sistema de trocas. E como no PEF não há nenhum tipo de comércio próximo, o dinheiro passa a não ser muito comercializável e as próprias famílias é que concebem os valores e quantidades devidos para trocar uma mercadoria por outra.

Outro mecanismo de troca que acontece na região é a circulação de mercadorias entre esposas de militares e mulheres indígenas. Como o pelotão se localiza próximo de duas comunidades indígenas, troca-se comida por artesanato indígena; ou troca-se café e arroz por frutas da região. Porém, a troca com as índias acontece no próprio pelotão. Elas, supervisionadas por um militar, vão de casa em casa oferecer frutas e cestos de artesanato em troca de mantimentos ou roupas. De acordo com uma esposa de militar, uma troca "justa" com as índias seria 1 kg de acerola por ½ kg de café e ½ kg de arroz. Esposas e índias trocam poucas palavras, mas em tom animado e de brincadeiras.

Não observei muito a respeito da relação entre índios e militares, mas soube que o pelotão era uma roça dos índios e foi oferecida aos militares em troca de energia — acordo que até hoje não foi cumprido. Há uma atenção para que esposas e filhos de militares se mantenham dentro da área do pelotão e que não circulem por certos lugares desacompanhados dos maridos ou de algum militar. Isso, do ponto de vista dos militares, decorre do fato de que os índios homens podem cometer algum delito para com as mulheres e crianças. Eu não soube de casos em que isso tenha ocorrido, mas é realizado esse alerta para as famílias no pelotão. Os militares também prestam serviços para os indígenas fornecendo palestras sobre saúde bucal e alimentação. O que se nota, novamente, é um afastamento entre famílias de militares e população local, e um trabalho assistencial que o Exército procura oferecer para os indígenas.

Sobre o dia a dia das esposas no pelotão, o passar do tempo para elas está no arrumar a casa, fazer comida, cuidar dos filhos, ler livros, estudar e ver TV e internet quando chega a energia. Um dos dias em que eu estava lá era terça-feira de Carnaval e não havia expediente para os maridos. Eram umas três horas da tarde, todas as pessoas estavam dentro de suas casas e não havia nenhuma interação entre elas. Na ocasião, eu estranhei a falta de comunicação entre as famílias e fiz esse comentário com uma das esposas, que me respondeu alegando que era porque naquele dia estava muito calor e as pessoas preferiram ficar cada uma nas suas residências.

No entanto, no dia seguinte, ela me procurou novamente e mudou a versão da sua resposta: ela me disse que as pessoas estavam "mais quietas" no pelotão por conta de uma briga que ocorrera entre algumas famílias no ano anterior, e que causou desconfortos para todos. A briga consistiu em duas esposas de militares que eram vizinhas diretas e amigas e que começaram uma discussão porque uma insinuou que o marido da outra tinha uma amante na cidade de fronteira. A situação foi se agravando e os maridos delas quase brigaram fisicamente, sendo um sargento e o outro oficial (comprometendo a regularidade da hierarquia militar). Quando a briga passou a atrapalhar o trabalho no pelotão, o comandante teve que chamar todas as famílias para uma reunião e tentou acalmar a briga. A partir daí as famílias passaram a se envolver menos em atividades em conjunto.

Dessa forma, se por um lado as famílias de militares encontram-se em uma situação precária no pelotão e recorrem à ajuda umas das outras em diversos momentos, também é possível perceber que, apesar de elas se tratarem com muita cordialidade, elas não se envolvem nem se expõem em demasia, apesar de toda a estrutura do pelotão e das casas não oferecer muita privacidade. Talvez essa falta de intimidade seja um dos motivos para haver ponderações no modo de agir e de se relacionar com outras famílias. Assim, em uma conversa que eu tive com um militar que servia no PEF, ele me explicou que, apesar de o Brasil não ter conflitos declarados com os países vizinhos, vivia-se no PEF num estado de "paz aparente", que obrigava uma atenção redobrada ao militar que lá servia. No entanto, após eu passar uns dias no PEF e perceber algumas tensões entre as famílias dos militares, pude compreender que o estado de "paz aparente" não vigorava só para os limites externos do pelotão, mas para dentro dele também — mais especificamente, na relação entre as esposas de militares.

Considerações finais

No cenário internacional da sociologia militar, os estudos sobre a problematização das famílias de soldados tiveram início e fortalecimento em dois períodos: pós-Segunda Guerra Mundial (1945-1990, em particular, para os estudos norte-americanos sobre o tema) e pós-Guerra-Fria (1990 em diante). As pesquisas relacionadas com o primeiro contexto iniciaram com estudos a respeito dos efeitos da Segunda Guerra Mundial sobre os militares e suas famílias, enquanto o período pós Guerra-Fria foi marcado pela substituição em muitos exércitos de um sistema de conscrição para um de pessoal voluntariado, e mostrava um aumento no número de militares casados nas instituições e a experiência do efetivo militar em missões internacionais (como operações de manutenção de paz), que também travava uma série de conflitos entre famílias e instituição militar, sobretudo retratado nos contextos norte-americano e europeu. A preocupação em amenizar e relatar os problemas enfrentados pelos militares e pelas famílias (estresse, ausência prolongada do cônjuge militar na casa, dificuldades com as mudanças de residência e exigência por programas de apoio às famílias dos militares) foi e continua sendo um ativo debate internacional (Silva, 2016).[8]

No Brasil, conforme indicado no início deste capítulo, uma produção acadêmica sobre o universo das famílias de militares é recente e escassa, e preocupou-se em mostrar como as pessoas se configuram e vivem em família no Exército brasileiro. Trata-se de um contexto de caráter tradicional, em que as vidas pessoal e profissional coexistem e se relacionam diretamente (diferentemente do que ocorre na Argentina com as novas gerações de militares, conforme indicam Frederic e Masson, 2015), e em que a esposa, mesmo que trabalhe fora de casa, assume a maior parte dos cuidados domésticos, participa de atividades de filantropia e compartilha uma série de relações de convívio com outras mulheres de militares. Porém, o que se destaca no cenário etnográfico apresentado é o caráter de resiliência dessas mulheres, que, a seu modo, organizam seu cotidiano lidando com as cobranças do Exército e com as demandas pessoais.

A vida em constante trânsito e a ausência em muitos momentos do marido militar das relações da casa possibilitam que as mulheres sejam ativas na comunidade militar, dotadas de uma agência feminina muito particular nos processos de militarização desse universo, inclusive estabelecendo alianças com outras famílias que se superpõem às relações hierárquicas do quartel. Por exemplo, quando uma esposa de sargento passa a formar profissionalmente uma esposa de subtenente, por meio de aulas sobre procedimentos estéticos; ou quando há laços de amizade entre uma família de capitão e uma família de general.

---

[8] Em particular, ver o capítulo I ("A retórica da família militar nos estudos sobre militares nas ciências sociais") que compreende uma revisão bibliográfica acerca dessa literatura.

Assim, os dois casos mostrados neste capítulo indicam que a experiência das famílias de militares na fronteira brasileira é marcada por afetos e solidariedade, mas igualmente vividos sob uma série de dificuldades e conflitos nas relações entre as pessoas. A região apresenta-se como um local de grande isolamento do resto do país, e as famílias de militares que lá residem passam a contar quase que somente com a interação com outras famílias de militares. Isto é, apesar de algumas famílias receberem ou visitarem parentes (mães, tios, irmãs) durante um curto período de férias, a grande maioria que vai para a fronteira permanece lá "isolada" durante toda a sua estada (seja por motivos financeiros — o alto custo das viagens — ou por outros motivos pessoais).

Nesse contexto específico, é com a *Família Militar* que essas pessoas terão que viver e se comprometer como *parentes circunstanciais*. Se, de um lado, vemos um esforço das esposas de militares para ajudarem umas às outras por meio de um projeto de caridade (as *Jovens Guerreiras*); por outro, observamos uma política atenta e cuidadosa na relação umas com as outras. As condições precárias que podem levar as famílias a viver no limite e em situações de fragilidade emocional geram ações solidárias (o sistema de trocas no PEF, o grupo de esposas na CF), mas também culminam em intensos conflitos (fofoca e controle entre as famílias).

Desse modo, a vivência na Amazônia para militares e familiares opera um duplo sacrifício: o *sacrifício* pela profissão, por ser uma área sensível em termos de poder se tornar um teatro de guerra e um grande esforço para um empreendimento civilizador do Exército de levar o Estado para a região. E o *sacrifício* familiar do cotidiano que militares e suas famílias enfrentam com as dificuldades que encontram durante sua estadia na região. Embora os papéis de gênero indiquem a clássica divisão tradicional do trabalho sexual, os espaços público e privado são constantemente redefinidos no cotidiano das vilas militares e a esposa, em particular, entra como uma outra linha de força para lidar com os obstáculos e gerenciar as relações da casa e do quartel.

As vilas militares no Alto Rio Negro, apesar de terem uma série de características comuns a outras habitações militares espalhadas pelo Brasil, apresentam uma dinâmica que é diferente do resto do país (em particular, de centros urbanos e espaços compostos de academias e centros de formação de pessoal militar): um relativo afrouxamento hierárquico nas relações de convivência entre as famílias de oficiais e de sargentos, apesar da constante manutenção da divisão por círculos hierárquicos. Essa ambivalência nas relações do cotidiano produz aproximações e tensões na fronteira.

A família é o instrumento tanto dessa separação quanto da mistura, operando tanto dentro dos desígnios da organização militar quanto fora deles. Como o caso da própria estrutura dessas vilas em estimular uma aproximação e convívio comum entre as famílias mediante uma multitude de relações que acontecem dentro desses espaços (relações de amizade e inimizade, comércio etc.).

A situação limite, no entanto, é encontrada nos PEFs, onde as relações entre as famílias dos militares acontecem em ambientes menos separados e menos marcados pela arquitetura da segmentação militar. Ali, as relações devem acontecer necessariamente entre as famílias de todos os militares, independentemente de suas hierarquias. Ao mesmo tempo, essa necessidade de relação é carregada constantemente por todas as tensões que essas pessoas vivem justamente na ordem hierárquica. Um espaço supostamente mais igualitário sem realmente o ser impõe às famílias estilos de conduta que oscilam entre conviver e produzir ajuda mútua e constituir evitações sistemáticas para evitar problemas.

Por fim, ainda há muito a se explorar sobre as famílias de militares no Brasil, sobretudo porque também não há uma política exclusiva de apoio a essas famílias. Apesar de não haver uma invisibilização da família, conforme Carreiras (2015) mostra no caso militar português, os militares brasileiros não dispõem de atendimento especializado para os casos de estresse e dificuldade de adaptação dos familiares em cada novo lugar ou missão do marido militar, e parecem contar com a criação de contextos familiares entre as pessoas envolvidas desse universo (principalmente a forte agência feminina) como seus recursos de suporte.

Referências

ADÃO, Maria Cecília de Oliveira. *A mudança de tradição*: esposas, comportamento e forças armadas. Tese (doutorado em história e cultura) — Universidade Estadual Paulista Júlio de Mesquita Filho, Franca, 2008.

BARROS, Alexandre de Souza Costa. *The Brazilian military*: professional socialization, political performance and State building. Tese (doutorado) — University of Chicago, Chicago, 1978.

CARREIRAS, Helena. *The invisible families of Portuguese soldiers*. From colonial wars to contemporary missions. In: MOELKER, Rene et al. (Ed.). *Military families and war in the 21st century*. Londres; Nova York: Routledge, 2015. p. 261-277.

CARSTEN, Janet. *After kinship*. Londres: Cambridge University Press, 2004.

CASTRO, Celso. A origem social dos militares. *Novos Estudos Cebrap*, São Paulo, n. 37, p. 225-231, 1993.

_____. *O espírito militar*: um estudo de antropologia social na Academia Militar das Agulhas Negras. 2. ed. Rio de Janeiro: Jorge Zahar, 2004 [1990].

_____; LEIRNER, Piero (Org.). *Antropologia dos militares*: reflexões sobre pesquisa de campo. Rio de Janeiro: FGV, 2009.

_____; SOUZA, Adriana Barreto de. A defesa militar da Amazônia: entre história e memória. In: CASTRO, Celso (Org.). *Amazônia e defesa nacional*. Rio de Janeiro: FGV, 2006. p. 31-68.

CHINELLI, Fernanda. *Mulheres de militares*: família, sociabilidade e controle social. Dissertação (mestrado) — Programa de Pós-Graduação em Antropologia Social, Museu Nacional, Universidade Federal do Rio de Janeiro, Rio de Janeiro, 2008.

FONSECA, Claudia L. W. Família e parentesco na antropologia brasileira contemporânea. In: MARTINS, Carlos Benedito; DUARTE, Luiz Fernando Dias (Coord.). *Horizontes sociais das ciências sociais*: antropologia. São Paulo: Anpocs, 2010. p. 123-154.

FREDERIC, Sabina; MASSON, Laura. Profession and the military family in the armed forces of Argentina. Generational differences and socio-cultural changes. In: MOELKER, Rene et al. (Ed.). *Military families and war in the 21st century*. Londres; Nova York: Routledge, 2015. p. 73-84.

LASMAR, Cristiane. Irmã de índio, mulher de branco: perspectivas femininas no alto rio Negro. *Mana*, v. 14, n. 2, p. 429-454, 2008.

LEIRNER, Piero de Camargo. *Meia-volta volver*: um estudo antropológico sobre a hierarquia militar. Rio de Janeiro: FGV; Fapesp, 1997.

_____. O Estado como fazenda de domesticação. *RAU — Revista de Antropologia da UFSCar*, v. 4, n. 2, p. 38-70, 2013. Disponível em: <www.rau.ufscar.br/wp-content/uploads/2015/05/vol4no2_03.PIERO_.pdf>. Acesso em: 10 dez. 2014.

MARQUES, Adriana Aparecida. Amazônia: pensamento e presença militar. Tese (doutorado em ciência política) — Universidade de São Paulo, São Paulo, 2007.

SAHLINS, Marshall. *What kinship is-and is not*. Chicago: University of Chicago Press, 2013.

SILVA, Cristina Rodrigues da. *A casa e o quartel*: uma análise antropológica sobre o Exército e a família na Academia Militar das Agulhas Negras. Dissertação (mestrado em antropologia social) — Universidade Federal de São Carlos, São Carlos, 2010.

_____. Famílias de militares: explorando a casa e a caserna no Exército brasileiro. *Revista Estudos Feministas*, v. 21, n. 3, p. 861-882, 2013. Disponível em: <http://dx.doi.org/10.1590/S0104-026X2013000300006>. Acesso em: 21 dez. 2017.

_____. *O Exército como família*: etnografia sobre as vilas militares na fronteira. Tese (doutorado em antropologia social) — Universidade Federal de São Carlos, São Carlos, 2016.

STEVAUX, João Batista. *Missão dos elementos de fronteira*: manutenção da integridade territorial ou vivificação da faixa de fronteira. Monografia (curso de altos estudos militares) — Escola de Comando e Estado-Maior do Exército, Rio de Janeiro, 1996.

Construção da subjetividade de mulheres de militares: discursos e contexto

Werusca Marques Virote de Sousa Pinto

Trataremos, neste capítulo, de um grupo de mulheres entrelaçadas por uma realidade comum: a convivência pautada nos parâmetros institucionais do Exército brasileiro em um lugar determinado, a Vila Militar de Deodoro, subúrbio do Rio de Janeiro, com uma dinâmica espaçotemporal própria, que produz ou contribui para a formação de um sujeito social: a mulher de militar oficial do Exército brasileiro. Mesmo não tendo um posto formalmente descrito na hierarquia da instituição, essas mulheres desempenham um papel importante dentro desse contexto.[1]

A pesquisa ocorreu na maior vila militar do Exército brasileiro, em que todo oficial combatente vai morar pelo menos uma vez em sua carreira, quando vai cursar a Escola de Aperfeiçoamento de Oficiais (EsAO), no posto de capitão. A vila militar não é apenas um espaço de moradia e trabalho, mas também de lazer e de sociabilidade. É o terceiro maior espaço destinado ao lazer da cidade, que civis e militares utilizam para fazer caminhadas, praticar esportes e conviver, pois há ali uma extensão de 2,5 km² reservada para esse fim. São aproximadamente 1.800 moradias destinadas a oficiais, sargentos e cabos, com uma média de 6 mil moradores. Não é somente um aglomerado habitacional, mas um espaço de identidade, um território repleto de crenças

---

[1] Este capítulo tem como origem a pesquisa para minha tese de doutorado defendida em 2016 no programa de Pós-Graduação em Psicologia Social da Universidade do Estado do Rio de Janeiro (Uerj).

e valores, formas simbólicas específicas que cumprem uma função na vida dos indivíduos que ali habitam, trabalham ou frequentam.

As discussões deste capítulo serão desenvolvidas dentro dos pressupostos da psicologia social, tendo por objetivo investigar a influência da cultura militar na construção da subjetividade das esposas de militares, oficiais do Exército brasileiro, moradoras da Vila Militar de Deodoro, no Rio de Janeiro. Partindo dos pressupostos teóricos dos estudos culturais, do conceito de subjetividade proposto por Rey e de identidade cultural proposto por Hall, buscamos um diálogo com autores que discutem o papel da cultura na construção da subjetividade e das múltiplas identificações na pós-modernidade. A identidade cultural se apresenta como um elo forte que possibilita a inserção das mulheres na "família militar". Porém, a investigação deste estudo toma a identidade cultural apenas como um dos elementos que compõem a construção da subjetividade dessas mulheres.

A pesquisa apresenta os discursos das esposas de oficiais para assim propor uma análise das subjetividades que permeiam o espaço cultural. Dito de outra maneira, buscamos compreender as expressões humanas que refletem os significados e representações desse público (Rey, 2012). Nosso objeto são, nesse sentido, as vivências cotidianas experienciadas dentro da cultura militar, e a descrição de seus impactos para as subjetividades das mulheres de oficiais. Para analisar as falas das mulheres entrevistadas, utilizaremos a análise do discurso como ferramenta qualitativa que busca uma aproximação entre os sujeitos e o campo social. Assim, o olhar se volta para as expressões humanas, as vivências, a instituição e o cotidiano, carregados de significados que traduzem o modo de vida e o tipo de interação que se dá entre esses indivíduos (Prado Filho e Martins, 2007).

Interrogar as esposas de militares em suas situações de vida cotidiana permite conhecer as representações que expressam as condições sociais que as produzem e as relações que mantêm umas com as outras e com o território social. A importância não se resume ao que é coletivo: é na intercessão entre as representações sociais cotidianas e as possibilidades do grupo que se materializam as produções de sentidos que dão origem às subjetivações (Prado Filho e Martins, 2007). Trata-se de um grupo de indivíduos com uma enorme variabilidade de características e uma complexa dinâmica de relações. O estudo não propõe uma caracterização da "mulher de militar", mas uma reflexão sobre a complexidade interna do fenômeno social: interação cultural e construção das subjetividades.

Considerações sobre a entrada no campo de pesquisa

Após a solicitação formal dirigida ao comandante da EsAO, no ano de 2014, o oficial de Relações Públicas da escola entrou em contato comigo informando que poderia encontrar diversas mulheres reunidas nos cursos de idiomas que estavam sendo ministrados pela Sessão de Idiomas. Dessa forma, marquei com a major responsável pelo curso de apresentar os objetivos da minha pesquisa e verificar se havia ali alguma voluntária.

Incialmente, ela me apresentou como pesquisadora, doutoranda na área de psicologia social da Uerj, e me deu a palavra. Apresentei os objetivos da minha pesquisa e fiz algumas perguntas que funcionaram como um pretexto, um motivador para que elas pudessem se voluntariar. Perguntei se alguma delas conhecia Rosa da Fonseca, quem foi, o que fez, como viveu, quais eram seus valores. Algumas não sabiam quem era e outras logo associaram o nome a Deodoro da Fonseca ou a Hermes da Fonseca — a vila militar recebe seu nome em homenagem ao primeiro. Enfim, contei a elas que fiz uma breve pesquisa histórica sobre essa mulher e o que pude encontrar foi o nome dela sempre atrelado à história dos seus filhos ilustres, importantes nomes da história do Brasil. Assim, afirmei que um dos objetivos do meu trabalho era dar voz às "Rosas" dos tempos contemporâneos, cantadas nas canções paraquedistas como "Rosas Marias". Minha pesquisa seria, então, uma oportunidade de cada uma delas protagonizar sua própria história. Para as mulheres de militares que ali estavam essa história fez muito sentido, percebi em seus olhares emoção e quando passei uma lista para que elas se voluntariassem, todas colocaram seus nomes e telefones.

Desse contato inicial surgiram novos desdobramentos. Uma das alunas desse curso era coordenadora da "feirinha" (que, como veremos adiante, é por elas organizada) e me passou novos contatos. Todas as mulheres que entrevistei também tinham uma amiga que queriam indicar para ser entrevistada. Outra rede foi acessada por meio de uma das mulheres, que vendia roupas em sua casa, e que me indicou algumas clientes que poderiam ser entrevistadas.

No ano seguinte precisei solicitar novamente a autorização para fazer a pesquisa junto às mulheres. Nesse novo contexto, fiz contato com as mulheres no Curso de Extensão Cultural da Mulher, sobre o qual falarei adiante. Novamente passei uma lista para que elas pudessem se voluntariar. Entrevistei, entre os anos de 2014 e 2015, um total de 43 mulheres; porém, para compor o *corpus* dos discursos aqui analisados, serão excluídas as entrevistas das mulheres que, além de esposas, também são filhas de militares, pois a influência da cultura militar na construção da subjetividade delas é diferente e precisa ser analisada separadamente. Assim, o escopo deste capítulo abrange as 28 entrevistadas que passaram a vivenciar o contexto militar a partir do casamento com um oficial do Exército brasileiro. As demais entrevistadas forneceram, contudo, dados relevantes sobre o contexto, a forma de vida e as peculiaridades dessa realidade.

Foram entrevistadas esposas de capitão, a maioria mulheres de alunos da EsAO, mas também esposas de majores e tenentes-coronéis, a maioria dessas mulheres de alunos da Eceme, que estavam morando temporariamente na Vila Verde, um dos condomínios residenciais da Vila Militar,[2] nos anos de 2014 e 2015, pois o Edifício Praia Vermelha, no bairro de mesmo nome, residência funcional dos alunos da Eceme, estava em reforma. Foram entrevistadas, ainda, esposas de coronéis e generais que moravam na vila nesse período.

Cultura e identidade

Por se tratar de um conceito polissêmico, faz-se necessária a conceituação de cultura, que neste estudo está sendo tratada como "modo de vida característico" (Eagleton, 2011). Esse conceito é fruto de uma contestação ao universalismo do iluminismo, que considerava que a cultura era o que impedia os sujeitos de ingressarem na cidadania do mundo, mantendo uma nostalgia pela tradição. Para Eagleton, "A cultura não significa uma narrativa grandiosa e unilinear da humanidade em seu todo, mas uma diversidade de formas de

---

[2] A Vila Verde possui 17 blocos, com 24 unidades cada, totalizando 408 apartamentos (Frazão, 2015:342).

vida específicas, cada uma com suas leis evolutivas próprias e peculiares" (Eagleton, 2011:24).

A cultura militar é expressa por valores sólidos marcados por elementos estruturais que remetem à masculinidade, à força e à ordem, com elementos identitários que distinguem o homem civil do homem militar (Castro, 1990). As práticas cotidianas são disciplinadoras e promovem ações que reverberam para além dos limites institucionais. As vilas militares e seus moradores se identificam com e vivenciam essas práticas. Nas vilas militares destinadas a oficiais residem militares e seus dependentes, na maioria das vezes homens com suas famílias, que desde muito cedo escolheram para si uma profissão que possui exigências físicas, sociais, morais e acadêmicas. O jovem decide ser militar, ingressa na Aman e lá recebe não somente as aulas e instruções necessárias para se tornar um profissional formado em ciências militares. Ele é formado para ser militar, para cumprir as regras e assimilar os valores institucionais, pois a ele será confiada a missão de formar novos militares em diversas unidades do país. Nesse momento, os pilares institucionais — a hierarquia e a disciplina — são incorporados e reforçados nas práticas diárias dos cadetes para que assim sejam assimilados os valores e as regras aceitos por essa instituição. Mais que uma socialização de regras, há na convivência dentro da Aman um processo de delimitação de fronteiras simbólicas, que são essenciais para a construção da identidade militar (Castro, 1990).

A esposa do militar que se inseriu nessa cultura, porém, não cursou a Aman, mas passa por um processo de adaptação a essa cultura, ao modo de viver característico que reproduz os costumes e as práticas institucionais. A convivência dentro da comunidade da vila militar vai dando forma a uma identidade construída na relação de umas com as outras. Um trecho de Boaventura de Sousa Santos expressa claramente o que está sendo aqui discutido:

> Sabemos hoje que as identidades culturais não são rígidas nem muito menos imutáveis. São resultados sempre transitórios e fugazes de processos de identificação. Mesmo as identidades aparentemente mais sólidas, como a de mulher, homem, país africano, país latino-americano ou país europeu, escondem negociações de sentido, jogos de polissemia, choques de temporalidades em constante processo de transformação, responsáveis em última instância pela sucessão de configurações hermenêuticas

que de época para época dão corpo e vida a tais identidades. Identidades são, pois, identificações em curso. [Santos, 2013:167]

A identidade da esposa do militar é fruto de uma vivência cultural com valores sólidos, definidos, marcados pelos elementos de masculinidade; porém, na convivência, no dia a dia dessas mulheres, suas experiências se misturam e cria-se então um "caldo" cultural novo: permeado pela cultura militar, mas mesclado pelas subjetividades circulantes. Cada mulher que casa com um militar traz consigo sua historicidade, ou seja, as memórias sociais dos territórios de origem. São mulheres oriundas de diversas localidades brasileiras. Mulheres que valorizam suas origens, mas que, depois de algum tempo, não se denominam mais cariocas, mineiras ou paranaenses, e sim brasileiras, pertencentes à "família militar", buscando apoio umas nas outras e fazendo dos seus vizinhos uma família.

Hall (2014) discorre vastamente em suas obras sobre a instabilidade das identidades, as desestabilizações que as mudanças históricas e sociais promovem nos indivíduos e as novas possibilidades de identificação contemporâneas. Parte-se do pressuposto de que as identidades se estruturam em torno de discursos circulantes, de ideologias que vão sendo assimiladas pelos sujeitos, e que todo esse processo de identificação vai se estruturando por meio da linguagem. Nesse ponto encontram-se os discursos das esposas de militares.

Os discursos no contexto da Vila Militar de Deodoro

O discurso das esposas de militares está permeado por elementos da ideologia militar e por seus símbolos culturais. Uma das mulheres entrevistadas relata que por várias vezes já se pegou cantando canções militares sozinha dentro de casa. Outra, que o filho abre a janela da sala e assiste às formaturas que acontecem na Brigada Paraquedista.

Algumas entrevistadas, contudo, relatam que não se sentem parte dessa "família militar", que não gostam dessa vida dentro dos quartéis, das formaturas e dos eventos sociais que essa vida propõe: "Eu amo o meu militar, mas não gosto da profissão dele". Importa observar que a mulher que enunciou essa frase possui filhos no Colégio Militar e frequenta os espaços comuns da vila. Dessa forma, é possível perceber que, mesmo quando elas afirmam não gostar das práticas culturais desse grupo, elas estão atravessadas pelos elementos institucionais, capturadas pelo discurso e imersas na cultura. Outras que também expressam desconforto com a vivência cultural sentem dificuldades também de relacionamento dentro da Vila Militar com as demais mulheres. Essas observações refletem a força da cultura e da ideologia.

Na fala das mulheres entrevistadas é possível perceber a configuração da família militar. Um modelo de família nuclear, tradicional, com casamentos relativamente estáveis. Uma família que se estrutura em torno da profissão do marido e das exigências dessa carreira. São mulheres que se deslocam pelo país para atender às demandas desse fazer profissional.[3] Elas precisam se estruturar psíquica e fisicamente dentro dessa perspectiva de mobilidade, de instabilidade. Os filhos aparecem no discurso delas como o foco de maior preocupação, pois, segundo as entrevistadas, em cada mudança se faz necessário pensar na continuidade dos estudos e eventualmente dos tratamentos médicos das crianças e adolescentes. Elas relatam que, por não terem família próxima que possa dar o apoio necessário, precisam pensar em todo o bem-estar da família, em formas de facilitar a rotina dos filhos e os deslocamentos dentro da cidade.

Muitas mulheres relataram a precariedade do entorno da Vila Militar de Deodoro. Os militares e suas famílias, por viverem em várias localidades e conviverem com várias culturas, possuem referências múltiplas, alguns já moraram no exterior. Dessa forma, morar na Vila Militar de Deodoro significa, para muitas, ter que abrir mão de possibilidades para elas e para os filhos. Essa vivência territorial é pautada pelo atendimento às necessidades no entorno da Vila. Ou seja, as crianças estudam em escolas próximas e a vida é muitas vezes restrita ao universo da vila e às redes sociais.

Nesse contexto, dentro da Vila Militar de Deodoro, nos anos da pesquisa, aconteceu a feirinha, organizada pelas esposas dos alunos da EsAO e da Eceme, moradoras da Vila Verde. As feirinhas acontecem uma vez por mês no salão de festas. Nesse espaço, as mulheres que vendem artesanatos, roupas, comidas, cosméticos e diversos outros produtos expõem suas mercadorias e

---

[3] Os oficias são movimentados, em média, de dois em dois anos. Entre as mulheres entrevistadas, algumas relatam que o marido foi movimentado dentro do mesmo ano para outra localidade dentro do território brasileiro e também para outro país.

vendem umas para as outras. Existem regras para o funcionamento das feirinhas. Uma das esposas fica responsável pela organização do evento, sendo o contato com o oficial RP da EsAO, com quem define junto as normas de divulgação dentro das vilas residenciais e nas redes sociais. Só podem vender ou comprar na feirinha moradores das vilas residenciais: em geral, o evento é promovido pelas mulheres e frequentado por elas próprias.

A feirinha é uma forma que as mulheres têm de apropriação do território e de possibilidades de subjetivação, mas também reforça o caráter endógeno dessa população e a força centrípeta da instituição. Ou seja, as mulheres não precisam sair da vila para comprar presentes e comidas diferentes. Como relatou umas das entrevistadas: "Todos os presentes que comprei durante esse ano foram da feirinha". O evento acontece uma vez por mês às quartas-feiras, mas as mulheres continuam suas vendas nos diversos grupos disponíveis para compras e vendas nas redes sociais.

A construção da subjetividade marcada pela vivência territorial

A fim de contrapor a ideia de um indivíduo portador de uma essência única, o conceito de subjetividade influenciada pelos processos de linguagem como prática social e de significação traz para o centro das discussões um indivíduo organizado em suas práticas simbólicas, enfatizando o caráter social dessa construção (Rey, 2012).

> O conceito de subjetividade é um macroconceito que integra os complexos processos e formas de organização psíquicos envolvidos na produção de sentidos subjetivos. A subjetividade se produz sobre sistemas simbólicos e emoções que expressam de forma diferenciada o encontro de histórias singulares de instâncias sociais e sujeitos individuais, com complexos sociais e culturais multidimensionais. Esses contextos, que incluem as instituições, os vários tipos de ação social do homem e suas formas de integração macrossociais, aparecem como contextos produtores de sentido através das histórias subjetivas de seus protagonistas, assim como das histórias e processos de subjetivação daqueles espaços sociais em que a ação social se produz. Esses processos de subjetivação se produzem através das relações entre pessoas procedentes de diferentes espaços sociais [Rey, 2012:137].

No estudo da produção da subjetividade das mulheres de militares é possível materializar o que o autor expressou de forma conceitual. O sistema simbólico a que as mulheres de militares estão submetidas refere-se aos aspectos da cultura militar, aos símbolos militares, aos ritos e normas que permeiam esse universo. São símbolos presentes no dia a dia que já estão tão incorporados ao cotidiano, que não há mais estranheza em conviver com eles. Os ritos de início e fim de expedientes militares, as formaturas, as passagens de comando, as diplomações, as entregas de medalhas, cerimônias de final de cursos e tantas outras que compõem o calendário institucional do Exército, tornam-se parte da vida das mulheres de militares.

Muitas das entrevistadas relatam não gostar da vida na Vila Militar e dos símbolos militares, mas de alguma forma têm a vida entrelaçada a esses elementos. As emoções são as diversas formas como cada uma dessas mulheres vivencia esse sistema simbólico, influenciadas por suas histórias singulares, pelo seu desenvolvimento, por sua infância, sua família e cidade de origem. Cada uma traz consigo uma vida anterior ao casamento, o que faz com que cada uma delas experimente emoções positivas ou negativas ante o novo sistema de valores e símbolos que se apresenta. Essas histórias singulares, somadas às instâncias sociais, vão tomando uma forma construída socialmente, na relação de umas com as outras. Um convívio multicultural, pois são mulheres de diferentes regiões do Brasil, com práticas culturais e sociais diversas.

A Vila Militar de Deodoro é um espaço de referência para os militares. Muitos oficiais com que tive contato dentro dos batalhões da vila, por ocasião da pesquisa, relatam a experiência da infância na vila, que é para eles um lugar de memória. Percebe-se que muitos querem contribuir com a pesquisa por se tratar de um tema associado à vila militar, lugar em que moraram quando crianças, quando filhos de militares, ou, no caso dos mais graduados, quando capitães fazendo o curso da EsAO, ou quando comandaram um dos batalhões da vila.[4] Tive a oportunidade de conversar com um major que morava na vila pela quinta vez. Em um dos momentos em que fui pedir autorização para

---

[4] Todas as entrevistas foram com as mulheres, porém, durante os dois períodos de solicitações formais de entrada na vila para realização das entrevistas, conversei com alguns militares. Assim, as percepções referentes aos militares são provenientes dos registros no diário de campo, por ocasião desses contatos.

a pesquisa, estive com um coronel cujo avô, também militar, participou da construção da Vila Militar. Percebe-se, assim, que esse é um lugar de referências simbólicas, de memória para esse público.

Contudo, nas entrevistas com as mulheres, universo dessa pesquisa, o espaço é descrito de outra maneira. Elas falam das dificuldades de se morar na Vila Militar, por ser longe da Zona Sul, de difícil deslocamento; falam da violência do entorno, que produz medo e desejo de se isolarem da cidade dentro da vila; relatam a segurança e o conforto que sentem quando estão dentro da vila, onde se sentem protegidas. No discurso das mulheres, uma fala quase que unânime, dita de várias maneiras, é: "eu gosto da vila, mas acho muito feio o que tem em volta"; "gosto da vila, mas tenho medo de sair por aqui, então acabo me sentindo presa". Outras relatam que aprenderam a enfrentar o medo do Rio de Janeiro e aprenderam a se deslocar pela cidade. Ou seja, cada uma vivencia uma emoção diferente dentro desse contexto, influenciadas pelas suas histórias pessoais. Trata-se de um espaço que produz sentido na vida dessas mulheres, que, diferentemente de seus maridos, não possuem esse lugar como espaço referente em sua história, mas acabam fazendo do território um espaço da ação social, uma terra fértil para emergirem suas subjetividades.

A subjetividade é dinâmica, permanentemente construída e reconstruída pela ação dos sujeitos dentro dos cenários sociais. Pode-se afirmar que é uma instância que integra o homem e a cultura, definindo que o desenvolvimento psíquico é inseparável da cultura e que as produções de sentido, associadas ao sujeito, demarcam as especificidades singulares do conceito: "A subjetividade representa um tipo diferente de fenômeno com relação a outros que também são socialmente produzidos, mas que expressam definições ontológicas diferentes" (Rey, 2012:138). Dessa forma, destacar o caráter subjetivo dos processos sociais é uma forma de dirimir a dicotomia entre objetivo-subjetivo que perdurou por muito tempo nas discussões sobre subjetividade; ou seja, subjetividade não se opõe a objetividade: uma está intrincada na outra. A cultura expressa as condições de vida do homem em cada momento histórico (Rey, 2012).

Com as mulheres da pesquisa, a cultura militar se faz presente no seu modo de vida, nas possibilidades e limitações que essa vida lhes proporciona. Ademais, o modo como elas se relacionam dentro e fora da Vila Militar é influenciado pelas questões pós-modernas, pelas possibilidades de articulações dentro das mídias sociais. Ou seja, o curso dos processos de subjetivação não é influenciado somente pela cultura militar, mas também, e fortemente, marcado pela época presente.

Podemos tirar alguns exemplos dos registros do diário de campo da pesquisadora. Primeiramente, a forma de entrar em contato para marcar as entrevistas foi via WhatsApp. O primeiro contato foi presencial; após as interessadas preencherem uma lista com seus nomes e telefones, a pesquisadora tentou ligar e marcar as entrevistas, porém, sem sucesso. Dessa forma, houve uma segunda tentativa por parte da pesquisadora: fazer contato via mensagens instantâneas. Como resultado, todas as mulheres foram cadastradas e contatadas individualmente e todas responderam de forma afirmativa, marcando um horário para serem entrevistadas, também individualmente. Percebe-se, então, que a forma de contato, de acesso a esse grupo, não é o telefone, mas as mídias sociais. O espaço virtual é o território da ação humana para muitas dessas mulheres. Nas mídias sociais elas compram e vendem produtos, mantêm contato umas com as outras, protestam, falam dos seus sentimentos e suas emoções com relação às diversas mudanças. Nos anos da pesquisa, foram registrados mais de 25 grupos de mulheres de militares da Vila Militar de Deodoro no Facebook. Como o Facebook é um espaço virtual público, pudemos fazer esse mapeamento. Com relação ao WhatsApp e outros aplicativos, não foi possível dimensionar o quanto essas mulheres estão conectadas entre si na rede. Mas é possível afirmar que elas mantêm desde dentro de suas casas a vida comunitária; ou seja, o cotidiano não é compartilhado somente nos espaços de convivência da vila. A convivência, desse modo, se ampliou. A própria administração dos PNRs criou um WhatsApp para facilitar a comunicação com as famílias dos militares. O curso de extensão cultural da mulher promovido pela EsAO no ano de 2015 criou um grupo tanto no Facebook quanto no WhatsApp para divulgar as palestras e compartilhar as fotos com as participantes. Esses exemplos são suficientes para demonstrar que não é somente a cultura militar que produz as subjetividades dessas mulheres, mas que os avanços tecnológicos e sociais vão dando uma nova dinâmica e movimentando os sujeitos para modos de vida diferentes, abrindo espaço para produções humanas sobre a realidade em que se encontram, fazendo com que elas possam produzir sentidos subjetivos diferenciados a partir da experiência cultural, que se soma a suas histórias singulares.

A subjetividade como produção de sentido estimula formas de racionalidade que facilitam assumir e compartilhar as produções de uma dada cultura, tomando forma pelos sistemas jurídicos e morais, nas normativas sociais e institucionais (Rey, 2012). As vilas residenciais seguem as normas militares. As casas e os apartamentos funcionais são designados pelas patentes dos oficiais que lá moram. As normas de funcionamento da vila são passadas para os homens dentro dos seus estabelecimentos de trabalho; não há, como nos condomínios civis, uma reunião de condôminos para decidir as regras comuns a todos. Como um dos pilares institucionais do Exército é a hierarquia, ela também é extensiva à vida das famílias dentro das vilas residenciais. Assim, todas as regras da vila são também extensivas à carreira dos maridos, espaços que estão permeados pelos sentidos dessa cultura.

"Ciclo anual" no cotidiano da Vila Militar de Deodoro

O curso da EsAO tem duração de dois anos, sendo o segundo presencial, e conta em média com 320 alunos. Todos os anos esse número de famílias passa pela Vila Militar e depois partem cada uma com um destino diferente, porém podendo um dia voltar a morar na Vila Militar, caso o militar venha servir em outro batalhão, e desde que tenha PNR disponível para a Organização Militar em que está servindo (Pinto e Andrade, 2015).

A vila vive as tensões de cada época demarcada pelos elementos culturais. Para esse público, no início do ano, os alunos da EsAO estão chegando e se acomodando, instalando a casa e tudo o que é necessário para manter a vida da família, como procurar escolas próximas à vila e instalar equipamentos dentro de casa. Como relata uma das entrevistadas: "Demorou um tempo para eu chamar essa casa de lar... Precisa de muita coisa que não estava no lugar, ser colocada no lugar, encontrar um lugar para colocar tudo". É um tempo de adaptação, de acomodação física e psíquica, que demanda um esforço interno e externo, que precisa ser rápido, pois o ano letivo terá início e logo no princípio os maridos fazem provas decisivas, que ajudam a definir para onde eles irão no próximo ano. Essa descrição produz sentido para esse público, esse momento inicial é tenso e permeado por emoções diversas, medos, ansiedades que, fora desse contexto, não são possíveis de serem percebidos.

Passados esses meses iniciais, elas vão se relacionando e compartilhando suas histórias singulares e procurando identificações umas com as outras. Nas entrevistas aparece sempre o papel das amizades que se estabelecem nesse espaço, como se a vila fosse um grande espaço para convivência. Elas relatam a alegria de terem encontrado a possibilidade de identificar-se umas com as outras. Nesse sentido, abre-se espaço para a discussão da possibilidade de uma identidade cultural, uma instância um pouco mais homogeneizada que a subjetividade, um processo de identificação mesmo que efêmero, mas uma possibilidade de encontrar no outro um laço social positivo, uma forma de ser entendido e entender. Encontrar um sujeito que vive o mesmo mal-estar social e, assim, é possível identificar-se com a angústia do outro. Relata uma das mulheres:

> Eu não gostava de descer e ficar conversando, não tomo chimarrão e nem acho tudo bom aqui. Eu pensava que todas as meninas lá embaixo reunidas rindo estavam amando estar morando aqui, mas um dia, conversando, uma me falou tudo que eu também penso. Aí vi que tem muita gente como eu.

A fala dessa mulher não é uma tentativa de dissolver o particular num todo, em uma única possibilidade universalizada, mas uma demonstração de que há também, dentro da dinâmica das produções de subjetividades, um processo de identificação. Há, sim, um elemento naturalizado, uma forma de conduta esperada para as mulheres de militares. Um desejo de normatização, de demonstrar um padrão de conduta aceito por parte da instituição.

O Curso de Extensão Cultural da Mulher, promovido pela EsAO, é uma forma de reforçar elementos culturais da instituição. Trata-se de uma série de palestras tendo como público-alvo principalmente as esposas dos alunos da escola, mas aberto a todas as mulheres, esposas de oficiais moradoras da Vila Militar, incluindo assim em 2015 as esposas dos alunos da Eceme, que nesse ano residiam na Vila Verde. As palestras versaram sobre temas motivacionais, etiqueta social, saúde da mulher, atividades físicas, cuidado e criação dos filhos. Esse curso reforça e valida o discurso institucional, por meio das falas de diversos profissionais reconhecidos nacionalmente, seja pelo valor acadêmico, seja pela exposição na mídia. Analogamente, as empresas privadas fazem diversos tipos de treinamento de manutenção da cultura, pois desde o final do século passado as pesquisas na área de psicologia organizacional apontam como antecedentes de comprometimento organizacional e produtividade a assimilação dos valores culturais da empresa. Assim, o Exército também busca esse comprometimento dos seus soldados e, como a casa e a caserna não se separam totalmente (Silva, 2013), as mulheres também precisam ser treinadas e formadas dentro dos valores culturais da instituição.

Nesse curso, foi observado que se valoriza a pluralidade de mundos presente na Vila Militar, os repertórios individuais, porém apresentando-se valores que são considerados inegociáveis para a instituição. Esse tipo de ação denota uma preocupação com a formação cultural dessas mulheres, visto que elas não são militares, mas acompanham seus maridos e representam a instituição por onde eles passam. Seus maridos servem à pátria e elas os apoiam nessa tarefa. Esse curso não abrange todas as mulheres da vila, muito poucas aderiram e participaram desse projeto, mas mesmo as que não participam e resistem em viver a cultura e ser influenciadas pelos seus valores acabam em algum momento sendo tocadas por feixes do sistema institucional. Há entre as mulheres de militares uma narrativa compartilhada, que faz referência a algo externo a elas. Essa narrativa é uma demonstração da produção de sentido expressa por histórias localizadas, mitos e crenças compartilhados nesse contexto.

Ainda no "ciclo anual" da vida cotidiana da Vila Militar de Deodoro, no meio do ano, os alunos da EsAO possuem um recesso e muitas viajam para suas famílias de origem; outras permanecem para que o marido estude, pois no retorno ele faz novas provas; outras, ainda, relatam que essa é a oportunidade de conhecer o litoral e a própria cidade do Rio de Janeiro, já que durante o período de aulas dos maridos elas não saem para muito longe da vila. Algumas mulheres entrevistadas, esposas de alunos da EsAO e da Eceme, são de outras regiões do país e assim veem a possibilidade de conhecer um mundo que não existia antes de se casarem com um militar. Relata a mulher de um aluno da Eceme: "Eu sou do Rio Grande do Sul, bem do interior, e nunca pensei em morar no Mato Grosso, no Nordeste e aqui no Rio de Janeiro. Olha quanta coisa eu já conheci. Se eu não tivesse casado com ele, estaria lá na minha cidade, e esses lugares, só pela televisão". Cada percepção passa por uma história localizada, por uma singularidade que, somada às outras, forma esse universo plural: esposas de militares. Outras entrevistadas relatam que não viam a hora de chegar o recesso para visitar a família e que nem queriam voltar para o Rio de Janeiro, mas ficar na cidade de origem.

No final do ano escolar da EsAO, meados de outubro e início de novembro, ocorre a escolha das unidades (e cidades) para as quais se vai servir. Os alunos são classificados por notas e recebem uma lista com as unidades que podem escolher. O primeiro, mais bem colocado, escolhe primeiro a sua unidade e assim sucessivamente, conforme a ordem de classificação. Nesse período, as mulheres ficam sabendo seu próximo local de moradia e começa assim uma nova etapa de reorganização familiar, pessoal, profissional e subjetiva.

Nos demais batalhões da vila, as transferências dos militares também começam a ser publicadas nesse período, lembrando, porém, que os oficiais que servem nos batalhões ficam, em média, dois anos, e os alunos da EsAO ficam somente um ano. Os alunos da Eceme que moraram na Vila Verde nos anos de 2014 e 2015 também tiveram suas futuras unidades publicadas nesse período. Assim, a vila, a partir de final de outubro e início de novembro, começa a ser pensada como espaço que logo será esvaziado. No dia da escolha de unidades da EsAO, a vila ficou povoada de barulhos, gritos de alegrias e muito choro, um misto de emoções. Alegria de quem conseguia ir para onde queria, tristeza de quem não foi para onde imaginara. Com o passar dos dias, começa um clima de ansiedade pelo novo que está por vir e de nostalgia pelo que está sendo deixado. Não realizei entrevistas nesse período, pois a mobilização de ansiedades é muito grande e as percepções das mulheres já não são tão reais. Os diálogos na feirinha e no café após as palestras do Curso de Extensão Cultural são sobre a realidade que está por vir. Sugerem que o investimento subjetivo e as possibilidades de construção já estão deslocados para outro espaço físico.

Em todos os anos a Vila Militar passa por um fluxo migratório: alunos concluintes e suas famílias partem para suas novas moradias e alunos do ano seguinte vão chegando e ocupando os PNRs. Os oficiais que não são alunos também são deslocados para outras localidades e outros tomam seus lugares; assim, a vila nunca se esvazia por completo. Mas, em 2015, excepcionalmente, a Vila Verde foi esvaziada, ficando sob a administração do Comitê Organizador dos Jogos Olímpicos e ocupada por árbitros que trabalharam nas Olímpiadas. Assim, em 2016 a configuração da vila foi temporariamente outra, sem as famílias dos alunos da EsAO.

Reflexões finais

Buscou-se descrever as práticas e fazeres que, entrelaçadas ao cotidiano da Vila Militar, compõem uma tessitura de relações sociais típicas das mulheres, esposas de oficiais, que habitam esse território. Essas descrições possibilitam explorar nuances culturais e psicológicas pouco exploradas: a construção da subjetividade de mulheres que são afetadas pela carreira e pelas escolhas profissionais dos seus cônjuges.

Como se trata de uma captação do discurso em curso, é um trabalho em processo, inacabado, em andamento. Tanto na construção das categorias que servirão de análise para o discurso das mulheres quanto na vivência no território. A pesquisa busca dar voz e visibilidade a um sujeito social que por vezes não protagoniza sua história. No contexto desta pesquisa, a identidade do militar figura como coadjuvante, dando espaço para que a mulher, por meio do relato oral de sua vivência na cultura militar, conte sua versão da sua história e, nesse sentido, se produzam novos olhares para o papel da mulher dentro da "família militar". Pensar formas de responder à pergunta: se não houvesse a esposa do militar, existiria a "família militar"? E ainda, fora das vilas militares existe "família militar"?

Na tentativa de sintetizar parte desse processo de pesquisa, proponho uma metáfora com elementos presentes no discurso militar. O militar defende fronteiras, mantém fortificações, convive com a diversidade nessas fronteiras, mas busca manter estabilidade para seu território. Estudar esse universo das mulheres de militares é lançar constantemente um olhar ao mesmo tempo para as fronteiras e para a diversidade: as fronteiras entre as subjetividades que estão sendo produzidas e a diversidade que influencia esse processo. Os mundos diversos que cada uma carrega consigo e as fronteiras das histórias singulares não são permeáveis. Essas mulheres, ao mesmo tempo que compartilham a diversidade, demarcam suas fronteiras, afirmam serem gaúchas, cearenses, paraenses. Afirmam-se como portadoras de algo que as localiza, mas se veem também como brasileiras, diversas, mescladas por tudo que já viveram e pela convivência umas com as outras.

Referências

CASTRO, Celso. *O espírito militar*: um estudo de antropologia social na Academia Militar das Agulhas Negras. Rio de Janeiro: Jorge Zahar, 1990.

_____; LEIRNER, Piero (Org.). *Antropologia dos militares*: reflexões sobre pesquisa de campo. Rio de Janeiro: Editora FGV, 2009.

EAGLETON, Terry. *A ideia de cultura*. Tradução de Sandra Castelo. 2. ed. São Paulo: Editora Unesp, 2011.

FRAZÃO, José Roberto Marques. *Vila Militar*: glórias e conquistas 1908-2015. Rio de Janeiro: Bibliex, 2015.

HALL, Stuart. *A identidade cultural na pós-modernidade*. Tradução de Tomaz Tadeu da Silva, Guaracira Lopes Louro. Rio de Janeiro: Lamparina, 2014.

LEIRNER, Piero de Camargo. *Meia-volta volver*: um estudo antropológico sobre a hierarquia militar. Rio de Janeiro: Editora FGV, 1997.

PINTO, Werusca Marques Virote de Sousa; ANDRADE, Regina Glória Nunes. Território Vila Militar do Rio de Janeiro: cotidiano e historicidade sob a perspectiva das esposas de oficiais. *Coleção Meira Mattos — Revista das Ciências Militares*, Rio de Janeiro, v. 9, n. 35, p. 393-401, 403-411, 412-420, ago. 2015. Disponível em: <www.eceme.ensino.eb.br/meiramattos/index.php/RMM/article/view/518>. Acesso em: 30 jan. 2016.

PRADO FILHO, Kleber; MARTINS, Simone. A subjetividade como objeto da(s) psicologia(s). *Psicologia & Sociedade*, Porto Alegre, v. 19, n. 3, p. 14-19, dez. 2007. Disponível em: <http://dx.doi.org/10.1590/S0102-71822007000300003>. Acesso em: 21 dez. 2017.

REY, Fernando González. *O social na psicologia e a psicologia social*: a emergência do sujeito. Tradução de Vera Lúcia Mello Joscelyne. 3. ed. Petrópolis: Vozes, 2012.

SANTOS, Boaventura de Sousa. *Pela mão de Alice*: o social e o político na pós-modernidade. 14. ed. São Paulo: Cortez, 2013.

SILVA, Cristina Rodrigues da. Famílias de militares: explorando a casa e a caserna no Exército brasileiro. *Revista Estudos Feministas*, Florianópolis, v. 21, n. 3, set./dez. 2013. Disponível em: <www.scielo.br/scielo.php?script=sci_arttext&pid=S0104-026X2013000300006&lng=pt&nrm=iso>. Acesso em: 20 fev. 2014.

Mulheres casadas com militar: anotações sobre dinâmicas conjugais

Ester Nunes Praça da Silva
Lívia Alessandra Fialho Costa

Nos últimos anos, as transformações que interpelaram e transformaram as regras e as formas de viver a família, especificamente na família conjugal, tornaram-se visíveis para cada um de nós no cotidiano das próprias vidas. Desse modo, é necessário considerar as mudanças que a instituição conheceu ao longo do século XX e na contemporaneidade.

A partir dos anos 1960, surge uma compreensão importante na sociologia da família contemporânea acerca da dinâmica do estar junto: "busca de gratificação pessoal e autodeterminação do self, por um lado, e realização afetiva através de uma relação de alteridade, em que, em última instância, o sentimento para a própria individualidade existe porque o outro existe" (Aboim, 2006:146); logo, constituindo-se em um marco diferencial nas mudanças históricas dos últimos séculos.

Sobre essa questão, pretende-se aferir aquilo que alguns autores consideram ser um dos aparentes paradoxos da contemporaneidade, os quais progressivamente se imporiam às conjugalidades contemporâneas, divididas entre um ideal de fusão afetiva e o investimento na individualidade. Nesse sentido, fabrica-se um imaginário variado sobre o casal, habitado por dimensões aparentemente contraditórias ao aproximarem-se da busca pela autonomia, gratificações e realizações pessoais e da aspiração de intimidade e proximidade afetiva fusional na relação a dois (Aboim, 2006:146).

Com a concepção de que a vida conjugal é feita tanto de afetos quanto de rotinas diante das obrigações maternais e conjugais, supõe-se que existe uma articulação entre as orientações amorosas femininas e as maneiras como as mulheres concebem e delineiam, na prática, as margens de suas autonomias ante a relação conjugal: em face do nós-casal.

O casal convive com a difícil tarefa de ser dois, e, nessa troca de (re)conhecimentos, presume-se a transformação do eu (Féres-Carneiro, 1998) — não devendo ser, no entanto, uma transformação de mutilação, mas um eu que corresponde a um interesse em aprender novas possibilidades de ser outra pessoa, mas que não perde a identidade.

Assim, paradoxalmente, a família pode parecer frágil e forte; frágil, pois são poucos aqueles que sabem se incluir na tarefa de elaborar com o outro — o cônjuge ou o seu equivalente —, ajudando-o a ser ele próprio, a desenvolver suas capacidades pessoais; forte, porque a vida privada, com uma ou várias pessoas, é desejada pela grande maioria das pessoas, pois verificamos que, embora o número de lares constituídos por uma única pessoa só tenha aumentado nos últimos anos, as pessoas ainda continuam casando, descasando e recasando, o que demonstra um desejo de estarem "juntas".

Foi do lugar da escuta profissional que supomos que o cotidiano conjugal das seis mulheres entrevistadas não é conforme o tipo ideal de individualização, porque o viver conjugal emerge de condições interferidas pelas obrigações e prerrogativas da carreira profissional militar dos maridos, a saber: serviços e viagens de longa duração e/ou constância — resultando em ausências em datas festivas e/ou importantes para a família, na convivência com os filhos e nas adversidades do dia a dia; ademais, festas sociais e representações específicas do trabalho, direcionadas, tão somente, aos militares e, às vezes, eventos sociais, nos quais a presença da mulher é requerida em razão da esfera social da carreira; além disso, fundamentalmente, as transferências entre cidades, trazendo efeitos para o trabalho e moradia.

Portanto, ao investigar a questão da individualidade na vida conjugal marcada pela relação com o contexto militar, procuramos, por meio das entrevistas semiestruturadas aplicadas às mulheres esposas de militares, encontrar, sobretudo, respostas para duas perguntas-chave: quais desafios enfrentam essas mulheres no seu fazer cotidiano, na família, na relação conjugal, diante das suas perspectivas de construção de individualidades? Ainda, buscamos conhecer quais expressões e manifestações podem assumir as gratificações e realizações pessoais de mulheres em conjugalidades marcadas pelas prerrogativas e exigências da carreira de militar.

O critério para a seleção das interlocutoras foi o contato anterior das informantes e/ou seus cônjuges no uso do setor de Serviço Social da organização militar situada em Salvador, bem como suas disponibilidades em participar da pesquisa. Cinco das seis mulheres participantes da pesquisa tinham seus nomes numa espécie de cadastro de beneficiários da Seção de Serviço Social da referida organização militar; a sexta entrevistada nos foi apresentada por seu marido. A inscrição nos "Programas e Projetos de Assistência Social" visa à concessão de benefícios sociais como medicamentos, exames médicos, cesta básica, material escolar etc. Com o tempo, algumas delas retornaram à seção, ou procuraram manter um contato, para revelar um pouco de suas vidas — angústias, medos, decepções e dificuldades econômicas, no casamento.

A seguir, segue o perfil geral das interlocutoras desta pesquisa:

Nome (fictício)	Idade	Tempo de casada	Nº de filhos/filhas	Ocupação	Naturalidade
Ada	33 anos	15 anos	1	Dona de casa	Rio de Janeiro (RJ)
Frida	43 anos	15 anos	3	Profissional liberal	Rio de Janeiro (RJ)
Capitu	44 anos	20 anos	2	Dona de casa	Rio de Janeiro (RJ)
Dorothy	33 anos	12 anos	2	Dona de casa	Interior nordestino
Clarice	40 anos	19 anos	2	Dona de casa	Rio de Janeiro (RJ)
Coralina	Idade não revelada	19 anos	2	Profissional liberal	Manaus (AM)

Interessam a esta pesquisa, como não poderia deixar de ser, questões relativas à própria dinâmica do laço que une internamente a família. Analisamos, preliminarmente, a interação na perspectiva da coesão em três planos. Então, o primeiro plano de tratamento da coesão está caracterizado pelos modos de práticas de coesão, pelos quais procuramos saber quem faz o que com quem em três momentos do cotidiano, a saber: trabalho doméstico, lazer e conversas. Essa análise permitiu-nos saber se, no cotidiano, predominam práticas fusionais centradas no nós-casal, nós-família, ou práticas marcadas pela autonomia, em que o "nós" tem fraca expressão.

As formas de práticas de coesão podem ser classificadas da seguinte maneira: a) separação forte, quando há ausência de práticas feitas em casal, predominando atividades desempenhadas individualmente por cada um dos cônjuges; b) separação atenuada, quando inexistem práticas realizadas em casal no que tange ao trabalho doméstico e conversas, mas com algumas atividades de lazer desenvolvidas em casal ou em família; c) fusão expressiva, quando há práticas promovidas pelo casal ou pela família em torno das atividades lúdicas e conversas e, de certa forma, nas realizações das atividades domésticas; d) fusão instrumental e expressiva, quando existem práticas de lazer e conversas desempenhadas em casal e, em certa medida, com maior predominância na maioria das atividades e assuntos do que na fusão expressiva; contudo, nas atividades do trabalho doméstico, vivenciam-se práticas individuais; e) polivalente expressiva, quando, em casal ou individualmente, os sujeitos levam a efeito as atividades de lazer e, de um modo pouco mais individual, as atividades domésticas; f) e polivalente expressiva e instrumental, quando, em casal ou individualmente, os sujeitos executam as atividades domésticas e de lazer.

Procuramos, dessa forma, saber qual o tipo de prática de coesão que é produzido — se fusão, centrado no nós-casal/nós-família, ou autonomia. O segundo plano de investigação da coesão é a coesão interna, pela qual busca-se conhecer se há coerência nas divisões conjugais dos trabalhos doméstico e profissional, bem como na forma de viver os lazeres, convocando, para a investigação, a questão da igualdade de gênero na conjugalidade.

Assim, caracterizamos os casais na perspectiva do modelo de indiferenciação — aquele no qual predominam a partilha conjugal dos trabalhos domésticos, a dupla profissão e um equilíbrio na autonomia individual em relação ao lazer —, ou pelo paradigma de diferenciação das tarefas e das atividades; nesse sentido, podem se manifestar pelo aspecto de ganha-pão no masculino — em que o homem trabalha remunerado e a mulher toma conta dos afazeres domésticos —, ou, ainda, pela ótica do desequilíbrio no feminino — segundo a qual ambos têm profissão, mas apenas a mulher encarrega-se das tarefas domésticas, além da forte autonomia masculina para o lazer em contraponto à fraca individualização, no feminino, para o lazer.

Por esse prisma, buscamos conhecer se existe uma complementaridade de papéis ou uma busca de igualdade de gênero. O último plano de exame da coesão é a regra de coesão mediante a qual é possível analisar o controle de recursos essenciais pelo casal, como o tempo livre e os gostos. Trata-se de um mecanismo que permite identificar, de maneira mais explícita, a construção da individualidade dos cônjuges, ou melhor, a circunstância da fusão ou da autonomia que é produzida dentro da vida conjugal.

Nesse sentido, distribuímos a regra de coesão, a saber: a) em bolsa comum, quando os cônjuges desejam partilhar todos os momentos e amizades e se vive uma espécie de erosão dos recursos pessoais; b) e em autonomia relativa, quando os cônjuges reservam um pouco dos seus recursos pessoais e vivem seu tempo livre ou amizade um independente do outro — em certa medida, combina fusão e autonomia.

Assim, conhecemos as características da individualidade em face do nós-casal, bem como a percepção que a mulher faz da sua própria autonomia pessoal. Finalmente, lançamos mão do conceito de interação sob a ótica da integração externa, pois, com esse recurso, queremos aferir se o casal tem contato com as questões do mundo exterior à sua vida privada, observando o tipo de atividade que predomina na vida familiar, ou seja, se existe uma diversidade de atividades e lazeres do casal e, também, de convívio com outras pessoas; em outras palavras, trata-se do universo da sociabilidade do casal — aqui, atividade significa sair de casa para fazer qualquer coisa.

Com efeito, organizamos a integração externa — considerando uma gradação que relaciona convívio social e atividades de lazer realizadas externamente ao âmbito da residência — do seguinte modo: a) em fechada, quando o convívio social do casal se desenvolve com baixa intensidade e a margem de atividades de lazer realizadas fora de casa é restrita — até três tipos; b) em abertura fraca, quando o convívio social se desenvolve com média intensidade e a margem das atividades de lazer realizadas fora de casa é relativamente mais ampla — entre quatro e seis; c) e em abertura forte, quando ocorre uma rotina mais frequente do convívio social e uma variação maior de atividades de lazer realizadas fora de casa — sete em diante.

Logo em seguida, discorreremos, também, mediante a necessidade do tema abordado, sobre as tensões vividas na conjugalidade sob o efeito do exercício do trabalho de militar em contraponto com os projetos de vida das mulheres a fim de investigar sobre os significados e a contextura que podem assumir as gratificações e a (ir)realização pessoal.

No compósito da interação com o afeto: uma dinâmica conjugal contextualizada

Em face do conjunto de variáveis, referidas anteriormente e balizadas pelas questões norteadoras — interação conjugal e orientação afetiva, ambas subjacentes à dinâmica conjugal de mulheres casadas com militar —, apresentaremos a seguir os resultados obtidos na pesquisa.[1]

Antes, faz-se necessário levar em conta que as mulheres que participaram da investigação têm até 20 anos de união conjugal, e seus maridos contam com mais de 10 anos de carreira militar, já tendo adquirido estabilidade profissional; ainda, todas elas, como, também, seus cônjuges não são naturais da cidade de Salvador (BA); por fim, carregam a experiência de morarem em cidades diferentes e distantes de suas respectivas terras natais e de suas famílias nucleares por mais de cinco anos.

O funcionamento interno dos casais emerge dentro do contexto representado pelo trabalho militar de um dos cônjuges e pela forte incorporação da diferenciação de papéis a partir do gênero. Desse ponto de vista, foi possível identificar, como tipo de interação, o estilo bastião,[2] ou seja, integrado por regras de funcionamento fusionais e por práticas com propensões fusionais na rotina do fazer conjugal, organizadas sob a figura de um nós-família — no qual se dissolve o casal propriamente dito; ainda, o modelo bastião é marcado por papéis de gênero diferenciados.

Consideremos que a regra fusional ora apresenta uma natureza institucionalista — "paralelo familiar e estilo bastião" —, ora é caracterizada por uma intensidade inferior de institucionalidade — "fusão companheirista". Com efeito, em nossa pesquisa, um casal apresentou um estilo do tipo companheirista, porém, com evidências escassas; por isso, preferimos, também, enquadrá-lo entre aqueles de cunho institucional, especificamente, do paradigma bastião, como os demais (Aboim, 2006:346-348).

Constatamos, na análise dos dados concernentes à interação, que as conjugalidades investigadas comportam um estilo fusional expressivo — quando

---

[1] Dissertação de mestrado intitulada: *Mulheres-esposas: dinâmicas conjugais e individualidades a partir da experiência de mulheres casadas com militar* (Silva, 2012).
[2] Nomenclatura utilizada por Aboim (2006:228) no estudo sobre conjugalidade em Portugal.

há o exercício de práticas realizadas pelo casal ou pela família em torno das atividades lúdicas e conversas e, de certa forma, nas realizações das atividades domésticas externas ao domínio do espaço da casa.

Foi observado, entre os casais, que a coesão interna assume um modelo no qual os homens trabalham e sustentam a família, e as mulheres se responsabilizam pelas questões maternais e domésticas — tudo aquilo relativo aos cuidados da família —, mesmo quando a mulher trabalha remunerada e é a responsável direta pelas atribuições domésticas.

Podemos, inclusive, destacar que esses modelos assemelham-se ao de família patriarcal, reatualizada, a qual, segundo Gilberto Freyre, se caracteriza pela divisão sexual do trabalho, reservando para as mulheres o domínio doméstico, enquanto, para os homens, o papel de provedor do lar. De acordo com tal arranjo, a divisão sexual do trabalho é hierarquizada e destina às mulheres o domínio doméstico, enquanto aos homens, o papel de mantenedor do lar.

Nesse paradigma patriarcal, as esposas não trabalham fora de casa, sendo-lhes delegada a tarefa de cuidar do lar e dos filhos. Muitas vezes, segundo a concepção desse modelo, as mulheres que trabalham fora de casa sofrem preconceito e são estigmatizadas, porque as responsabilidades domésticas, que lhes são prescritas, são, supostamente, prejudicadas por suas atividades profissionais.

Segundo Silva (2008:21), no Brasil do século XX, para algumas mulheres de classe média, era socialmente autorizado o trabalho como professoras de crianças, senão como voluntárias sociais, atividades consideradas tipicamente femininas, valendo-se da compreensão do papel de cuidadora/mãe. Vale ressaltar um fato histórico, interessante ao nosso estudo: segundo a citada autora (Silva, 2008:22), houve um tempo no qual "era, inclusive, bastante comum o casamento entre militares e as chamadas 'normalistas'".[3]

---

[3] Silva (2008:22) diz que Barros (1978:109) aponta os motivos dessa comum associação, entre eles, o fato de que a atividade de professora era considerada "decente" para jovens moças da classe média; o fato de compartilharem mais ou menos dos mesmos valores culturais e tenderem a ter origens socioeconômicas similares. O autor observa ainda que boa parte das interações sociais entre cadetes e "normalistas" era estimulada por meio de programas organizados em conjunto pela Academia Militar e o Instituto de Educação, ou se dava nas viagens de trem para o subúrbio carioca, onde eles serviam e elas estudavam.

Soma-se a esses resultados o fato de que, na gestão do tempo disponível e dos gostos, o nós-casal se estabelece como regra de funcionamento, em que as mulheres cedem espaços e procuram conciliar suas necessidades às de seus cônjuges — bolsa comum.

Logo, não se trata apenas de diferenças encontradas em nível de divisão conjugal do trabalho doméstico — que, como já sabemos, segue a linha da diferenciação de gênero, cabendo às mulheres as responsabilidades do trabalho doméstico —, mas de diferenças profundamente incorporadas ao cotidiano, pois, como diria Sarti (2000:115), se trata de uma diferença de gêneros que, embora seja socialmente construída, se naturalizou e, nesse sentido, legitima uma concepção de casal como resultado da união entre duas naturezas diferentes e particulares, porém, complementares.

Uma terceira conclusão, à qual damos relevo nas análises sobre as interações, é, precisamente, a da integração externa, que foi identificada como fraca, visto não existir uma interface vultosa entre o casal e a vida social externa, especialmente quanto às atividades de lazer e convívio social.

Os casais dispõem de um conjunto mediano de espaços de lazer e cultura para diversificar a socialização, e os mecanismos de socialização, que detêm, são acessados timidamente e de forma pouco expressiva, quando comparados com casais em outras integrações externas, anteriormente referidas.

Nessa perspectiva, em continuidade com a análise da interação interna do casal, que configuramos como fusional, sobressaiu, ainda, uma importante observação. A ausência de uma rede de apoio tem um impacto muito forte no domínio das interações desses casais, independentemente do nível escolar e profissional, isto é, quer se detenha nível médio, quer se detenha nível superior, experiência profissional ou não. A falta de uma rede de apoio associa-se a formas conjugais mais diferenciadas quanto à matéria de divisão de gênero e caracterizadas no contexto do trabalho militar.

Ficou atestado que a inexistência — no lugar para o qual foram transferidos — de uma rede de apoio obstaculiza, ainda mais, as chances da mulher de construir uma história profissional, dado o trabalho doméstico, o qual lhe cabe como responsabilidade, indiferentemente do grau escolar e da situação profissional. Podemos, assim, corroborar, com um novo achado, o fato de que a coesão fusional das conjugalidades e o efeito negativo da ausência da rede de apoio, em face da divisão do trabalho doméstico, para a vida dessas mulheres, manifestam-se diante da relativa alta escolarização.

Nessa linha de ideias, constatamos a importância das relações de gênero na estruturação das interações familiares — dimensão central para que a abordagem de matriz interacionista, apoiada nos eixos da dinâmica interna de grupo, seja, efetivamente, capaz de tornar inteligíveis as interações internas das famílias.

Logo, a fusão, a autonomia e a abertura/fechamento — vividos na conjugalidade e na família — não se produzem à margem das relações sociais de gênero, fato que as análises da coesão interna, nas divisões conjugais das atribuições domésticas e do trabalho e nos lazeres, demonstraram tão bem, pois, indiscutivelmente, existe uma desigualdade na divisão das atividades domésticas e na esfera do lazer, a qual nos permite perceber, ao se tratar dos homens, condutas mais autônomas nas esferas da vida social e familiar, enquanto, com relação às mulheres, a autonomia está enquadrada no âmbito da maternidade e da casa.

Afeto em destaque nas dinâmicas conjugais

O sentimento amoroso é uma das marcas fundadoras que acompanham o movimento de modernização das sociedades ocidentais, fazendo-se presente na contemporaneidade. O debate sobre o amor, segundo Aboim (2006:44), ganha relevo central quando, por exemplo, Elias (1993) alude para o fato de uma construção entre o "eu" e o "nós", formatada para além dos interesses do parentesco, demarcando o corte de relações familiares em prol da constituição de outros laços mais originais gerados por uma escolha ou interesse pessoal; ainda, quando Beck e Beck-Gernsheim (1995) debatem a inter-relação entre liberdade, igualdade e amor em vista da discussão sobre individualização.

Na atualidade, o casal encontrou legitimidade na escolha amorosa para se constituir, e, ao longo da história, a construção do casamento, como relação de amor, adquire características de hegemonia na contemporaneidade. Nesse sentido, o objetivo deste capítulo é apresentar um debate sobre a dimensão afetiva nas dinâmicas conjugais, conhecendo as delimitações que os sentimentos imprimem às dinâmicas na construção das rotinas dos casais analisados neste estudo.

Aferimos que os aspectos afetivos conjugais e a produção e reprodução da vida cotidiana estão fincados na diferenciação sexual de papéis e no amor romântico, beneficiados ainda mais pelas margens da naturalização das diferenças de gênero — instituída na orientação normativa dos casais.

Vale ressaltar que, embora institucionalista, esse modelo de conjugalidade, observado entre os casais, está além do ideal tipo de casamento instituição, por um lado, em razão da tônica que os afetos sinalizam na concepção do casal, numa espécie de amor institucionalizado, e, por outro, em virtude da incessante retórica da busca de identidade, ou, nos termos de Singly (2000:14), "do verdadeiro eu" presente na interioridade de cada um.

De fato, nenhuma das entrevistadas pareceu alheia a essa "invenção da intimidade romântica" e do "eu", que se instaura nas sociedades atuais, mesmo diante das outras funções presentes na família e que são consideradas prioridades no cotidiano e no projeto de vida conjugal das mulheres entrevistadas.

Com efeito, essas mulheres casaram-se, em média, com idades entre 21 e 28 anos, cujos casamentos consolidaram-se subjacentes a um contexto sentimental, percorrendo etapas socialmente definidas, que, aqui, definimos como "pré-nupciais", isto é, namoro e noivado.

Logo, é preciso notar que existem maneiras diversas de expressar e nominar o afeto nas relações, bem como nas formas de incorporação. Isso porque os discursos sobre afeto reatualizam-se de maneiras específicas e apelam à conjunção de vários processos sociais concomitantes, como a valorização da igualdade entre os gêneros, a realização e a liberdade pessoal — os quais constituem bons exemplos. No entanto, "o desejo de encontrar uma satisfação afetiva plena e até pouco realista faz parte dos ideários contemporâneos mais comuns" (Singly, 2000:20).

Assim, observamos que a principal motivação para o namoro se desdobrar em um casamento foi o afeto, a sentimentalização das relações, traduzido pelas informantes pelos verbos gostar ou apaixonar, ou seja, a conjugalidade justificada pelo acento tônico concedido ao afeto na constituição da relação.

Nessa medida, podemos refletir que tais fatos pressupõem uma valorização do indivíduo e de suas escolhas, concebendo um entendimento que resulte de uma acepção de modernização e mudanças operadas na vida familiar. Conforme verificamos, a causa do casamento foi, sem dúvida, o afeto, que, então, se revelou como amor, paixão ou gostar, três variações na forma de denominar o sentimento.

Além do mais, para estas mulheres, a relação tornou-se madura ao longo da vida conjugal, ao viverem, no dia a dia, a cristalização da intimidade proporcionada pelo convívio que solidificou a confiança e a segurança no companheiro e, sobretudo, sedimentou os sentimentos. Contudo, enfatiza-se que a existência do casal pressupõe todos os afetos referenciados, sem os quais não haveria a vida a dois.

Todavia, buscamos investigar a estabilidade da natureza dos sentimentos durante os anos de convivência conjugal, comparando o tipo de afeto relatado no início conjugal até os dias atuais. Nossa pretensão, nesse ponto, foi extrair a percepção das mulheres sobre a trajetória progressiva e mutável que podem ensejar os afetos nas relações conjugais. Nesse sentido, conseguimos, a partir desta análise, enfatizar a importância concedida aos afetos para a permanência e existência conjugais, permitindo uma melhor compreensão das interações apreendidas nas análises anteriores.

Nessa linha, afirmamos que os casos correspondem a um tipo de sentimento ideal que é romântico e *subjetivamente estático* diante dos anos de intimidade e relacionamento, isto é, há uma "ausência de percepção de mudança nos aspectos sentimentais da união" (Aboim, 2006:188).

Ressaltamos que algumas das mulheres transmitiram uma ideia de mudança de comportamento, indicando que a forma de manifestar os sentimentos, ao longo dos anos da vida a dois, metamorfoseou-se e perdeu algumas expressões características da época de namoro, ou de quando ainda eram um casal sem filhos. Entretanto, avaliaram que a convivência conjugal proporcionou novas emoções, geradas pelo nascimento dos filhos e pela vida em família, que alimentam a chama do sentimento inicial.

Designaram que o sentimento permaneceu, essencialmente, inalterado, inclusive em face das divergências ou alterações dos projetos individuais e conjugais, ou mesmo diante dos conflitos proporcionados por dissabores decorrentes da convivência, mantendo-se, no presente, igual ao que era na época do início do namoro. O caráter subjetivamente estático dos sentimentos pelo cônjuge foi, às vezes, descrito de modo "quase místico e pouco sexualizado" (Aboim, 2006:188), ou seja, de forma mais religiosa, aproximadamente, prescindindo de desejo sexual.

Ademais, nas entrevistas sobre esse tema, descobrimos o peso dos afetos na vida conjugal, ou melhor, que estas mulheres procuram ou habitam um mundo conjugal valorizado, unicamente, pelos afetos entre os cônjuges. Certos valores institucionalistas, nos quadros normativos das mulheres em questão, podem, afinal, trazer para seus projetos de conjugalidade um significado a mais, como o de assumir um papel específico, condicionado às relações de parentesco entre mãe e filho.

Salientamos que, para as mulheres inquiridas, casar implica ter filhos; logo, o afeto está presente tanto na conjugalidade quanto na parentalidade desenvolvida no casamento. A maternidade foi admitida pelas mulheres como uma experiência compensadora e extremamente gratificante, necessária à mulher e à vida conjugal — o exercício de suas atividades parentais.

Verificamos, assim, que o afeto justifica a conjugalidade, mas, sobretudo, o que assegura o casamento é a relação parental entre pais e filhos, que aos olhos delas é essencial aos filhos. Desse modo, segundo a concepção de família ideal dessas mulheres, percebemos que o afeto foi destacado como motivo para manter o casamento, ou seja, uma das razões para que estas mulheres abram mão de seus mais íntimos desejos — nos quais, provavelmente, estão contidas as suas trajetórias profissionais — e passem a acompanhar seus maridos na carreira de militar.

No entanto, o que vemos, diante das repostas, é que a conjugalidade não é só um lugar de produção de afetos conjugais, pois, nela, se produzem também funções e recursos materiais. Com efeito, construir um casal é também somar desejos, planos, condições materiais etc., elementos que dão, portanto, densidade e contextura que moldam a vivência da relação afetiva.

Em suma, concluímos, por uma parte, que as mulheres casadas com militar e com filhos pequenos não habitam, sequer desejam viver, em uma conjugalidade que esteja, apenas, na esfera do ideário afetivo entre os cônjuges; dessa relação elas adquirem outras recompensas que lhes permitem, conforme suas orientações normativas e valores sociais, escrever sua própria história de vida.

Outra conclusão é a que alinha o afeto às interações, conferindo inegável importância à sentimentalização na vida privada, porque o afeto, designado pelas mulheres como amor, gostar, paixão etc., é um valor socialmente transversal na legitimação da conjugalidade contemporânea, revelando contornos específicos aos casais desta pesquisa.

Portanto, percebemos que, nos casos analisados, existe uma *aliança de gênero romântica* a pressupor diferenças de deveres e direitos, mas, também, de identidades e projetos, as quais configuram papéis sociais bastante diferenciados e que, segundo as mulheres pesquisadas, se completam e desenvolvem o sentimento, argumento que sustenta a versão institucionalista do romantismo nesses casais e, até, justifica a natureza espiritual da união a dois.

De fato, nenhuma das entrevistadas pareceu alheia a essa "invenção da intimidade romântica" e do "eu", que se instaura nas sociedades atuais, mesmo diante das outras funções presentes na família e que são consideradas prioridades no cotidiano e no projeto de vida conjugal das mulheres entrevistadas.

Tensões e conflitos vividos no cotidiano de mulheres casadas com militar

Ainda, procuramos conhecer as tensões e os conflitos vividos no cotidiano de mulheres casadas com militar, em vista de uma estrutura hierárquica e fechada — total —, cujos valores são incorporados à vida familiar e pessoal no contexto da vila militar. Assim, perguntamos como seria para elas morar na vila militar, no sentido da convivência com os valores militares que estruturam o ambiente. Então, a princípio, obtivemos três tipos de percepções diferenciadas entre si, mas que, para nós, podem ser partes de uma mesma condição.

Dessas respostas decorreram duas análises importantes que podem revelar, um pouco mais, o teor das tensões e dos conflitos vividos no cotidiano conjugal de mulheres casadas com militar. A primeira alude para o fato de que morar numa vila militar é, em certa medida, gratificante por, no mínimo, três motivos, a saber: i) o *status*, evidenciado, normalmente, pelas localizações das vilas — no caso em análise, por exemplo, a vila situa-se num bairro turístico da orla de Salvador, bastante desenvolvido em termos urbanos; ii) a satisfação de uma necessidade essencial à sobrevivência, garantida com qualidade por tempo indeterminado,[4] promovendo, dessa forma, certo equilíbrio financeiro

---

[4] Desde que o comandante da instituição não demande o imóvel diante de alguma circunstância necessária à boa administração militar, ou não se trate da passagem do militar à reserva, quando, por esse motivo, o militar deve desocupar o imóvel.

doméstico e colaborando para o planejamento do futuro socioeconômico da família; iii) porque se trata de um grande grupo — unido pelos mesmos motivos, uma interação endógena, provocada pelas transferências — capaz de conceder suporte a todos do grupo, principalmente, quando se trata de recém-chegados.

Por outro lado, existe o desgaste de se conviver com a conduta militar prescrita aos militares residentes, já que eles continuam subordinados à disciplina e à hierarquia constituídas nos referidos códigos, estatuto e doutrina, uma vez que "A disciplina e o respeito à hierarquia devem ser mantidos em todas as circunstâncias da vida entre militares da ativa, da reserva remunerada e reformados" (art. 14, §3º, Estatuto dos Militares).

Dessa maneira, estende-se às vilas residenciais militares a sensação de vigilância, a qual sugere que "todos façam o que foi claramente indicado como exigido, sob condições em que a infração de uma pessoa tende a salientar-se diante da obediência visível e constantemente examinada dos outros", perspectiva presente nas instituições totais, segundo Goffman (2010:18-19), estando tudo isso inserido nas reentrâncias daquilo que elas chamam de "fofoca das coisas de quartel".

Por fim, examinamos se, em termos de convivência conjugal, haveria dificuldades em face das quais as mulheres entendem como resultante do ambiente do trabalho militar e que lhes rende algum tipo de conflito na vida conjugal e familiar. Dessa perspectiva, pudemos conhecer, com maior envergadura, como se desenvolve a relação entre o "eu" e o "nós-casal/família" na conjugalidade ante o contexto do trabalho militar, em termos do que alguns autores chamam de *paradoxo das conjugalidades contemporâneas*, a partir das versões de mulheres casadas com militar.

Desta vez, utilizamos o conceito de instituição total. Com ele acreditamos poder explicar, um pouco,[5] as questões engendradas pela vida militar, que, de certa forma, é incompatível com a convivência conjugal e familiar e, então, tenciona as expectativas conjugais e os projetos pessoais das mulheres.

---

[5] Salientamos que algumas das mulheres não quiseram responder parte das perguntas e, por isso, nossas formulações não têm um tom de verdade absoluta, mas de uma análise que possa ser considerada, com maior profundidade e representatividade, num outro momento, num outro estudo.

Diante das respostas proferidas pelas mulheres, lançamos mão do conceito de Goffman sobre as características de uma instituição total e, nesse sentido, podemos aludir ao fato de que as instituições totais não buscam um triunfo cultural, mas, sobretudo, uma manutenção de tensão entre o mundo doméstico do internado e o mundo institucional.

Assim, consigna o referido autor (Goffman, 2010:23-24): "as instituições totais realmente não procuram uma vitória cultural. Criam e mantêm um tipo específico de tensão entre o mundo doméstico e o mundo institucional, e usam essa tensão persistente como uma força estratégica no controle de homens". Por isso, afirma-se que não há uma vitória cultural, mas apenas uma tensão persistente, já que o militar é socializado continuamente em mundos culturais distintos, quais sejam, o ambiente da família e o do quartel, ao longo de pelo menos 30 anos de carreira.

Realmente, o que ocorre, nos quartéis, é a substituição de algo já formado pela cultura específica da vida social e familiar do indivíduo pela instituição total, mas não no patamar de uma aculturação. Logo, a diferença na forma de ser e viver na instituição e/ou na família colabora para uma ambivalência das identidades das pessoas, ou dos papéis desempenhados pelos sujeitos em cada estágio e/ou lugar da vida, devendo o indivíduo ambivalente julgar as situações cabíveis em cada ambiente no qual circula e realiza sua própria vida.

Segundo Goffman (2010:23), a estabilidade da organização pessoal de um sujeito antes de entrar numa instituição total é parte de um esquema mais amplo, intercalado em seu ambiente relacional com o mundo, "um conjunto de experiência que confirma uma concepção de si e constrói um conjunto de formas de defesa, exercidas de acordo com sua vontade, para enfrentar conflitos, dúvidas e fracassos". Nesse sentido, Goffman afirma que, apesar de não parecer, as instituições totais buscam mudar algo já formado pela cultura específica do sujeito; todavia, segundo o autor, não se trata de aculturação ou assimilação, mas de um processo menos absorvente, talvez, como o próprio autor refere: um modo de "desculturamento"[6] — isto é, destreinamento, "tornando o indivíduo, temporariamente, incapaz de enfrentar alguns aspectos de sua vida diária".

---

[6] "Termo empregado por Robert Sommer em *Patients who growold in a mental hospital, Geriatrics*, XVI, (1959), pp. 586-87. O termo 'dessocialização', às vezes usado neste contexto, parece muito forte, supondo a perda de capacidades fundamentais para comunicação e cooperação" (Goffman, 2010:23).

Então, de acordo com o mencionado autor, quando as mudanças culturais ocorrem e se tornam perceptíveis aos outros e ao próprio indivíduo "internado", deve-se compreender a dificuldade de viver sob tal mudança como resultante dos "afastamentos de algumas oportunidades de comportamentos e ao fracasso de acompanhar mudanças sociais recentes no mundo" (Goffman, 2010:22).

Complementa Goffman (2010:22):

> Independentemente do fato de determinada instituição total agir como força boa ou má na sociedade civil, certamente terá força, e esta depende em parte da supressão de um círculo completo de lares reais ou potenciais. Inversamente, a formação de lares dá uma garantia estrutural de que as instituições totais não deixarão de enfrentar resistências.

Outra situação — evidenciada nas falas das mulheres e que representa propriamente esse choque de culturas defendido por Goffman — pode ser o fato de que, na contemporaneidade, a maioria dos assuntos vividos em família é admitida, muitas vezes, por um processo de negociação entre os sujeitos em relação, considerando o respeito às capacidades e possibilidades de cada indivíduo, bem como sua fase e desenvolvimento.

Essas mulheres consideram que, nas relações familiares, a autoridade inquestionável dos pais não pode ser confundida com autoritarismo, atitude propensa a ocorrer no ambiente de trabalho hierarquizado, cujas características — inerentes à instituição total dessa espécie — são aptas a favorecer comportamentos excessivos. Apesar disso, acreditamos que, diante das expectativas das relações conjugais e dos projetos pessoais de algumas mulheres, as prerrogativas e exigências da carreira de militar, particularmente a transferência entre cidades, renderam garantia de recursos materiais de sobrevivência e, até, *status* social.

Ademais, a restrita margem para viverem realizações profissionais, diante das transferências entre cidades, não é, ao todo, uma perda, em razão dos benefícios trazidos por essa mudança, sendo apenas uma desvantagem, a depender do caso concreto, no que tange às influências das características da instituição total que podem tencionar o cotidiano conjugal, tendo em vista que se trata de uma convivência fortemente relacionada com os aspectos da citada disciplina e hierarquia.

Há um discurso comum de que a transferência entre cidades é um aspecto que interfere na vida dessas mulheres — isso porque, ao acompanharem seus maridos nessas mudanças entre cidades, muitos constrangimentos impõem-se em suas vidas, como a perda da rede de apoio, os óbices de progressão ou continuação da escolarização e as dificuldades para cuidar dos filhos, ou seja, a pouca familiaridade com a "nova" cidade provoca um desgaste e ansiedades na busca pelo acesso às redes de serviços de saúde, de supermercado, de ensino etc., disponíveis e que estejam de acordo com seus critérios, vivendo-se num circular processo de adaptação. Em face desse discurso, observamos o limite dessa intervenção, em comparação com outras dificuldades que, na mesma medida, demandam seus esforços para serem superadas.

Ademais, descobrimos que as exigências do trabalho de seus maridos — missões alongadas por dias e até meses, serviços mensais de mais de 24 horas de duração e/ou expedientes com jornadas extraordinárias, todas, entre outras, são exigências pertinentes à carreira militar — consomem parte do tempo de convívio deles com a própria família, fazendo com que essas mulheres assumam decisões e responsabilidades muitas vezes sozinhas no que tange às obrigações com os filhos e ao cotidiano da casa, até porque, quando ocorrem mudanças entre cidades de imediato, não existe uma rede de apoio consolidada, e as incertezas, causadas pela adaptação nas novas cidades — para aonde foram transferidos seus maridos —, causam-lhes ansiedades que não abrigam espaço para fragilidades, exigindo-lhes uma postura madura.

Além disso, a realização profissional delas, propriamente dita, algumas vezes, é relegada a um segundo plano, em nome da maternidade e do trabalho doméstico, por vezes, por terem acompanhado os maridos nas transferências entre cidades, ou, ainda, pelo acúmulo de responsabilidades na família, essas mulheres mobilizam, por meio do trabalho de militar de seus maridos, gratidões que lhes dão sentido e identidade.

Como vimos, elas acreditam que o sucesso profissional de seus maridos tem a ver com o apoio delas e, por isso, todos aqueles benefícios resultantes da condição de militar decorrem, em certa medida, de suas contribuições, fazendo com que cada uma enxergue a si própria. Até mesmo a problemática questão das transferências, muitas vezes, é vista como positiva para a vida do casal; nesse momento, há um sentimento de renovação, uma expectativa de mudança nas relações, ou, no mínimo, de esperança de melhoras financeiras, bem como é concebida como uma oportunidade de conhecer outros lugares, outras culturas e outras pessoas etc.

Consideramos a ideia de que essas mulheres trabalham para construir o avanço da carreira do esposo, situação conhecida, na literatura internacional, como casais "*two person carrer couples*, o que significa dizer que duas pessoas investem numa carreira única" (Diniz, 1998:33). Logo, a carreira a dois comporta a capacidade de construção do "eu", que desejou e se realiza profissionalmente, mesmo que, de forma indireta e direta, pelas interfaces que esse tipo de trabalho lhes confere, como morar em diversos lugares do país, entre outras.

Nesses termos, trata-se de quando a mulher investe na profissão do marido, ou, ainda, do que, conforme Silva (2008:36), Guerreiro (1996) chamou de carreira a dois, ou seja, as mulheres têm a "carreira de seus maridos como algo que não lhes é paralelo, mas da qual são parte intrínseca, quase em termos de igualdade". Por isso, podemos dizer que se trata do "preço que se paga" pelo lugar e pelo modo de conduzir a relação, que de certa forma requer, invariavelmente, a perda de identidade profissional.

Além do mais, a questão da transferência — pedra de toque dos insucessos profissionais para algumas delas — esteve presente, no início do relacionamento, como um elemento motivador para viver em conjugalidade com militar. Portanto, as transferências podem constituir um elemento cambiante de novidades e esperanças, às vezes, tão necessárias ao convívio conjugal e familiar.

Com efeito, as "perdas" profissionais — expressão maior de autonomia e individualidade — reconfiguram-se em formato de conquistas e gratificações, quando não, *status* social, na vida dessas mulheres casadas com militar. Assim, verificamos que as mulheres podem, em certa medida, ter suas individualidades interferidas, mas, em outro aspecto, percebemos que algumas das suas aspirações e projetos de vida só lhes foram possíveis em virtude das condições da carreira militar de seus maridos.

Logo, ressaltamos que a espécie de trabalho de seus cônjuges não pode ser compreendida em termos opostos, nem complementares para a vida pessoal dessas mulheres, mas, trata-se de reconhecer nele a existência dos fundamentos de constituição de investimento pessoal. Por conseguinte, a principal e decisiva escolha dessas mulheres — no que tange ao investimento pessoal — foi casar com alguém da carreira militar, pois as suas histórias são delineadas em razão desse fato.

Decisão esta que nos pareceu consciente diante das características intrínsecas ao ofício militar. Então, ainda que, no cotidiano conjugal, os assuntos do mister de seu cônjuge sejam, discursivamente, os grilhões do desenvolvimento de seu trabalho profissional, é, sobretudo, por meio daquela carreira, que elas têm proporcionados outros recursos e benefícios — particularmente conhecidos e valorizados, que lhes concedem autoestima, sentido e identidade — tão importantes quanto suas questões profissionais.[7]

Considerações finais

Ao longo do capítulo, argumentamos que as tensões, na vida conjugal de mulheres esposas de militares, bem como na dinâmica de suas vidas pessoais, estão, em certo sentido, vinculadas às exigências da profissão de seus maridos, como as transferências e a disponibilidade intrínseca à carreira militar. Sobretudo, as entrevistas mostraram, também, que o papel feminino, historicamente valorizado é uma retórica que lhes concede uma satisfação, qual seja, ser mulher-esposa, num esforço para o equilíbrio identitário entre o *self* íntimo e o *self* estatutário.

Um conceito importante para nossa pesquisa é o da individualização na família, compreendido como "busca de gratificação pessoal e autodeterminação do *self*, por um lado, e realização afetiva através de uma relação de alteridade, em que, em última instância, o sentimento para a própria individualidade existe porque o outro existe" (Aboim, 2006:1).

Afirmamos que essas mulheres podem até não ter ou não ver realizada uma história tão autêntica ou original — como se presume que desejam os indivíduos na contemporaneidade, especialmente, o discurso da atualidade sobre a mulher independente financeiramente — ao acompanharem seus maridos nas jornadas de suas carreiras, por se dedicarem integralmente, durante uma fase ou por toda a vida conjugal, à família e ao casamento.

---

[7] Curiosamente, com relação àquelas que demonstraram sobre o aspecto profissional um sentido mais constitutivo do seu eu, bem como as outras que concederam ao trabalho profissional um entendimento mais instrumental, concluímos que os benefícios advindos do trabalho de militar de seus maridos se sobrepõem à perda profissional. Assunto para o qual sugerimos, posteriormente, maior aprofundamento.

Entretanto, observamos a existência de um conjunto de concretizações dessas esposas de militares — tão importantes quanto a independência financeira — que despertaram seu interesse em conviver com seus maridos, a fim de lograrem objetivos pessoais de natureza material, possíveis pelas garantias relacionadas com o trabalho de seus cônjuges, como residência, estabilidade financeira, plano de saúde etc., bem como — paradoxalmente, no contexto conjugal, elaborado segundo o paradigma da divisão de gênero — encontramos uma margem de individualização pela maternidade.

Além disso, é necessário esclarecer que, dadas as possibilidades da pesquisa de campo, na qual as entrevistas foram fundamentais, optamos por uma abordagem que enfatiza as declarações como uma realidade apreendida — delimitadoras do universo de observação —, pois acreditamos que a apreensão do objeto delimitado por esta pesquisa só possa ser adquirida, de modo viável para pesquisador e pesquisado, a partir das suas falas.

Nessa perspectiva, entendemos a importância de privilegiar esses dados como "verdades autobiográficas", pensadas ao longo da pesquisa como uma forma de descrição de si que não perde de vista as relações estabelecidas entre a experiência em si e a leitura/interpretação cotidiana dessa experiência.

Nesse sentido, tecemos uma análise necessariamente esquemática e metodológica, procurando destacar a unicidade nas vozes dessas mulheres, porém, ao mesmo tempo, respeitando a singularidade de cada entrevistada, ou o universo particular de cada casal, tomando, por isso, o devido cuidado de não produzir generalizações, uma vez que são sempre um risco ao estudo de família e conjugalidade, bem como à ciência.

Referências

ABOIM, Sofia. *Conjugalidades em mudança*: percursos e dinâmicas da vida a dois. Lisboa: ICS, 2006.

BARROS, Alexandre de Souza Costa. *The Brazilian military*: professional socialization, political performance and State building. PhD dissertation — University of Chicago, Chicago, 1978.

BECK, Ulrich; BECK-GERNSHEIM, Elisabeth. *The normal chaos of love*. Cambridge: Polity Press, 1995.

BOZON, Michel. Sexualidade e conjugalidade: a redefinição das relações de gênero na França contemporânea. *Cadernos Pagu*, n. 20, p. 131-156, 2003.

COSTA, Jurandir Freire. *Sem fraude nem favor*: estudos sobre o amor romântico. Rio de Janeiro: Roxo, 1998. p. 131-218.

COSTA, Lívia Fialho. Notas sobre formas contemporâneas de vida familiar e seus impactos na educação dos filhos. In: NASCIMENTO, Antonio Dias; HETKOWSKI, Tânia Maria (Org.). *Educação e contemporaneidade — pesquisas científicas e tecnológicas*. Salvador: Edufba, 2009, p.355-371.

DINIZ, G. Homens e mulheres frente à interação casamento-trabalho: aspectos da realidade brasileira. In: FÉRES-CARNEIRO, Terezinha (Org.). *Casal e família*: entre a tradição e a transformação. Rio de Janeiro: NAU, 1998. p. 31-54.

ELIAS, Norbert. *O processo civilizador*. Rio de Janeiro: Jorge Zahar, 1993. 2 v.

FÉRES-CARNEIRO, Terezinha (Org.) *Casal e família*: entre a tradição e a transformação. Rio de Janeiro: NAU, 1998.

_____. *Casamento contemporâneo*: o difícil convívio da individualidade com a conjugalidade. Disponível em: <http://dx.doi.org/10.1590/S0102-79721998000200014>. Acesso em: 21 dez. 2017.

FONSECA, Cláudia. De família, reprodução e parentesco: algumas considerações. *Cadernos Pagu*, n. 29, p. 9-35, jul./dez. 2007.

GOFFMAN, Erving. *Manicômios, prisões e conventos*. São Paulo: Perspectiva, 2010.

GUERREIRO, Maria das Dores. *Família na atividade empresarial*. Oeiras: Celta, 1996.

HEILBORN, Maria Luiza. *Dois é par*: gênero e identidade sexual em contexto igualitário. Rio de Janeiro: Garamond, 2004.

JABLONSKI, B. Afinal, o que quer um casal? Algumas considerações sobre o casamento e a separação na classe média carioca. In: FÉRES-CARNEIRO, Terezinha (Org.). *Família e casal*: arranjos e demandas contemporâneas. São Paulo: PUC-Rio; Loyola, 2003. p. 141-168.

ROCHA-COUTINHO, Maria Lucia. De volta ao lar: as mulheres que se afastaram de uma carreira profissional para melhor se dedicar aos filhos. Retrocessos ou "novo" modelo de família? In: FÉRES-CARNEIRO, Terezinha (Org.). *Casal e família*: permanências e rupturas. São Paulo: Casa do Psicólogo, 2009. p. 219-235.

SARTI, Cynthia Andersen. Família e individualidade: um problema moderno. In: CARVALHO, Maria do Carmo Brant de (Org.). *A família contemporânea em debate*. 3. ed. São Paulo: Educ; Cortez, 2000. p. 39-49.

SILVA, Ester Nunes Praça da. *Mulheres-esposas*: dinâmicas conjugais e individualidades a partir da experiência de mulheres casadas com militar. Dissertação (mestrado em família e sociedade contemporânea) — Universidade Católica de Salvador, Salvador, 2012.

SILVA, Fernanda Chinelli Machado da. *Mulheres de militares*: família, sociabilidade e controle social. Dissertação (antropologia social) — Museu Nacional, Universidade Federal do Rio de Janeiro, Rio de Janeiro, 2008.

SINGLY, François. O nascimento do "indivíduo individualizado" e seus efeitos na vida conjugal e familiar. In: PEIXOTO, Chico Ehlers; SINGLY, François de; CICCHELLI, Vincenzo (Org.). *Família e individualização*. Rio de Janeiro: FGV, 2000. p. 13-19.

_____. *Sociologia da família contemporânea*. Rio de Janeiro: FGV, 2007.

VELHO, Gilberto. *Projeto e metamorfose*. Rio de Janeiro: Jorge Zahar, 1994.

_____. *Individualismo e cultura*: notas para uma antropologia da sociedade contemporânea. 3. ed. Rio de Janeiro: Jorge Zahar, 1996.

Família de militares: o caso dos Lima e Silva

Adriana Barreto de Souza

> A família é o todo superior às partes,
> que devem se submeter a ele, constitui, na sociedade oitocentista,
> um grupo "holista", como a define Louis Dumont.
> (Perrot, s.d.:94)

Luís Alves de Lima e Silva — o duque de Caxias e patrono do Exército brasileiro — é invariavelmente apresentado por seus biógrafos como um oficial que "nasceu soldado", uma referência clara à tradição militar da família Lima e Silva. Para reforçar essa imagem, um traço corriqueiro à época é ressaltado: Luís Alves havia assentado praça com cinco anos de idade, como cadete. Para os biógrafos, nada reflete melhor sua genialidade que "o brilho da estrela de cadete na sua pequenina farda" (Castro, 1944:3). Em várias dessas biografias, também é possível encontrar listas com nomes, patentes e grau de parentesco de cada membro da família. No entanto, o interesse dos biógrafos termina aí. Para fazer sobressair a genialidade de Luís Alves, a história dos Lima e Silva e do modo como construíram suas carreiras no Exército são discretamente silenciadas (Souza, 2001).

O que pretendo neste capítulo é retomar a história da família Lima e Silva para fazer dela uma espécie de brecha de acesso — para usar uma imagem de Didi-Huberman (1996:145-156) — a outros padrões de instituição militar, organizados a partir de um universo de relações internas e externas (fossem no campo da política ou na sociedade) muito distintas das atuais. Se hoje a carreira militar é representada como uma "carreira total", marcada pela precedência da coletividade sobre o indivíduo, é importante não tomar esse fato como natural. Ele se organiza a partir de uma série de mecanismos (formação em regime de internato, sistema hierárquico próprio, normas de comportamento, uniformes etc.) que produzem um efeito homogeneizador, constituindo um "nós" — os militares — que para se fortalecer como identidade tende a se estender para além das fronteiras profissionais, englobando vários aspectos da vida de seus membros, até mesmo a vida em família.[1]

Esse modo de funcionamento é, no entanto, um produto histórico, resultado de uma série debates, conflitos e ações que constituíram a carreira militar como profissão e as forças militares do passado em instituições modernas. Daí a escolha da epígrafe deste capítulo. Ela nos remete a uma época em que esses mecanismos inexistiam ou eram frágeis, quando os Estados se organizavam não a partir de instituições, mas das famílias. Uma breve pesquisa na edição de 1789 do clássico dicionário da língua portuguesa, de Raphael Bluteau, define com clareza esse cenário. No verbete instituição, encontramos: "estabelecimento, instituição dos feudos, nomeação [...] regras, preceitos, fundação de academias, capelas e colégios" (Bluteau, 1789). Ou seja, um significado bastante amplo, sem contornos precisos, mais vinculado à ideia de criação e, nesse caso, os exemplos citados pertencem a dois universos, ao da religião e — seja pela referência aos feudos ou aos colégios e academias, estes já mais modernos — ao da família. Tal como afirma Michele Perrot, a família era um todo superior às partes, um grupo holista que controlava a política, a força militar, exercia a justiça, produzia riquezas e gestava territórios.[2]

Foi nessa época que os avós, pais e tios, assim como o futuro duque de Caxias, viveram e, desse modo, é a partir dessa configuração social que precisamos pensar o modo como construíram suas carreiras. Neste ponto, vale uma última observação antes de prosseguirmos. Por muito tempo, se reproduziu a imagem do Exército de Antigo Regime como uma força partida, constituída por uma oficialidade recrutada entre os primeiros escalões da nobreza e uma soldadesca integrada pela escória da população. Essa representação não leva em conta os postos intermediários da oficialidade e nem as possibilidades, justamente por se tratarem de sociedades ditas arcaicas, de ascensão social.[3] O que pretendo mostrar aqui, porém, é como a partir da constituição de uma relação bem particular entre família e unidades militares — anterior à

---

[1] Para uma reflexão sobre o processo de constituição da identidade militar, Castro (1990). Já sobre os desdobramentos dessa identidade para as relações familiares dos militares, ver Silva (2013).
[2] Michelle Perrot desenvolve essa ideia em Perrot (s.d.).
[3] Desenvolvi esse argumento em Souza (2008). Ver especialmente o capítulo 1.

fórmula liberal, fundada no mérito e na profissionalização da carreira —, os Lima e Silva construíram de forma organizada, por meio de investimentos geracionais, uma carreira de sucesso no Exército e na política do Império, inicialmente português, depois brasileiro.

A herança é um portfólio de relações, ou o Regimento dos Lima

Os primeiros membros da família Lima e Silva a chegar ao Brasil foram os irmãos Francisco e José Joaquim. Na verdade, ambos, à época, assinavam apenas "de Lima". E, quando escreviam o nome integralmente, a grafia era outra: "Lima da Silva". Chegaram com uma expedição militar, enviada pela Coroa portuguesa para reorganizar as tropas do Rio de Janeiro a fim de combater os espanhóis no sul de suas possessões americanas, quatro anos após a cidade ter sido alçada à condição de capital, em 1767. Tratava-se, portanto, de estratégia política. E a composição dessa expedição já evidencia as particularidades de uma configuração institucional bastante diferente da atual.

A expedição era integrada por três regimentos de infantaria portugueses, todos comandados por coronéis portugueses. Todavia, o comando da expedição ficou a cargo de um alemão, o tenente-general João Henrique Böhm, que fora contratado pela Coroa portuguesa para assumir nada menos que o Comando das Tropas das Índias Ocidentais. Com tamanho prestígio, o tenente-general trazia seus próprios homens, oficiais militares de várias nacionalidades. Na travessia do Atlântico, incorporaram ainda militares das Ilhas dos Açores. Ou seja, essas tropas pouco lembram os atuais Exércitos.[4]

Francisco de Lima da Silva ocupava posição de comando entre esses homens, era coronel comandante de um dos regimentos portugueses, o Regimento de Bragança. Seu irmão, José Joaquim, 29 anos mais jovem, integrava o mesmo regimento como alferes. Seu ingresso na expedição também nos diz muito sobre como se organizavam internamente as relações nas unidades militares. Os pais

---

[4] A pesquisa que fundamenta essa narrativa é a que serviu de base para minha tese de doutoramento Souza (2008). Para a proveniência dos oficiais que compunham a expedição do tenente-general João Henrique Böhm, ver especialmente, Relatório do tenente general Böhm. "Documentos avulsos — RJ", do AHU [Arquivo Histórico Ultramarino]. Caixa 90, doc. 42 de 22 nov. 1767.

de Francisco e José Joaquim tinham falecido, em Portugal, poucos anos antes e, na posição de primogênito, cabia a Francisco cuidar do futuro dos irmãos. Quando soube da organização da expedição, julgando se tratar de uma ótima ocasião para renovar suas provas de fidelidade à Coroa e, desse modo, ascender na carreira, não pensou duas vezes. Destinou suas irmãs à vida conventual, em Portugal, e integrou formalmente o irmão — até então cadete — no regimento que comandava, concedendo-lhe sua primeira patente, a de alferes.

A família não tinha origem nobre e Francisco de Lima, ao integrar a expedição e levar o irmão junto, investia decididamente na carreira que herdara de seu pai e avô.[5] Já se achava em uma posição mais confortável. Até onde foi possível confirmar, o primeiro a alcançar o posto de coronel foi Francisco. Seu pai e avô não passaram de capitão. Muito provavelmente, se dividiam entre a vida militar e o comércio, atividade rendosa no sul de Portugal, região de onde provinha a família. Francisco, não. Era um militar, vivia da carreira, construída por meio dos serviços que prestara à Coroa no além-mar. Muito jovem, ainda tenente, tomou uma decisão ao que parece inédita na família: partir em expedição militar para as Índias Orientais. O objetivo era defender Goa, ameaçada pelo crescente avanço do Império dos Maratas. Os conflitos tiveram início em maio de 1740 e duraram seis anos, se encerrando com a vitória portuguesa. Francisco retorna dessa campanha como sargento-mor (atual major), primeira patente de oficial superior.[6]

Essa experiência seria posteriormente lembrada por seus superiores, que a ele sempre se referiam como um "oficial muito corajoso e honrado", "formado na escola das Índias Orientais".[7] Certamente, também foi em função

---

[5] Foram consultados os índices dos seguintes fundos documentais do ANTT [Arquivo Nacional da Torre do Tombo]: Registro Geral de Mercês; Chancelaria de d. Afonso VI; Chancelaria de d. Pedro II; Chancelaria de d. João V; Chancelaria de d. José I; Chancelaria da Ordem de Cristo; Chancelaria da Ordem de Avis; Chancelaria da Ordem de Santiago (antiga); Inquisição — Habilitações do Santo Ofício; e Cartório da Nobreza, processos de justificação de nobreza e livros de registro de brasões de armas.

[6] Sobre as campanhas militares, ver Selvagem (1991:470). Na reconstrução da trajetória de Francisco de Lima, usei dados extraídos do Livro Mestre do Regimento de Faro, do AHM: Livro B-14-1-1, entrada nominal.

[7] Essa avaliação é feita especialmente pelo vice-rei. Ver Ofício do marquês do Lavradio a Pombal. "Documentos avulsos — RJ": caixa 96, doc. 29 de 20 fev. 1770 e Ofício do tenente-general Böhm, sem destinatário. "Documentos avulsos — RJ": caixa 96, doc. 30 de 22 fev. 1770.

dessa experiência que, em 1767, Francisco de Lima decidiu partir para o Rio de Janeiro, levando consigo o irmão. Ensinava-lhe, assim, as vantagens de bem servir à Coroa. Numa época em que não havia academias militares, mas tão somente aulas regimentais, e estas não eram sequer consideradas no momento de uma promoção, Francisco de Lima via na expedição para as Índias Ocidentais não só a oportunidade de oferecer uma formação para seu irmão, como também de lhe ajudar a fazer a carreira. É claro que tinha ainda seus projetos pessoais. Aos 50 anos de idade, o coronel Lima almejava ingressar no seleto grupo de oficiais-generais, voltando para Portugal em seu primeiro posto, o de brigadeiro.

Alcançar esse ponto da carreira por meio da prestação de bons serviços não era simples. E, nessa tarefa, Francisco de Lima foi favorecido pela conjuntura política, que, aliás, favoreceu a ambos os irmãos. Logo após o regresso do então sargento-mor Lima do Oriente, em 1750, d. José I assumia o trono de Portugal e, cinco anos depois, em 1755, Sebastião José de Carvalho e Melo, futuro marquês de Pombal, era nomeado secretário de Estado dos Negócios do Reino, uma espécie de primeiro-ministro. A vasta reforma, de cunho regalista, projetada nesse momento é de tal ordem que, para sua implantação, uma violenta política de repressão a todas as formas de contestação ao poder real foi levada a cabo pelo governo. Uma ação que buscava submeter setores importantes e tradicionais da sociedade, entre eles, a nobreza.[8] Como esta detinha o controle dos altos postos do Exército, o momento torna-se ainda mais delicado. E, a partir de então, uma nova política militar passa a ser implantada. A proposta era abrir gradativamente o generalato a setores intermediários da sociedade, remunerando os oficiais que acumulavam uma boa folha de serviços prestados à Coroa e, em seguida, favorecendo a entrada de seus filhos na carreira militar. Esse é o sentido do título de cadete, à época, uma graça honorífica.[9] Por muito tempo, a historiografia entendeu que o único objetivo do título era atrair os jovens de origem nobre para a carreira das armas. Esse é, sem dúvida, um objetivo. A ideia, no entanto, não era apenas atraí-los, mas levá-los a

---

[8] Falcon (1982). Ver especialmente o capítulo VI.
[9] COLEÇÃO das leis, alvarás e decretos militares, que desde o princípio do reinado do sr. rei d. José I se tem promulgado até o referente ano de 1791. Alvará de 16 de março de 1757.

ingressar no Exército ainda nos postos subalternos, exigindo que servissem em cada um dos postos, para, só então, após uma carreira de serviços, alcançarem os postos do generalato. Este é o momento em que o princípio da antiguidade passa a ser bastante valorizado, tornando-se um critério-chave para ascensão na carreira.

Todavia, o título de cadete tinha ainda outro objetivo, igualmente importante: atrair para a carreira das armas os filhos de oficiais superiores com patente mínima de sargento-mor, para os das tropas pagas, e de coronel, para oficiais de milícia. Enquanto os filhos da nobreza tinham que comprovar sua origem, apresentando documentos que atestassem a nobreza dos quatro avós, para o filho de oficial militar bastava o registro de batismo. Considerando que, em geral, estes não possuíam outras formas de acesso a distinções sociais, o mais provável é que tenham demonstrado mais interesse pelo novo título. Esse foi o caso de José Joaquim, o primeiro dos Lima a desfrutar os benefícios da distinção. Ingressou no Exército, aos 16 anos, como cadete, o que lhe rendeu um início de carreira bem mais confortável que a do irmão. Na verdade, não apenas ingressava já com a patente de alferes, mas sob o comando do irmão. Em função da mesma política regalista do marquês de Pombal, no momento de mobilização das tropas para a Guerra dos Sete Anos, precisando a monarquia de oficiais experientes e fiéis à Coroa, Francisco de Lima foi nomeado coronel comandante do 2º Regimento de Infantaria de Faro.

O momento pós-guerra foi de instabilidade para os Lima. Na cidade de Faro, pequena e distante da turbulenta fronteira norte de Portugal, a Coroa não precisava de mais que um regimento de infantaria e, ao nomear seu comandante, prevaleceu ainda o critério antigo, de pertencimento a famílias distintas. Gastão José da Câmara Coutinho foi o escolhido, e o coronel Lima permaneceu agregado a este regimento.[10]

Foi nesse momento, delicado para Francisco, que apareceu a oportunidade de seguir em expedição para o Brasil. Muito provavelmente, o coronel não pensou duas vezes. Conhecia, por experiência própria, a generosidade dos cofres reais ao remunerar os serviços prestados por militares no Ultramar. Por isso, partiu com seu irmão.

---

[10] Para uma narrativa mais detalhada sobre a trajetória dos irmãos Lima em Portugal e no Brasil, ver Souza (2008, cap. 1).

De imediato, Francisco retomou o comando, agora do Regimento de Infantaria de Bragança, e José Joaquim foi nomeado alferes. O futuro parecia bastante promissor, mas o caminho que trilharam — especialmente José Joaquim — foi incerto e exaustivo, o que evidencia os riscos sempre presentes nos projetos, ações e estratégias (coletivas ou individuais) de ascensão social.

Ainda durante a travessia do Atlântico, a bordo da nau da *Ajuda*, o coronel Lima levou um tombo que o deixou inutilizado para o serviço durante pelo menos seus dois primeiros meses no Rio de Janeiro. Em seguida, uma doença não identificada o manteve afastado por mais seis semanas. Por último, quando finalmente reassumiu o comando de seu regimento, passou a viver uma experiência ainda mais dolorosa: encontrou um regimento completamente desorganizado, sofrendo sérios problemas de indisciplina e — apesar de sua experiência — não conseguiu retomar o controle sobre seus subordinados.

Sua dificuldade em comandar as tropas virou tema das correspondências que o vice-rei e o tenente-general João Henrique Böhm enviavam para Portugal. Na avaliação destes, Francisco de Lima era um "oficial valoroso e honrado", porém, formado nas "doutrinas velhas" e na "disciplina imprecisa" que fundamentavam a "escola militar das Índias Orientais". Os tempos eram outros. Ambos afirmavam que o coronel era incapaz de se adaptar, por mais esforço que fizesse, ao modelo prussiano que gradativamente vinha sendo implantado na Europa.[11] Em finais de 1770, ao que tudo indica, o próprio Francisco de Lima solicitou a Sua Majestade autorização para regressar a Portugal. A autorização, no entanto, só veio após o coronel ter executado a missão da expedição — combater os espanhóis no sul. Apenas em 1777 voltou a Portugal. Mas, com o apoio do vice-rei, foi devidamente recompensado pela Coroa, obtendo sua reforma no posto de brigadeiro, com soldo integral e uma nomeação para o Governo das Armas de Castro Marim, região de onde partira em 1767. Ingressava, assim, no seleto grupo de oficiais-generais e administradores do Império português.[12]

José Joaquim decidiu — não se sabe ao certo o porquê — permanecer no Rio de Janeiro. Como a campanha no sul havia sido um desastre, as promoções foram poucas, contemplando basicamente os oficiais superiores mais

---

[11] Coleção "Documentos avulsos — RJ", do AHU: caixa 97, doc. 57 de 23 jun. 1770.

[12] Decretos do Conselho de Guerra de 10 de julho de 1777, maço 136, nº 71.

velhos. José Joaquim permanecia como capitão, patente que recebera no Rio de Janeiro, antes de embarcar para o sul. Nos anos seguintes, a situação só piorou. Em 1779, apenas dois anos depois de partir para Portugal, Francisco de Lima faleceu. José Joaquim perdia, assim, seu irmão e protetor justamente quando aquele alçava uma ótima posição social e política. No Rio de Janeiro, nenhuma operação militar acontecia e, considerando que a próxima promoção era para sargento-mor, primeira patente de oficial superior, tudo ficava mais difícil, as vagas eram poucas e as disputas acirradas. José Joaquim só obtee a patente em 1789, quase 15 anos após a promoção para capitão. Pela patente de tenente-coronel, esperou mais 11 anos, só a conquistando após enfrentar um verdadeiro combate na burocracia real, montando um denso processo, que cruzaria quatro vezes o Atlântico, para provar — por meio de atestados — sua fidelidade à Coroa. Diferentemente do irmão, que foi promovido aos 40 anos de idade, ele contava 54 anos quando foi promovido a tenente-coronel.[13]

Desencantado, e ambicioso, durante esses longos anos, José Joaquim de Lima pensou mesmo em desistir da carreira militar, tentando obter outro cargo público, como escrivão, inquiridor, contador, distribuidor-geral, e ainda como tabelião de notas.[14] Um dos argumentos mobilizados pelo então sargento--mor Lima, tanto ao requerer a patente de tenente-coronel quanto no caso dos cargos civis, era o fato de já possuir três filhos no Exército. Como havia feito com todos os outros serviços, José Joaquim anexou a seus requerimentos cópias dos registros de batismo dos três filhos que já tinham assentado praça como cadete — Francisco, José Joaquim e José Luiz. Todos três beneficiados por uma nova lei, baixada um ano antes, em maio de 1797, e que eliminava a idade mínima de 15 anos para se requerer o título de cadete.[15] Assim, dois dos três assentaram praça com quatro anos de idade e, seguindo a tradição, no regimento em que o pai servia: o 1º Regimento de Infantaria do Rio de Janeiro, antigo Regimento de Bragança.

---

[13] Para suas promoções, ver atestação anexa ao seguinte requerimento: "Documentos avulsos — RJ", do AHU. Caixa 183, doc. 76 de 24 abr. 1800. Já para o combate na burocracia real: "Documentos avulsos — RJ", do AHU. Caixa 183, doc. 76 de 24 abr. 1800".
[14] Para o processo: "Documentos avulsos — RJ", do AHU. Caixa 160, doc. 88 — [ant. 1800, setembro, 27].
[15] Sobre a nova lei: alvará de 18 de maio 1797. COLEÇÃO das leis, alvarás e decretos militares, que desde o princípio do reinado do sr. rei d. José I se tem promulgado até o referente ano de 1791.

José Joaquim de Lima havia se casado em 1785, em uma família de militares — os Fonseca Costa. O pai e tios de sua esposa, Joana Maria, eram todos militares, fossem do Exército ou das Forças Auxiliares. Uma família bem enraizada na cidade, que nela se tinha estabelecido no século XVII, possuindo ainda vínculos na Corte de Lisboa.[16] Ainda assim, a carreira militar de José Joaquim seguia quase estagnada. Por isso, começou a tentar empregos civis. Outra estratégia, lançada nesses anos, para melhor se posicionar na cidade foi casar seu filho primogênito (que viria a ser o pai do futuro duque de Caxias). O rapaz, que recebeu o nome do falecido tio, Francisco, foi o único dos Lima a casar-se bem cedo, em 1801, com apenas 15 anos de idade. Casou-se, ele também, em uma família de militares, os Oliveira Bello. No caso, militares das Forças Auxiliares e das Milícias, recém-estabelecidos na cidade do Rio de Janeiro.[17]

Apesar de todo esforço, a sorte de José Joaquim no Exército só mudaria com a chegada da Corte portuguesa à cidade. Até então, José Joaquim de Lima da Silva continuava sendo um tenente-coronel. Em novembro de 1808, foi graduado coronel e, num prazo curtíssimo — um ano e sete meses, o menor de toda sua carreira —, saía sua efetividade no posto. Finalmente, aos 62 anos, ocupava a vaga que já havia sido de seu irmão.[18]

A rapidez dessas promoções certamente resultava das alterações efetuadas na organização militar da capital para acolher a Corte recém-chegada. Nenhum oficial, mesmo os mais entusiasmados com a proximidade da Corte, deve ter imaginado tantas mudanças. Ainda em 1808, a Coroa mandou reorganizar os arsenais de Guerra e da Marinha, os hospitais militares e, além disso, criou duas novas instituições: o Conselho Supremo Militar e o Arquivo Militar. Nos anos seguintes, mandou criar a Real Academia Militar, a Fábrica de Pólvora do Jardim Botânico, a Fábrica de Ferro de Ipanema, o Laboratório Químico Militar e a biblioteca da Academia Naval. Toda essa infraestrutura, sem dúvida, tinha por objetivo uma reordenação geral do Exército, estando ainda prevista a criação de novas unidades militares das três armas — infantaria, cavalaria e artilharia — tanto no Rio de Janeiro quanto no Rio Grande do Sul.[19]

---

[16] Para as patentes dos membros da família Fonseca da Costa, Dantas e Rheingantz (s.d.).

[17] Para detalhes sobre essas famílias, Souza (2008, cap. 1).

[18] Arquivo Geral de Mercês e Graças Honoríficas do AN [Arquivo Nacional do Rio de Janeiro]. Códice 137, livro 9, fl. 107.

[19] Essas mudanças são descritas por Magalhães (1998:25).

Tamanho investimento não buscava apenas criar condições para a implantação da Corte portuguesa na cidade, ele explicitava também as intenções militares dessa mesma Corte na América. Oliveira Lima (1996:285) considera que "o reinado de d. João foi o único período de imperialismo consciente que registra a nossa história". De fato, nesse período, a monarquia reanexou a Guiana Francesa, de que Portugal abrira mão no Congresso de Viena, em 1815, e a estratégica Cisplatina, perdida para os espanhóis justamente na desastrosa guerra de que os irmãos Lima participaram em 1777.

Se a falta de campanhas militares das décadas anteriores havia impedido a ascensão de José Joaquim de Lima no Exército, a conjuntura agora se tornava favorável. Além dessas conquistas empreendidas por d. João VI, havia ainda a chance de integrar uma expedição destinada a reprimir revoltas como a de 1817, em Pernambuco.

Ainda que não tenha sido possível acompanhar os Lima, individualmente, nesses eventos, a presença dos regimentos de infantaria do Rio de Janeiro tanto em Caiena quanto na Cisplatina e em Pernambuco é facilmente identificável. Além disso, nesse mesmo período, a família Lima conhecia uma ascensão social surpreendente.

Depois de passar toda sua vida esperando longos anos por uma promoção, José Joaquim de Lima da Silva, com apenas dois anos de serviço no posto de coronel, foi promovido em 1812 a brigadeiro dos Exércitos Reais. A dinâmica dessas operações de guerra promovia uma circulação inter-regional bastante interessante para os oficiais militares. O segundo filho do agora brigadeiro José Joaquim de Lima, que herdara seu nome, recebeu em dezembro de 1814 uma promoção para sargento-mor como prêmio por ter assumido o cargo de inspetor de milícias do Piauí. Três anos depois, quando retornou à Corte do Rio de Janeiro, já era tenente-coronel. O fato de ter aceitado se deslocar para uma capitania distante, e lá permanecer por tanto tempo, permitiu que o jovem oficial fosse agraciado com a patente antes de seu irmão mais velho, Francisco de Lima da Silva, que só a obteve cinco meses depois, em julho de 1818.

Apesar da espera, Francisco de Lima levava uma vantagem sobre o irmão: tornava-se tenente-coronel do 1º Regimento de Infantaria do Rio de Janeiro, assumindo um posto que havia sido inicialmente de seu tio — a quem homenageava com o nome — e, posteriormente, de seu próprio pai. Mantinha-se, assim, na posição de continuar a tradição da família, inaugurada no Rio de Janeiro com a expedição do tenente-general João Henrique Böhm. Não por acaso, nesses anos, o regimento ficaria informalmente conhecido pelo nome da família, tornando-se o "Regimento dos Lima".[20]

Esses anos foram formidáveis para a família. Se, por um lado, o brigadeiro José Joaquim de Lima conseguia reposicionar seus filhos mais velhos na cidade, "deixando-lhes um regimento", por outro lado, com sua contínua ascensão, aos 72 anos de idade, ainda pôde fazer uma distribuição de bens simbólicos extremamente importantes. Como afirma Michel Perrot, a herança não se reduz aos bens materiais, sendo constituída também de um portfólio de relações, de bens simbólicos, reputação e *status* (Perrot, s.d.: 114).

Sendo agraciado em 1817 com o prestigioso Hábito da Ordem de Cristo, e graduado, no ano seguinte, marechal de campo do Exército, recebendo a mercê de Fidalgo Cavaleiro da Casa Real, José Joaquim de Lima cuidou de sedimentar a ascensão social da família. Desfrutando, agora, de suficiente capital político, iniciou um curioso jogo de administração de mercês. Sua primeira intervenção foi a favor do terceiro filho, o capitão Manoel da Fonseca de Lima da Silva. O jovem oficial recebia, aos 25 anos, o hábito de Cristo, em atenção a um requerimento de seu pai. Em 1819, o rei d. João VI, em uma nova demonstração de sua "real munificência", concedeu mais um benefício ao marechal José Joaquim de Lima "pelos bons serviços praticados", agraciando-o com "uma vida a mais na comenda de São Bento de Avis". Isso significa que poderia passar a mercê a um de seus descendentes, e o escolhido foi seu primogênito, Francisco de Lima da Silva. Em seguida, foi a vez do segundo filho — José Joaquim. Ele recebeu o foro de Fidalgo Cavaleiro da Casa Real com "todas as honras e direitos". Enquanto o pai o tinha obtido "por sua patente", o filho era agraciado "por honra de seu pai".[21]

---

[20] Essa tradição aparece em vários documentos sobre os regimentos portugueses. Ver, para Portugal, os "Documentos das Divisões" do AHM e, para o caso do "Regimento dos Lima": o códice 88 — "Correspondências do General e Comandante de Tropas do RJ" (1799-1805), depositado no AN.
[21] Todas essas informações constam no Arquivo Geral de Mercês e Graças Honoríficas do AN. O hábito de Cristo recebido por Manoel da Fonseca está registrado no códice 15, livro 5, fl. 158; a vida na comenda de São Bento de Aviz está no códice 15, livro 7, fl. 42 e o foro de fidalgo cavaleiro recebido por José Joaquim está no códice 137, livro 52, fl. 133.

Quando o marechal de campo José Joaquim de Lima da Silva morreu em 1821, seus filhos mais velhos já se apresentavam como nobres. Francisco de Lima, cumprindo seu destino, ao ser promovido coronel, assumiu o 1º Regimento de Infantaria da cidade com a comenda de São Bento de Avis. José Joaquim de Lima era tenente-coronel do mesmo regimento com o foro de Fidalgo Cavaleiro da Casa Real. O capitão Manoel da Fonseca de Lima contava em sua fé de ofício com um serviço em Pernambuco — na repressão à Revolução de 1817 — e era habilitado pela Ordem de Cristo. No entanto, além deles, o marechal deixava ainda dois outros filhos oficiais: João Manoel de Lima da Silva e Luiz Manoel de Lima da Silva. Ambos eram bem jovens. João Manoel tinha 16 anos e Luiz, 15. Todavia, ambos já integravam o "regimento da família".[22]

Política e carreira militar: a consolidação de um projeto familiar

Essa súbita ascensão social dos Lima, apesar de fabulosa, exatamente por não se assentar em uma tradição imemorial, era frágil. A morte do marechal José Joaquim de Lima, em meio aos acontecimentos políticos que acompanham o regresso de d. João VI para Portugal, certamente foi tomada por Francisco e seus irmãos, especialmente José Joaquim, o segundo mais velho dos Lima, como um momento delicado. O 1º Regimento de Infantaria do Rio de Janeiro era, sem dúvida, o maior bem da família e unidos em torno dele é que os irmãos enfrentaram a nova conjuntura, de grande instabilidade.

Francisco de Lima, na posição de primogênito, assumiu a condução do projeto familiar no qual trabalhava, desde muito jovem, com o pai. Em 1821, já possuía três filhos homens: Luiz Alves (futuro duque de Caxias), José Joaquim e Francisco. Todos atualizavam o projeto dos Lima. Não só assentaram praça ainda bem meninos, por volta dos cinco anos de idade, com o título de cadete, como perpetuavam, por meio de seus nomes, a presença dos Lima no 1º Regimento de Infantaria do Rio de Janeiro. Presença numericamente também marcante. Como Francisco de Lima casou-se muito jovem, com apenas 15 anos, seus três primeiros filhos tinham aproximadamente a idade dos

---

[22] A genealogia da família pode ser encontrada em Souza (2008, anexo I).

tios mais jovens. Luiz Alves, o primogênito de Francisco, era inclusive mais velho que dois de seus tios. E todos serviam, na década de 1820, no regimento da família. Foi nessa geração — a terceira dos Lima — que a grafia do nome da família passou a ser "Lima e Silva". No entanto, eles ainda assinariam por muitos anos apenas "de Lima" (Souza, 2008, cap. 2).

Batizar o primogênito com o nome do avô materno — Luiz Alves — é, nesse sentido, uma prova da importância da família Oliveira Bello, ela também uma família de militares, nesse jogo contratual que era o casamento. Os primeiros anos de formação da nova geração dos Lima, porém, correriam dentro do Regimento dos Lima.

Quando o coronel Francisco de Lima decidiu oferecer uma formação acadêmica a seu filho primogênito, não o destinou a outra carreira. Desde 1811, a nova capital do Império português contava com uma Academia Militar para a formação de seus oficiais. Até então, a cidade só havia conhecido "aulas" e "academias militares". Francisco, quando mais jovem, chegou a frequentar duas dessas academias. Primeiro, ingressou na Real Academia de Artilharia, Fortificação e Desenho, criada em 1792 para atender a oficiais das quatro armas: infantaria, cavalaria, artilharia e engenharia. Quando estava no meio do curso, com duração de três anos, o vice-rei conde de Rezende criou outra instituição — a Academia de Aritmética, Geometria, Fortificação, Desenho e Língua Francesa — exclusiva para o preparo de oficiais de infantaria. Nela, durante todo o ano de 1795, Francisco cursou aulas de geometria, desenho, francês e escrita.[23]

Essas academias, no entanto, eram pouco formalizadas e funcionavam de forma intermitente. A grande novidade da nova academia instalada no Rio de Janeiro era seu estatuto. Ao contrário das anteriores, a Real Academia Militar possuía um "curso regular das ciências exatas, de observação, de todas as matérias que contêm aplicação aos estudos militares e práticos constitutivas da ciência militar", e que tinha por objetivo "formar oficiais de artilharia e engenharia, e ainda oficiais da classe de engenheiros geógrafos e topógrafos", que pudessem também "ter o útil emprego de dirigir objetos administrativos

---

[23] Essa história pode ser inferida de um documento do AHM: "Processos Individuais — Francisco de Lima da Silva — Mapa dos nomes, idades e observações dos alunos na nova Academia Militar do Rio de Janeiro, fixada em novembro de 1795". Cota: Fundo 2, série 1, caixa 1, nº 36.

de minas, caminhos, portos, canais, pontes, fontes e calçadas".[24] Essa finalidade, definida na primeira página de seu estatuto, acabou produzindo um currículo escolar denso, com muitos cursos distribuídos ao longo de sete anos de formação.

O impacto da proposta difundia o sentimento de que se vivia enfim uma cultura civilizada. Esse curso não era concluído integralmente por todos os alunos. Aqueles que desejassem seguir as armas de infantaria e cavalaria estudavam apenas as matérias do 1º ano (matemática elementar) e os assuntos militares do 5º ano. Só dos futuros artilheiros e engenheiros era exigido o curso completo. Por isso, essas armas eram prestigiadas, consideradas "científicas". Requeriam de seus alunos estudos de matemática superior, fortificações e balística. Vale destacar ainda que as armas não constituíam, tal como hoje, linhas específicas de estudos, o que significa dizer que "os sete anos de estudos para artilheiros e engenheiros *incluíam* os estudos de infantaria e cavalaria" (Castro, 1990:106; grifo do autor).

Em função desse estatuto, e de um currículo tão moderno, que, além de fundado nas matemáticas, ainda previa aulas em laboratório e exercícios práticos, a Real Academia Militar foi considerada por muito tempo, pela literatura especializada, um centro moderno de formação militar, que teria contribuído para a profissionalização da carreira. Nesse ponto, vale fazer duas observações. Primeira: mesmo do ponto de vista formal, para os padrões atuais, a Real Academia era uma instituição desmilitarizada. O regime escolar era de externato e não havia praticamente regra disciplinar. O que se via nessa matéria encontrava-se também em estabelecimentos civis. A respeito do horário das aulas, o estatuto informava que "os estudantes devem achar-se nas suas respectivas aulas às horas em que se der princípio às lições" e exigia que "para com os mestres se haverão com respeito". Nenhuma outra norma era fixada pelo documento. Nada havia sobre uniformes ou formaturas. A Real Academia também não possuía um comando unificado. A direção era colegiada, composta por uma junta de cinco militares, devendo ser seu presidente um tenente-general do corpo de artilharia ou engenharia.[25]

---

[24] A definição desses objetivos é uma interpretação de Oliveira Lima (1996:162). Sobre as academias anteriores não há pesquisas. Quem as define como intermitentes é Mota (1998:19, n. 11).
[25] Todas as citações foram extraídas de Mota (1998:29-31).

A segunda observação é sobre seu funcionamento cotidiano. Em 1818, ano de ingresso do jovem Luiz Alves de Lima, a Real Academia Militar já apresentava graves problemas administrativos e disciplinares, envolvendo alunos e professores. Além de um problema crônico de falta de professores habilitados para as aulas de matemática e desenho, que levava a uma aprovação quase automática dos alunos, toda a bibliografia prevista nos estatutos — ao que parece, muito atualizada — não estava disponível para os alunos ou, quando estava, era toda ela em francês. Resultado: os alunos não estudavam nesse material. Os professores é que preparavam apostilas, às vezes, traduzindo partes desses livros. E, para tentar contornar o problema da falta de professores, há registro de turmas de desenho com 98 alunos. Na verdade, essas turmas agregavam alunos dos diferentes níveis, de anos diferentes do currículo da academia. Nem mesmo as aulas práticas seguiam o previsto no estatuto, acontecendo só esporadicamente.[26]

Luiz Alves de Lima, ao ingressar na Real Academia Militar, pretendia obter formação na arma de infantaria. Cursou as matérias do primeiro e, depois, as do quinto ano. Em seguida, voltou para fazer o segundo e o terceiro anos, dando prosseguimento a seus estudos. Em 1822, chegou a se matricular no quarto ano, mas desistiu.[27] Além de todos os problemas enfrentados pela Real Academia Militar, a formação acadêmica não era pré-requisito para promoção na carreira militar. Aliás, alguns oficiais integrantes da Junta Diretora, em seus ofícios, creditavam a essa falta de articulação entre instrução formal e ascensão na carreira a gradativa decadência da Real Academia Militar.

Luiz Alves, então com 19 anos, ao decidir abandonar a Academia Militar, seguia a tradição da família. O caminho percorrido por seu tio-avô e pelos avós, de ambos os lados, para chegarem onde haviam chegado, tinha sido o da prestação de serviços à Coroa. No Exército, nas milícias ou na administração real, o importante era estar atento às oportunidades criadas pelas mudanças políticas. A Real Academia Militar funcionava então em um antigo prédio no largo de São Francisco de Paula (atual Instituto de Filosofia e Ciências Sociais da UFRJ) e a agitação política inaugurada com as discussões sobre a

---

[26] Para uma análise de cada um desses problemas: ver Souza (2008, cap. 2).
[27] Livro de Registro e Matrícula da Real Academia Militar (1811-1822), do AN — microfilme: 001-1-75.

volta da família real para Portugal tomava as praças do centro da cidade. O largo do Rocio (atual praça Tiradentes), atrás da Real Academia, era um dos palcos centrais desses acontecimentos. Foi nesta praça, no dia 26 de fevereiro de 1821, que d. Pedro ocupou pela primeira vez a cena pública para garantir à tropa — ordenanças, regimentos auxiliares e forças regulares — que d. João se renderia às cortes e mudaria o ministério. A poucos metros dali, na praça do Comércio, a cidade assistiu em abril a outra manifestação. A decisão do rei de voltar para Portugal foi seguida do anúncio de que d. Pedro permaneceria no Brasil como príncipe regente.[28]

Esse era sem dúvida um momento-chave da história do Brasil e, presentes ou não nas praças públicas, os Lima não ignoravam esses episódios. Os levantes de rua levavam d. Pedro a se aproximar da oficialidade e, ao mostrar habilidade para ocupar as praças e se valer da tropa em momentos de grande tensão, o príncipe firmava sua imagem como chefe militar. Essa aproximação era interessante não só para a família Lima, mas para todos os militares da capital dispostos a participar dessa aliança proposta informalmente por d. Pedro, por meio de sua atuação política.[29]

Feita a independência, Luiz Alves passou a integrar o Batalhão do Imperador sob o comando de um de seus tios, José Joaquim de Lima, recém-graduado no posto de coronel.[30] O poder dos Lima se estendia, assim, para além dos limites do 1º Regimento de Infantaria do Rio de Janeiro. Enquanto Francisco seguia à frente desse regimento, José Joaquim assumia o novo batalhão da cidade, um batalhão de honra. Implantado no contexto das guerras de independência, segundo o decreto de sua criação, por meio dele o imperador buscava livrar a província da Bahia da opressão das tropas portuguesas e renovar os sentimentos patrióticos dos baianos pela causa do Brasil.[31] Ou seja, José Joaquim de Lima, ao ser promovido a coronel e assumir o novo posto, assumia também o comando de uma expedição militar. Organizada para reforçar as tropas do general francês Pedro Labatut, enviadas à região ainda

---

[28] Iara Lis Carvalho Souza destaca ainda a importância das praças na celebração do contrato social entre d. Pedro e a elite. Ver Souza (1999:100).

[29] Souza (1999:100). Sobre a formação de um Império do Brasil, p. 128, e sobre a imagem militar de d. Pedro. p. 174.

[30] Foi graduado coronel em junho de 1822. Ver Silva (1906-1907).

[31] Ver decreto de 18 de janeiro de 1823. Coleção de Leis do Império do Brasil.

em outubro de 1822, para expulsar os portugueses da capital baiana, essa expedição — tal como a que fora comandada em 1767 pelo tenente-general Böhm — era parte de um modo luso de fazer a guerra.

Ainda que não comandasse um regimento, José Joaquim de Lima assumia um posto importante e, nesse momento, tal como fizera seu tio em 1767, levou consigo os seus três irmãos mais novos — Manoel, João Manoel e Luiz Manoel — e o sobrinho mais velho, Luiz Alves de Lima. Manoel da Fonseca de Lima, então com 30 anos de idade, ao ingressar na expedição, foi promovido a tenente-coronel, sendo a segunda autoridade do batalhão, depois do irmão. Já Luiz Alves de Lima, com 20 anos, foi promovido a alferes e nomeado pelo tio coronel comandante do batalhão seu ajudante de ordens.

A viagem foi longa. O primeiro ofício do general Pedro Labatut comunicando a chegada do batalhão data de 24 de março.[32] A tropa levou mais de um mês em marcha. O cumprimento desse trajeto, porém, era parte importante da missão para a qual foi destinada. Em cada lugarejo por que passava, o Batalhão do Imperador — o nome nesse caso é expressivo — deixava registrada a presença de d. Pedro e sua intenção de expulsar os portugueses e garantir a unidade territorial. Cada manifestação de apoio da população e de autoridades locais à tropa era também uma forma de adesão à monarquia sediada no Rio de Janeiro. Por isso, a proclamação publicada no Recôncavo para oficializar a chegada das tropas do coronel Lima e Silva louvava a conduta desse comandante e seus oficiais. Dela dependia o início de um diálogo político e, durante sua marcha, o coronel Lima e Silva havia impressionado. O bom arranjo e subordinação dos "soldados do imperador" conseguiram deixar "boas lembranças nos lugares por onde transitaram" e a prova que deram de respeito "às regalias e foros dos habitantes dessas povoações" acalmava os ânimos mais exaltados em relação às intenções de d. Pedro.[33]

No entanto, ainda que a capacidade de comando do coronel tenha sido chave, ele também contou, nessa marcha por Alagoas, com um apoio extra. Quando o alferes Luiz Alves de Lima, na função de ajudante de ordens, se dirigiu ao comandante de armas da província para entregar-lhe as proclamações

---

[32] Fundo Ministério da Guerra — IG1 114. Ofício de 24 mar. 1823. AN.
[33] Fundo Ministério da Guerra — IG1 249. Proclamação do general Pedro Labatut de 28 mar. 1823. AN.

que preparariam a população local, dirigia-se, na verdade, a um de seus tios maternos, Joaquim Mariano de Oliveira Bello. Ele era, à época, o comandante de armas da província, e isso deve ter facilitado a chegada e a circulação do Batalhão do Imperador pelo interior da região.[34] Ampliados e tecidos entre famílias com uma mesma ocupação, os laços de parentesco podiam favorecer a implantação de políticas e o desempenho de comissões militares. Expedições desse tipo eram sempre cercadas por dificuldades. Oficiais estranhos à região, representantes de um poder distante e na maior parte do tempo ausente, de uma hora para outra passavam a integrar comunidades políticas que não conheciam, assumindo postos de comando.

Essa posição, propriamente intervencionista, exigia desses oficiais sensibilidade política. Aliás, esse deve ter sido o maior aprendizado dos Lima na Bahia. O coronel José Joaquim de Lima até o momento só vinha colhendo louros por onde passava, mas a realidade que o Batalhão do Imperador encontrou ao chegar em Cachoeira — cidade centro da articulação das forças do Recôncavo leais a d. Pedro — era outra.

A partir daí as forças comandadas por Labatut mergulhariam no que o general definia — em tom de denúncia — como uma "babilônia de intrigas".[35] A complexidade desses conflitos e seus detalhes extrapolam em muito os limites deste capítulo. Minha intenção aqui é tão somente recuperar uma parte da experiência formativa dos Lima nessa expedição à Bahia. Desorientado no xadrez político local, e mediante os boatos de conspiração contra ele, Labatut ordenou a prisão do coronel comandante da Brigada da Esquerda, Felisberto Gomes Caldeira, suspeito de liderar a conspiração. Em seguida, recorreu ao Batalhão do Imperador, muito provavelmente por acreditar na isenção do coronel José Joaquim de Lima, um oficial diretamente vinculado à Coroa. Ordenou ao comandante Lima que marchasse com seus homens contra a Brigada da Esquerda.

O comandante Lima, no entanto, frustrou suas expectativas. Considerando a possibilidade de a medida desencadear uma guerra civil, convocou a oficialidade da Brigada da Direita e do Centro para deliberar sobre a questão, liderando uma assembleia militar. O documento produzido pela assembleia

---

[34] Fundo Ministério da Guerra — IG1 249. Ofício de 20 fev. 1823. AN.
[35] Fundo Ministério da Guerra — IG1 249. Ofícios de 13 mar. e 7 abr. 1823. AN.

afirmava que as forças do Recôncavo possuíam uma ótima vantagem ante o inimigo e que uma divisão do Exército naquele momento ressuscitaria as tropas portuguesas, comandadas pelo general português Madeira de Melo. Diante disso, ficou decidido, por unanimidade, que se mandaria uma deputação ao general Labatut para apresentar-lhe essas considerações e tentar convencê--lo a sustar as hostilidades. Mas isso nem chegou a acontecer. Ao final da assembleia, dois oficiais da Brigada da Esquerda chegaram ao acampamento de Pirajá, onde se achava reunida a oficialidade, e participaram a prisão do general Pedro Labatut.[36]

Preso Labatut, o coronel José Joaquim de Lima foi interinamente nomeado "comandante em chefe do Exército e das tropas de 1ª e 2ª linha, no exercício de todas as atribuições que competiam ao ex-general em chefe".[37] Obviamente, ainda que seu argumento para não cumprir as ordens de Labatut procedessem, ao assumir o posto, o coronel Lima colocou sob suspeita toda sua atuação no gerenciamento da crise.[38] Aliás, seu lucro com o golpe foi formidável. Apesar do prestígio de que desfrutava na posição de comandante do Batalhão do Imperador, ele, com a patente de coronel, em condições normais, jamais ascenderia a comandante em chefe. Esse cargo era destinado a oficiais-generais. Poucos dias após assumir o comando em chefe, começou a reorganizar as repartições militares, substituindo vários oficiais. Seu irmão, Manoel da Fonseca de Lima, tenente-coronel do Batalhão do Imperador, assumiu a 1ª Brigada do Exército, seu primeiro posto de comando. Outro irmão, bem mais jovem, João Manoel de Lima, foi nomeado ajudante de ordens do comando em chefe.[39] Luiz Alves e Luiz Manoel não foram nesse momento beneficiados, mas presenciavam essas disputas político-militares e suas assinaturas constam na ata da reunião da oficialidade ocorrida em Pirajá.

Tudo isso ocorria no mês de maio de 1823 e, logo em seguida, no início do mês de junho, o Exército do Recôncavo empreendeu uma "avançada sobre as trincheiras lusitanas" que encheu de orgulho o novo comandante.[40] A estratégia

---

[36] Para essa história, ver Fundo Ministério da Guerra — IG1 114, ofícios de 22 e 28 maio de 1823. AN.
[37] Livro de Ordens do Dia — códice 275, p. 32. Ordem do Dia de 27 maio 1823. AN.
[38] Essa suspeita já foi apontada por Silva (1931:4).
[39] Livro de Ordens do Dia — códice 275, p. 34. Ordem do Dia de 28 maio 1823. AN.
[40] Livro de Ordens do Dia — códice 275, p. 63. Ordem do Dia de 7 jan. 1823. AN.

usada foi simples. Após tomar as principais posições do inimigo, os oficiais distribuíram proclamações, prometendo anistia. O efeito foi rápido. Logo começaram a aparecer "inumeráveis paisanos e desertores das tropas lusas". Com pouco mais de um mês de comando, no dia 30 de junho, o coronel Lima e Silva recebeu uma mensagem do general Madeira de Melo, solicitando, sem rodeios, que "o deixasse embarcar em paz" para Lisboa.

No dia 2 de julho, após receber a confirmação de que o general já havia deixado Salvador, o coronel Lima fez uma entrada "memorável e feliz" na cidade. A festa tomou as ruas. Todo o mês de julho foi de comemoração dos sucessos do coronel comandante em chefe. Sua sintonia com militares e políticos locais parecia ser completa.[41] E, nesse momento, houve novo golpe. Quando, no dia 1º de agosto, chegou à capital o brigadeiro José Manoel de Morais, nomeado pelo imperador para assumir o comando que vinha sendo exercido interinamente pelo coronel Lima, o governo civil, de imediato, enviou ao brigadeiro uma declaração afirmando que o afastamento do coronel não agradaria às tropas. Pelo que consta, comandantes de vários corpos do Exército encaminharam ao governo uma representação solicitando a permanência do coronel Lima. A ação — voluntária ou induzida pelo coronel — foi tão eficiente que, no dia seguinte, dia 2, o brigadeiro assinava uma ordem do dia abdicando do cargo e o coronel agradecia sua decisão de sacrificar "seu pundonor em benefício da paz e sossego da cidade".

Esse seria, porém, o último episódio feliz vivido pelo coronel Lima e Silva na Bahia. Na mesma ordem do dia em que agradece a "condescendência" do brigadeiro Manoel de Morais e a representação dos comandantes dos corpos junto ao governo civil, José Joaquim de Lima e Silva afirmou que "alguém" foi a Sua Majestade Imperial "denegrir a minha reputação".[42] Era o sinal de que nova "cabala" estava em articulação.

Sem que saibamos o motivo, o mês de setembro teve início com uma série de conflitos de rua entre o Batalhão do Imperador e alguns corpos militares da província. O coronel Lima afirmava em seus ofícios que era vítima de "facções políticas" e, para forçar uma nova rearticulação de forças a seu favor, chegou

---

[41] Toda a história está no jornal *O Independente Constitucional*, 2 ago. 1823: "Artigo d'ofício".
[42] Essa citação e a do parágrafo anterior foram extraídas do Livro de Ordens do Dia — códice 275, p. 120 e 121. Ordem do Dia de 2 ago. 1823. AN.

a pedir demissão por duas vezes. Na primeira vez, a estratégia surtiu o efeito desejado. Autoridades militares e civis reuniram-se no Palácio do Governo para, numa grande encenação pública, apoiá-lo. O efeito, no entanto, foi passageiro. Boatos mantinham o clima de tensão nas ruas e quartéis, produzindo, ao final, uma nova crise. Desta vez, então, o pedido de demissão do coronel Lima foi aceito e o Batalhão do Imperador voltou para a Corte imperial.[43]

D. Pedro I não demorou a "abrir os cofres de suas graças". Mesmo com toda a tensão dos últimos meses na Bahia, a expedição, considerada em seus objetivos mais gerais, tinha sido um total sucesso. A cidade de Salvador estava restaurada e a adesão dos baianos à causa da independência, assegurada. Era isso que interessava à nascente monarquia, que remunerou muito bem seus fiéis vassalos. O coronel José Joaquim de Lima, em fevereiro de 1824, foi nomeado ajudante de campo do imperador, dignitário da Ordem do Cruzeiro e alçado ao grupo de oficiais-generais, recebendo a patente de brigadeiro. Ainda nesse mês, seu irmão, Manoel da Fonseca de Lima, foi efetivado no posto de tenente-coronel do Batalhão do Imperador e condecorado com a mercê de oficial da Ordem do Cruzeiro. João Manoel de Lima, outro dos irmãos Lima e Silva, recebeu a patente de tenente.[44] Luiz Alves de Lima, o sobrinho primogênito, tornou-se capitão e, pela primeira vez, sua carta patente trazia o nome do avô ou do pai. O jovem era promovido em remuneração aos serviços por ele mesmo prestados.[45]

Era assim que se formava um oficial do Exército. Ainda prevalecia na cultura militar brasileira a tradição posteriormente batizada depreciativamente de "tarimbeira" — o oficial se formava no campo de batalha. Por isso, a direção da Real Academia Militar se esforçava desde 1811 para instituir o título 7º de seu estatuto, que reservava um terço das vagas dos corpos regulares para

---

[43] Para uma narrativa detalhada, ver Souza (2008, cap. 2).
[44] Ajudante de campo era oficial que leva as ordens dos generais e as distribuem sem alteração entre os demais oficiais. Para as promoções, ver: José Joaquim de Lima e Silva — portaria de 17 de fevereiro de 1824 da Coleção de Leis do Brasil e o códice 15 — livro 10, fl. 73v do Arquivo Geral de Mercês e Graças Honoríficas. AN. Nesse arquivo, está também a condecoração de Manoel da Fonseca — códice 15, livro 10, fl. 73. A carta patente concedida a João Manoel de Lima está no Livro de Ordens do Dia do Batalhão do Imperador — códice 275, p. 195. Ordem do Dia de 18 fev. 1824. AN.
[45] Livro de Ordens do Dia — códice 275, p. 195. Ordem do Dia de 18 fev. 1824.

oficiais com formação acadêmica. Enquanto isso não ocorria, as aulas do estabelecimento de pouco valiam e, se a Coroa não atendia aos reclames da direção, era porque não pretendia mexer nessa tradição. Dirigindo um Império tão vasto como o português ou uma monarquia de dimensões continentais como a brasileira, parecia ser mais vantajoso desenvolver nesses oficiais, além da capacidade de guerrear, a habilidade para negociar, sobretudo com autoridades locais. Para isso, a circulação geográfica, por meio de expedições, ainda se mostrava um meio eficaz.[46]

A tarefa de estabelecer um diálogo político entre a Coroa e as províncias, em parte, cabia aos militares. Não à toa, a primeira etapa da expedição do coronel Lima previa — como vimos — uma marcha por terra, entre os locais. Ele precisava provar, por meio de demonstrações de respeito "às regalias e foros dos habitantes", que o imperador não tinha a intenção de alterar o sistema de hierarquias da região, e que preservaria sua configuração social. Mas, para que essa intenção se verificasse, havia uma contrapartida: a adesão das autoridades locais aos princípios políticos da nova monarquia. Essa era uma das tarefas da expedição militar à Bahia — negociar os termos dessa adesão.

Se os irmãos Lima e Silva começavam a ganhar espaço na corte de d. Pedro I, isso se devia justamente à capacidade que vinham demonstrando, em momentos tão instáveis politicamente, para "fazer abortar a hidra da anarquia" e, dessa maneira, consolidar o projeto de construção de uma monarquia sediada no Rio de Janeiro.[47]

Família, projeto e risco político em sociedades aristocráticas

No dia 1º de agosto de 1824, poucos meses após o retorno do Batalhão do Imperador da Bahia, Francisco de Lima embarcava para o Nordeste, com destino a Pernambuco. A configuração política já era outra, bem mais delicada. A confederação que havia sido declarada em julho daquele ano e parecia

---

[46] Somente em 1850 a academia começou a ser pré-requisito para se atingir o oficialato e, mesmo assim, a lei foi implantada de forma progressiva e bastante lenta. Ver Castro (1990:112).
[47] A imagem era comum na época. Essa frase em específico foi retirada da proclamação do comandante de armas da Bahia de 20 set. 1823. Fundo Ministério da Guerra — IG1 249.

avançar sobre as províncias vizinhas de Pernambuco era uma resposta clara de setores da sociedade pernambucana às atitudes autoritárias de d. Pedro I. As câmaras de Olinda e Recife, os dois maiores colégios eleitorais da província, logo após a dissolução da Assembleia Constituinte, em novembro de 1823, já mostravam sua insatisfação, recusando-se a fazer novas eleições.

Uma representação dirigida ao imperador definia o clima político na região como de desconfiança e repulsa às medidas arbitrárias vindas do Rio de Janeiro, o que reacendia em seus habitantes o velho espírito liberal e contestatório de 1817.[48]

Na corte imperial, a lembrança desse movimento também se mostrava viva. D. Pedro reagiu de forma tão violenta quanto seu pai em 1817. Mandou suspender de imediato as garantias constitucionais na província e, em seguida, cortou-lhe a comarca do São Francisco, anexando-a à Bahia. Estratégia semelhante, em 1817, havia resultado na criação de Alagoas. Um tipo de punição que a cada nova rebelião reduzia o território pernambucano.[49] Francisco de Lima tinha diante de si um grande desafio. A luta não era mais contra "estrangeiros", e o fato de alguns líderes serem reincidentes, os mesmos que haviam combatido pela república sete anos antes, acirrava ainda mais os ânimos. Isso também valorizava a expedição militar, fazendo com que seu comando fosse muito cobiçado pelos generais da Corte. Para poder assumir o comando em chefe das Forças Imperiais, Francisco de Lima foi promovido a brigadeiro. Atingia, assim, aos 39 anos de idade, uma posição militar que seu pai e tio só tinham alcançado ao final da vida.

A ação de Francisco de Lima na repressão ao movimento, cumprindo as ordens do imperador, e mandando executar suas principais lideranças após a montagem de uma Comissão Militar — tribunal de exceção, dirigido pelo próprio brigadeiro Lima e que não contava com a presença de sequer um juiz, nem dava aos réus direito de defesa —, levou Francisco de Lima a entrar para a história como o "braço armado de d. Pedro I". No entanto, entre a rendição da Câmara de Olinda e a primeira execução, justamente do principal líder confederado, frei Caneca, em janeiro de 1825, quatro meses se passaram. Depois, entre a execução de Caneca e a dos últimos sentenciados, no dia

---

[48] Todas essas informações estão em Quintas (1965).
[49] Esse paralelo é feito por Mello (2001:46).

12 de abril, passaram-se mais três meses. No total, são sete meses. O que encontramos, examinando um conjunto de correspondências do brigadeiro Francisco de Lima em Pernambuco, foi uma relação bem menos linear — e até conflituosa — entre o brigadeiro e o imperador.

O brigadeiro Francisco de Lima não cumpriu de imediato as ordens de d. Pedro. Estando desde agosto de 1824 na região e tendo, tal como o Batalhão do Imperador na Bahia, marchado pelo interior da província, acampando inclusive em alguns engenhos da mata sul canavieira, onde angariou valiosas adesões, Francisco de Lima se permitiu discordar da política do imperador. Em vez de instalar a Comissão Militar tão logo feita as primeiras prisões, decidiu iniciar correspondência com algumas autoridades do governo. Muito impressionado com "a força das recordações de 1817", concordava que só "vigilância e força é que pode conter […] essa mania revolucionária". Porém, insistia que a política deveria ser outra. Afirmava que os réus deviam ser julgados por "tribunais de justiça", que estes eram mais conformes ao "sistema liberal", e que a manutenção de um governo militar só contribuía para "desenvolver o gás inflamável que existia na província". Possuía um projeto para conter a província. Aconselhava — esse foi o verbo utilizado — a Sua Majestade a realização de "uma grande reforma em magistrados, militares, ramos da administração pública, e até entre o clero", porque quase todos se envolveram nos conflitos, "pondo em seu lugar outros", mais "probos e de saber".[50]

Ainda que o brigadeiro Francisco de Lima não agisse sozinho, contando com apoios em Pernambuco e no Rio de Janeiro, a política era extremamente arriscada. A cada passo, descumpria as ordens do imperador. Uma situação que se tornou ainda mais delicada porque um dos generais que o acompanhava na expedição, profundamente incomodado com a fabulosa ascensão da família Lima, e se sentindo prejudicado por ela, iniciou correspondência paralela, intrigando o brigadeiro Francisco de Lima com altas autoridades da Corte imperial. Tratava-se do general Manoel de Morais que, na Bahia, foi obrigado a renunciar ao posto de comandante em chefe das forças imperiais em função das manobras políticas do então coronel José Joaquim de Lima na região.

---

[50] Para uma narrativa detalhada da história da atuação de Francisco de Lima na repressão à Confederação do Equador, ver Souza (2008, cap. 2).

D. Pedro ficou profundamente irritado e, se a partir de uma manobra política e da execução de todos os réus sentenciados pela Comissão Militar, Francisco de Lima conseguiu guardar seu posto de comando, quando voltou ao Rio de Janeiro, sentiu a extensão do descontentamento real. Ao abrir o cofre de suas graças, como normalmente acontecia após uma campanha militar bem-sucedida, o único prêmio que encontrou para o general comandante em chefe brigadeiro Lima foi o título de grã-cruz da Ordem do Cruzeiro, mesma graça com que premiou outros oficiais-generais. Distribuiu, com mão larga, títulos nobiliárquicos e patentes do Exército. Mas Francisco de Lima, ao contrário do que ocorreu com seus irmãos, após a campanha na Bahia, não foi promovido nem no Exército, nem na hierarquia da Corte. Enquanto seu irmão José Joaquim foi promovido a brigadeiro e nomeado ajudante de campo do imperador, e o outro irmão, Manoel da Fonseca, efetivado tenente-coronel e nomeado moço fidalgo da casa real, Francisco de Lima manteve a patente de brigadeiro e o único emprego encontrado para ele na cidade foi o de comandante-geral de recrutas da Praia Vermelha, onde teve que "sofrer 2.000 irlandeses ébrios", integrantes de um batalhão de mercenários lá alojados.[51]

A expectativa de Francisco de Lima — e dos Lima, se pensarmos em projeto familiar — era obter um título de nobreza, tornar-se barão. Título que só receberia muitos anos depois, de d. Pedro II, que, tentando dirimir mágoas passadas, o fez barão de Barra Grande, cidade centro de articulação das forças imperiais em Pernambuco.

Todo esse jogo político — daí a necessidade de narrá-lo — nos diz muito sobre o modo como se organizava o mundo militar de então e o papel da família na construção de uma carreira bem-sucedida. O primeiro ponto que salta aos olhos é a total permeabilidade da hierarquia militar aos valores e princípios mais amplos de organização social. Como mostra a trajetória dos Lima, e assim também foi com Luiz Alves (o futuro duque de Caxias), a ascensão ao generalato dependia de uma combinação entre origem social, uma boa folha de prestação de serviços à Coroa e — o que era chave — um investimento na política. Na época, em uma política de Corte. Há aí uma inversão importante em relação a um passado mais remoto. Se, antes, a nobreza detinha o mono-

---

[51] Esse ressentimento foi expresso em uma carta ao imperador d. Pedro II de 25 dez. 1841. Maço 103, doc. 5064, do AHMI [Arquivo Histórico do Museu Imperial].

pólio destes postos, desde fins do século XVIII, o monopólio de distribuição desses bens simbólicos — entre eles, as mais altas patentes militares — estava nas mãos da Coroa que, desse modo, incentivava e controlava a prestação de serviços e a fidelidade de seus súditos.

Assim, para ascender socialmente, as famílias construíam projetos, elaboravam estratégias e procuravam se articular em torno de certos bens/espaços de atuação. Podia ser — como já mostrou a historiografia — em torno da grande propriedade agrária, do tráfico internacional de cativos ou de instâncias da burocracia de Estado, incluindo aí o Exército. Este foi o espaço de investimento da família Lima, depois "Lima e Silva". Criaram uma tradição, constituíram-se como uma família de militares do Exército. É bem possível que, na elaboração, articulação e/ou execução desses projetos, as mulheres da família desempenhassem papel ativo. Mas, para o início do século XIX, é difícil encontrá-las na documentação. Daí também a ausência delas nessa narrativa.

Nessa configuração social, assim como o generalato não era monopólio de uma nobreza de sangue, também não constituía o grupo dirigente de uma moderna instituição "totalizante", que submete os indivíduos a um conjunto de normas e a valores estritos de disciplina, subordinação e solidariedade corporativa, sendo capaz de abarcar até mesmo sua vida pessoal e familiar. Como artefato histórico, essa instituição foi resultado do processo de profissionalização do Exército, da formação de uma corporação militar, marcada por um *ethos* que separa os aspirantes à carreira e os opõe simbolicamente, por meio de um intenso processo de socialização, ao restante da sociedade — os civis. A Academia Militar, atualmente lugar por excelência de formação desse *espírito militar*, no início do século XIX, como vimos, funcionava precariamente: não oferecia a seus alunos conhecimentos técnicos de qualidade, não cultivava os valores de disciplina e subordinação hierárquica e sequer era pré-requisito para ascensão na carreira.[52]

Os Lima não tinham, assim, um *espírito militar*, bem como não constituíam o que o Exército de hoje denomina *família militar*. Tratava-se de uma família moldada a partir de um modelo aristocrático e que, em seu projeto de ascensão social, investiu no campo militar. Além de fazerem muita política,

---

[52] Uma referência para quem pretende entender o processo de formação de uma identidade social dos militares no Brasil contemporâneo é Castro (1990).

contaram ainda com a sorte. Após a Confederação do Equador, a autoridade de d. Pedro I se deteriorou rapidamente e, na articulação de uma oposição ao imperador, Francisco de Lima foi transformado em líder político pelos liberais. Vítima da tirania de d. Pedro, por defender "os direitos dos povos", o brigadeiro Lima, uma vez derrubado o imperador, no dia 7 de abril de 1831, foi eleito por duas vezes seguidas para a Regência do Império. Primeiro, para a Regência Trina Provisória, depois, para a Permanente. Como era de praxe, levou consigo seus irmãos. O brigadeiro José Joaquim de Lima assumiu, ainda no dia 7 de abril, o Comando de Armas da Corte e, em julho, Manoel da Fonseca assumiu nada menos que o Ministério da Guerra. A família Lima completava, assim, sua metamorfose social, assumindo a direção política e militar do recém-fundado Império do Brasil.

Referências

BLUTEAU, Raphael. *Vocabulário português e latino, áulico, anatômico, arquitetônico, bélico, botânico, brasílico, cômico, satírico, químico...* Lisboa: Oficina de Pascoal da Sylva, 1789. Disponível em: <http://purl.pt/13969>. Acesso em: 21 dez. 2017.

CARVALHO, José Murilo de. *A construção da ordem*: a elite política imperial. Brasília: Editora da Universidade de Brasília, 1981.

CASTRO, Celso. *O espírito militar*: um estudo de antropologia social na Academia Militar das Agulhas Negras. Rio de Janeiro: Jorge Zahar, 1990.

CASTRO, Jayme. *Caxias*. Porto Alegre: Edições A Nação, 1944.

CHINELLI, Fernanda. *Mulheres de militares*: família, sociabilidade e controle social. Dissertação (mestrado) — Programa de Pós-Graduação em Antropologia Social, Museu Nacional, Universidade Federal do Rio de Janeiro, Rio de Janeiro, 2008.

COLEÇÃO das leis, alvarás e decretos militares, que desde o princípio do reinado do sr. rei d. José I se tem promulgado até o referente ano de 1791. Alvará de 16 de março de 1757.

DANTAS, Carlos; RHEINGANTZ, Carlos. *Achegas genealógicas à ascendência de Luiz Alves de Lima e Silva, duque de Caxias*. Rio de Janeiro: Colégio Brasileiro de Genealogia, s.d.

DIDI-HUBERMAN, Georges. Pour une anthropologie des singularités formelles. Remarque sur l'invention warburgienne. *Genèses. Sciences Sociales et Histoire*, n. 24, p. 145-163, set. 1996.

FALCON, Francisco José Calazans. *A época pombalina* (política econômica e monarquia ilustrada). São Paulo, Ática, 1982.

LIMA, Oliveira. *D. João VI no Brasil*. Rio de Janeiro: Topbooks, 1996.

MAGALHÃES, João Batista. *A evolução militar do Brasil*. Rio de Janeiro: Biblioteca do Exército, 1998.

MATTOS, Ilmar Rohloff de. *O tempo saquarema*: a formação do Estado imperial. São Paulo: Hucitec, 1990.

MELLO, Evaldo Cabral de. *Frei Joaquim do Amor Divino Caneca*. São Paulo: Ed. 34, 2001.

MOTA, Jeová. *Formação do oficial brasileiro*. Rio de Janeiro: Biblioteca do Exército, 1998.

PERROT, Michelle. La famille triomphante. In: ARIÈS, Philippe; DUBY, George. *Histoire de la vie privée*. De la revolution à la grande guerre. Paris, Seuil, s.d. p. 105-120.

QUINTAS, Amaro. A agitação republicana no Nordeste. In: HOLANDA, Sérgio Buarque de (Dir.). *História geral da civilização brasileira*. 2. ed. São Paulo: Difel, 1965. t. 2, v. 3, p. 207-237.

SELVAGEM, Carlos. *Portugal militar*. Desde as origens do Estado portucalense até o fim da dinastia de Bragança. Lisboa: Imprensa Nacional/Casa da Moeda, 1991.

SILVA, Accioli Cerqueira da. *Memória histórica e política da província da Bahia*. Salvador: IOE, 1931.

SILVA, Alfredo Pretextato Maciel da. *Os generais do Exército brasileiro de 1822 a 1889*: traços biográficos. Rio de Janeiro: Americana, 1906-1907.

SILVA, Cristina Rodrigues da. Famílias de militares: explorando a casa e a caserna no Exército brasileiro. *Estudos Feministas*, Florianópolis, v. 21, n. 3, p. 861-882, set./dez. 2013.

SOUZA, Adriana Barreto de Souza. "Entre o mito e o homem": Caxias e a construção de uma heroicidade moderna. *Locus: Revista de História*, Juiz de Fora, v. 7, n. 1, p. 93-106, 2001.

_____. *Duque de Caxias*: o homem por trás do monumento. Rio de Janeiro: Civilização Brasileira, 2008.

SOUZA, Iara Lis Carvalho. *Pátria coroada*: o Brasil como corpo político autônomo (1780-1831). São Paulo: Unesp, 1999.

FAMÍLIA DE MILITARES

Árvore genealógica simplificada
Família Lima e Silva

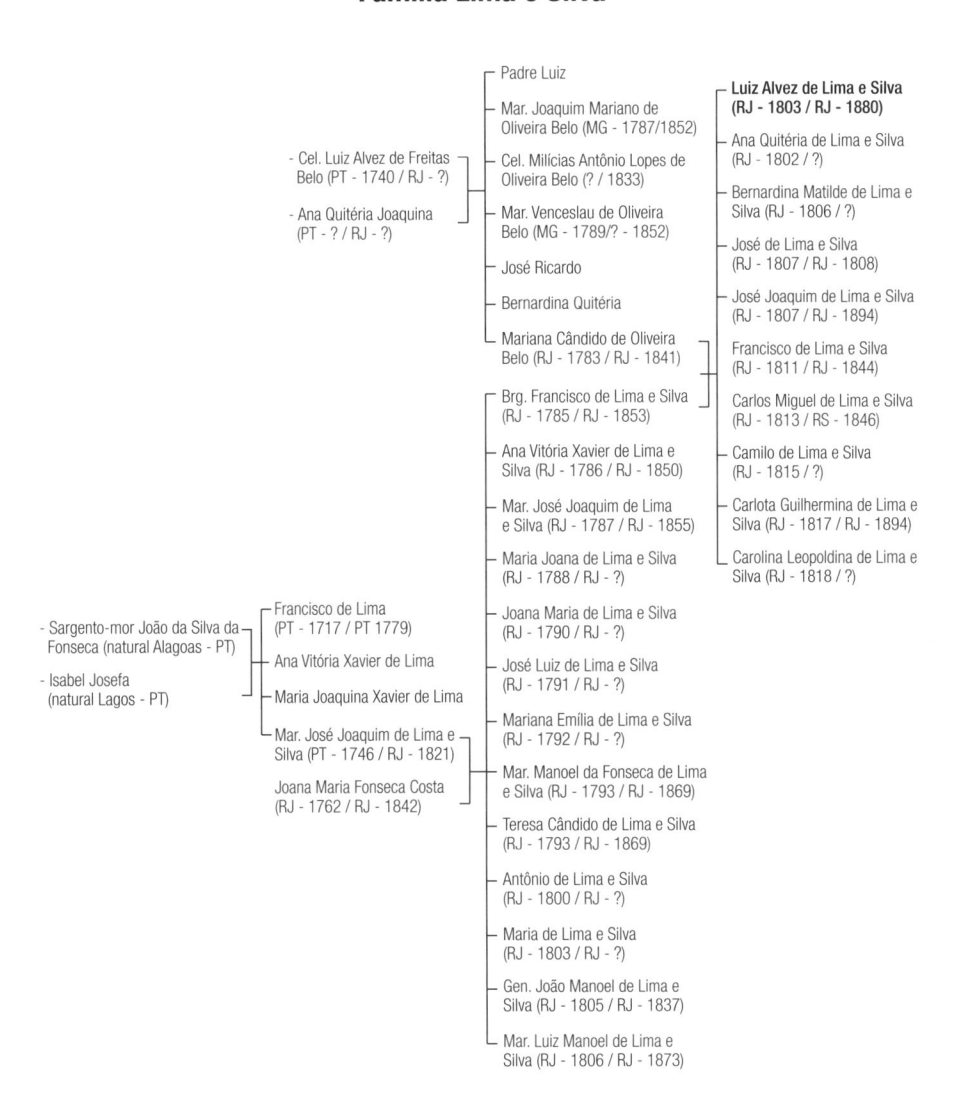

- Sargento-mor João da Silva da Fonseca (natural Alagoas - PT)
- Isabel Josefa (natural Lagos - PT)

  - Francisco de Lima (PT - 1717 / PT 1779)
  - Ana Vitória Xavier de Lima
  - Maria Joaquina Xavier de Lima
  - Mar. José Joaquim de Lima e Silva (PT - 1746 / RJ - 1821)
  - Joana Maria Fonseca Costa (RJ - 1762 / RJ - 1842)

    - Cel. Luiz Alvez de Freitas Belo (PT - 1740 / RJ - ?)
    - Ana Quitéria Joaquina (PT - ? / RJ - ?)

      - Padre Luiz
      - Mar. Joaquim Mariano de Oliveira Belo (MG - 1787/1852)
      - Cel. Milícias Antônio Lopes de Oliveira Belo (? / 1833)
      - Mar. Venceslau de Oliveira Belo (MG - 1789/? - 1852)
      - José Ricardo
      - Bernardina Quitéria
      - Mariana Cândido de Oliveira Belo (RJ - 1783 / RJ - 1841)

    - Brg. Francisco de Lima e Silva (RJ - 1785 / RJ - 1853)
    - Ana Vitória Xavier de Lima e Silva (RJ - 1786 / RJ - 1850)
    - Mar. José Joaquim de Lima e Silva (RJ - 1787 / RJ - 1855)
    - Maria Joana de Lima e Silva (RJ - 1788 / RJ - ?)
    - Joana Maria de Lima e Silva (RJ - 1790 / RJ - ?)
    - José Luiz de Lima e Silva (RJ - 1791 / RJ - ?)
    - Mariana Emília de Lima e Silva (RJ - 1792 / RJ - ?)
    - Mar. Manoel da Fonseca de Lima e Silva (RJ - 1793 / RJ - 1869)
    - Teresa Cândido de Lima e Silva (RJ - 1793 / RJ - 1869)
    - Antônio de Lima e Silva (RJ - 1800 / RJ - ?)
    - Maria de Lima e Silva (RJ - 1803 / RJ - ?)
    - Gen. João Manoel de Lima e Silva (RJ - 1805 / RJ - 1837)
    - Mar. Luiz Manoel de Lima e Silva (RJ - 1806 / RJ - 1873)

      - **Luiz Alvez de Lima e Silva (RJ - 1803 / RJ - 1880)**
      - Ana Quitéria de Lima e Silva (RJ - 1802 / ?)
      - Bernardina Matilde de Lima e Silva (RJ - 1806 / ?)
      - José de Lima e Silva (RJ - 1807 / RJ - 1808)
      - José Joaquim de Lima e Silva (RJ - 1807 / RJ - 1894)
      - Francisco de Lima e Silva (RJ - 1811 / RJ - 1844)
      - Carlos Miguel de Lima e Silva (RJ - 1813 / RS - 1846)
      - Camilo de Lima e Silva (RJ - 1815 / ?)
      - Carlota Guilhermina de Lima e Silva (RJ - 1817 / RJ - 1894)
      - Carolina Leopoldina de Lima e Silva (RJ - 1818 / ?)

Parentesco entre membros das Forças Armadas brasileiras

Alexandre de Souza Costa Barros

No segundo capítulo[1] mencionei que a endogamia era comum entre militares por vários motivos, entre os quais a "hereditariedade de vocação", as facilidades educacionais proporcionadas aos filhos de militares para ingressar na carreira etc. Mencionei igualmente que situações envolvendo o casamento de oficiais militares com as filhas de superiores ocorria com grande frequência. Outro padrão observado foi o de oficiais casando-se com irmãs de seus pares profissionais.

A escolha de vários membros de uma mesma família e de uma mesma geração pela carreira militar — isto é, irmãos — era igualmente comum, independentemente de serem filhos de oficiais militares. No caso de irmãos ingressando na carreira militar, a explicação tende a ser de natureza econômica, o que ocorre, por exemplo, com indivíduos cujas famílias não têm condições de arcar com os custos educacionais.

Os diferentes padrões descritos anteriormente sugerem que a endogamia no meio militar pode ocorrer tanto de forma intergeracional quanto de forma intrageracional.

---

[1] Este texto foi incluído como apêndice da tese de doutorado do autor, *The Brazilian military: professional socialization, political performance and State building*, defendida na Universidade de Chicago em 1978 e nunca publicada. Esse apêndice trata, de uma perspectiva original, de um tema importante a uma compreensão sociológica da família militar, motivo pela qual foi incluído neste livro. (N. Org.)

Os dados completos para sustentar a existência dos padrões anteriormente descritos seriam virtualmente impossíveis de ser coletados. Para obter acesso aos dados de todos os oficiais que possuem parentesco entre si, seria no mínimo necessário ter acesso às *fés de ofício* dos oficiais (seus *curriculum vitae* profissionais), que são confidenciais, sem contar ainda todo tipo de informação social e especialmente dados concernentes a casamentos celebrados entre famílias envolvendo membros militares. O único substitutivo para essas fontes — que está longe de ser substitutivo perfeito, como veremos adiante — é o *Almanaque do Exército*.

O *Almanaque* é um diretório público que lista todos os oficiais da ativa do Exército em um dado ano. É publicado anualmente e nele os oficiais estão relacionados na ordem de antiguidade para fins de promoção. A natureza da informação sobre cada indivíduo oficial contida no *Almanaque* é a seguinte: nome completo, ano de nascimento, data de ingresso no Exército, datas das promoções, condecorações e cursos profissionais. O *Almanaque* não provê informação sobre as atividades profissionais dos oficiais. Esses dados, assim como dados relativos a casamentos e dependentes, podem ser encontrados apenas nas fés de ofício e nos documentos de segurança social dos oficiais.

A utilização do *Almanaque* como fonte de investigação dos parentescos foi a única escolha possível, embora não seja a ideal. Foi utilizado como fonte primordial, mas outras fontes encontradas ao longo da pesquisa de dados e informações pessoais também foram utilizadas. Assim, o essencial da informação proveio do *Almanaque*, mas foi complementado por outras fontes, como biografias e livros. Essas outras fontes que utilizei me permitiram incluir um número reduzido de oficiais da Marinha e da Aeronáutica que possuem parentesco com oficiais *do Exército*. Os dados a seguir, no entanto, não incluem as "famílias navais" (importante notar que o correspondente ao *Almanaque* na Marinha é sigiloso). Os dados dos quadros que se seguem referem-se essencialmente aos oficiais do Exército, mas envolvem algumas famílias com membros tanto no Exército quanto na Marinha, assim como algumas com membros no Exército e na Força Aérea.

As evidências utilizadas para considerar indivíduos como parentes foram o nome (ou nomes) de família, como relacionados no *Almanaque*. Os oficiais que compartilhavam um mesmo nome (ou nomes) foram considerados parentes após uma verificação cruzada de suas datas de nascimento e promoções, para averiguar se seriam membros de duas gerações consecutivas ou se eram irmãos. A informação obtida por esses meios não é de forma alguma exaustiva, porque *contabilizei como parentes somente aqueles indivíduos cujo parentesco*, como foi deduzido a partir dos nomes, era *absolutamente* certo. Muitos indivíduos com nome de família similar não foram contabilizados como parentes devido ao fato de que seus nomes são muito comuns, portanto, a existência de parentesco não poderia ser comprovada com precisão. A única exceção a essa regra (isto é, o único caso em que contabilizei como parentes os indivíduos que possuem sobrenome usual não diferençável) foi no caso de famílias que dão um primeiro nome muito similar aos seus filhos, uma prática relativamente comum entre certas famílias brasileiras. Os casos encontrados que seguem essa regra envolvem sempre irmãos. Exemplos de ocorrência de parentesco entre indivíduos com sobrenome comum e que possuem primeiro nome similar são: Joelcyr e Joelmir; ou Darcy, Décio e Deoclécio.

Com essa exceção, os indivíduos contabilizados como parentes foram somente aqueles cujo sobrenome (ou sobrenomes) não deixou margem de dúvida quanto à existência de ligações de parentesco. Para esclarecer esse procedimento, é importante especificar como os nomes no Brasil são geralmente dados.

Nome, primeiro nome: o primeiro nome pode ser simples ou composto. Nomes simples são Paulo, João, Pedro. Nomes compostos ou duplos são: João Roberto, Carlos Francisco, Frederico Luiz etc. O que define o primeiro nome, pois, não é o fato de que venha antes. Um nome (primeiro nome) pode envolver duas palavras.

Primeiro sobrenome: o nome "do meio" ou primeiro sobrenome de um indivíduo é normalmente o sobrenome de solteira da mãe. Em alguns casos, as famílias omitem o sobrenome da mãe como "nome do meio" da prole, embora não seja a prática habitual. O primeiro sobrenome pode ser também uma palavra simples, dupla, ou até composta por mais nomes. Sobrenomes de uma só palavra são os seguintes: Medeiros, Pereira, Guimarães etc. Um sobrenome "do meio" composto por mais de uma palavra é, por exemplo: Azeredo de Paula.

Último sobrenome: o último sobrenome de um indivíduo é geralmente o sobrenome/último sobrenome do pai, e também pode ser composto por uma ou mais de uma palavra.

Existe ainda outra possibilidade que ocorre quando famílias mantêm um nome composto por várias gerações, como no caso dos Menna Barreto, dos Bandeira de Mello etc.

A existência de um "de" precedendo o sobrenome (o "do meio" ou último) no Brasil não é um indicador de nobreza, portanto o uso desse artigo não pode ser considerado indicativo de origem de classe social no caso do Exército brasileiro.

Baseado no padrão de nomenclatura de pessoas no Brasil, contei todos aqueles oficiais cujos nomes apareceram nas edições de 1961 e 1972 do *Almanaque do Exército* que possuíam nomes similares e que não deixavam margem de dúvida quanto ao parentesco entre si.

A razão pela qual esse procedimento não recobre todos os possíveis parentescos é que alguns oficiais não possuem primeiros ou últimos sobrenomes distinguíveis, ou uma combinação de ambos, e porque alguns possuem sobrenomes em comum, embora não tenham primeiros nomes similares o bastante para permitir que se estabeleça o parentesco. Em outras palavras, há vários outros oficiais que *são* parentes, mas cuja relação não apareceu no quadro em razão da rigidez do critério aqui adotado.

Outro tipo de parentesco que não aparece é o do parentesco legal entre famílias militares (considerando que o *Almanaque* não lista nomes das esposas dos oficiais). Neste sentido, o quadro apresenta o número *mínimo* de oficiais que possuem parentes entre colegas oficiais nas Forças Armadas brasileiras, mas o número real, considerando as informações recolhidas em biografias e ao longo de minha própria pesquisa, é passível de ser consideravelmente mais alto que o número apresentado a seguir.

De acordo com a edição de 1961 do *Almanaque do Exército*, havia 13.838 oficiais no Exército brasileiro. O quadro a seguir envolve alguns, porém não muitos oficiais das outras forças. De forma aproximada, diria que não mais que 33 dos indivíduos listados e utilizados no quadro não pertencem ao Exército. Seria razoável, portanto, considerar que 621 dos indivíduos pertencentes ao Exército tenham ao menos um parente no Exército. Isto sugere que *no mínimo*

4,5% dos oficiais do Exército provêm de famílias que possuem ao menos dois membros na ativa durante o período considerado.

Esse número (4,5%) não é expressivamente alto por si só. Mas o é, no entanto, se considerarmos que a existência de um parente na ativa (e particularmente de uma geração superior) pode ajudar na progressão profissional de outro, não necessariamente devido a práticas impróprias, mas simplesmente porque possuir um parente no serviço ativo tende a gerar mais "exposição" ao outro, assim decorrendo na obtenção de maiores comissões, no casamento com a filha de um superior (e, nesse caso, também com a filha de um colega do parente de geração superior) e entrar com mais facilidade em uma das "panelinhas" etc.

Assim, é possível especular que as patentes mais altas do Exército são mais suscetíveis de concentrar os membros dessas "famílias militares", em uma concentração desproporcional ao número total de famílias representadas no Exército, mesmo não se tratando de uma política deliberadamente planejada.

Se considerarmos igualmente os dados históricos recolhidos nas biografias e outras publicações mais antigas, o número de famílias envolvidas sobe então para 279, e o número de indivíduos para 805. Os dados no segundo caso são ainda mais imperfeitos, na medida em que envolvem um tempo muito mais longo e são muito menos sistemáticos, além de incompletos.

Não tenho dúvida de que, quanto mais dados sistemáticos fossem utilizados para cada contabilização dessas do *Almanaque* para cada intervalo de 10 anos, os números seriam muito mais altos.

Um último comentário é que, com o processo recente de desenvolvimento econômico e a expansão das oportunidades educacionais, os números de filhos de oficiais superiores que estão ingressando na Academia Militar e tornando-se oficiais estão reduzindo-se em termos relativos, quando comparados aos filhos de oficiais subalternos e praças.

Entre as famílias que continuamente proveram membros ao corpo de oficiais ao longo de várias gerações estão as seguintes: Menna Barreto, Borges Fortes, Portocarrero e Taulois. Entre as que são provedoras consistentes de oficiais em uma base intrageracional, podemos nomear as seguintes: Bandeira de Mello, Duque Estrada, Etchegoyen, Figueiredo, Fragomeni, Kruel, Machado, Moraes Rêgo, O'Reilly e Souza Aguiar.

A FAMÍLIA MILITAR NO BRASIL

Número mínimo de famílias com mais de um membro na ativa nas Forças Armadas brasileiras no período 1961-1962

Número de membros nas Forças Armadas	Número de famílias com no mínimo um membro	Número de oficiais pertencentes às famílias
2	168	336
3	52	156
4	10	40
5	6	30
6	4	24
7	3	21
8	1	8
10	1	10
12	1	12
17	1	17
Total	247	654

Fontes: *Almanaque do Exército* de 1961, e *Almanaque do Exército* de 1972. Agradeço a Alfred C. Stepan por me repassar as cópias do *Almanaque* que utilizei para preparar este quadro.

Figura 1
Padrão de parentesco no qual filhas de oficiais se casam com jovens oficiais

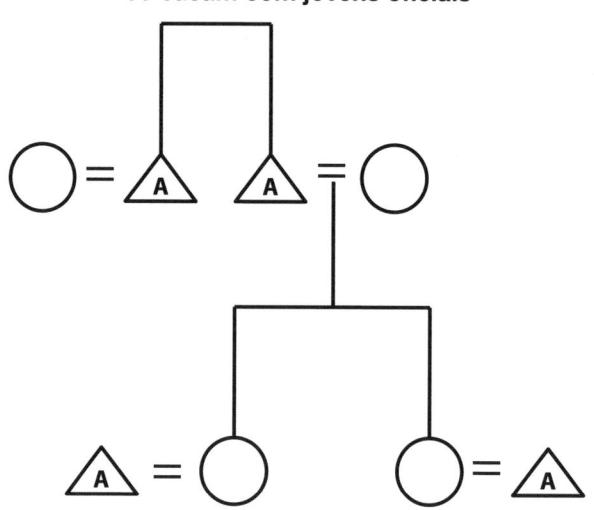

Obs.: Para todos os gráficos seguintes, **E** significa oficial do Exército; **A** significa oficial da Aeronáutica; **M** significa oficial da Marinha; e **C** significa civil.

Figura 2
Padrão de parentesco no qual dois irmãos ingressam nas
Forças Armadas e um deles torna-se afim a uma família militar
por meio do casamento com a filha de um oficial superior
em hierarquia, e seu próprio filho ingressa na carreira

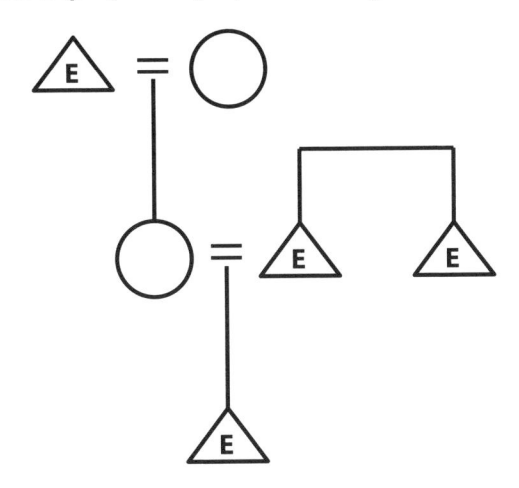

Figura 3
Padrão de parentesco no qual um jovem oficial se casa com
a irmã de um colega e assim se incorpora à família com
preeminência militar, já que ela é também filha de um oficial

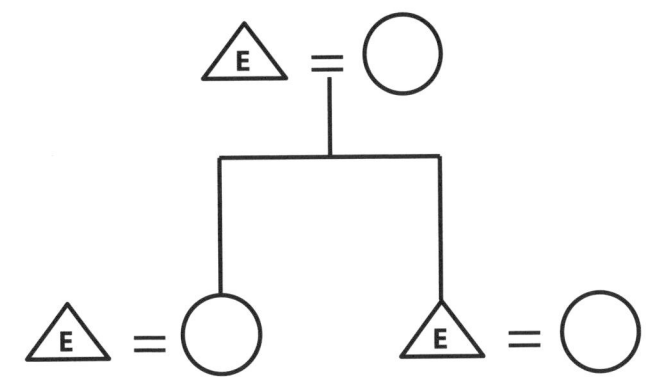

Figura 4
Padrão que mostra o "início" de uma família militar. Vários irmãos ingressam na carreira por questões de mobilidade econômica, um deles obtém preeminência e sua irmã se casa com um jovem oficial não oriundo de família militar

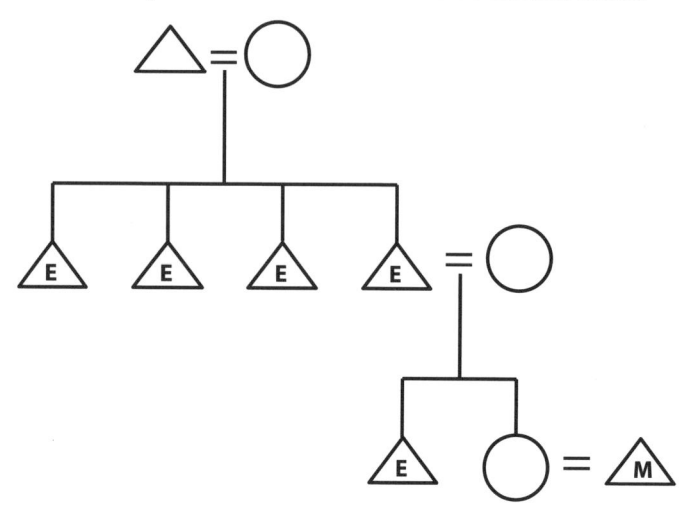

Figura 5
Padrão de parentesco no qual um oficial egresso de família militar se casa com uma jovem que é tanto filha quanto irmã de oficiais. Nesse caso, na família do oficial que se casa com a filha do oficial também há dois irmãos na carreira. Esses dois estão marcados com um *, porque o caso real no qual este gráfico se baseia envolve dois indivíduos que foram expulsos da corporação em uma das rebeliões do *Ciclo dos Tenentes*. Isto é, embora posteriormente tenham se tornado civis, o caso *não* representou uma questão de escolha de ambos. Caso a escolha dos dois houvesse sido levada em conta, eles teriam continuado na carreira

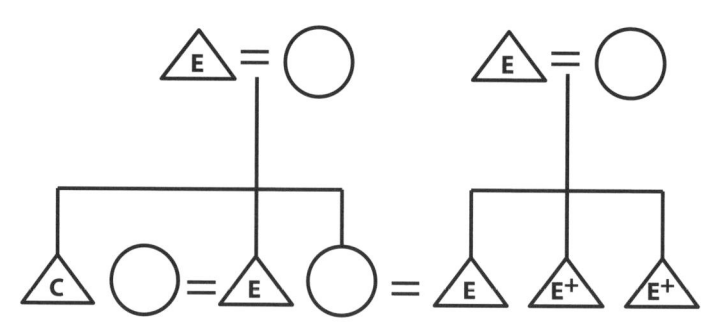

PARENTESCO ENTRE MEMBROS DAS FORÇAS ARMADAS BRASILEIRAS

Figura 6
Padrão de parentesco no qual um oficial se casa com a irmã de um colega, um deles pertencente a uma família militar. Adicionalmente, em dois ramos destes pertencentes a família militar. Além disso, ambos os ramos da família produzem oficiais na terceira geração, neste último caso envolvendo duas Forças Armadas diferentes

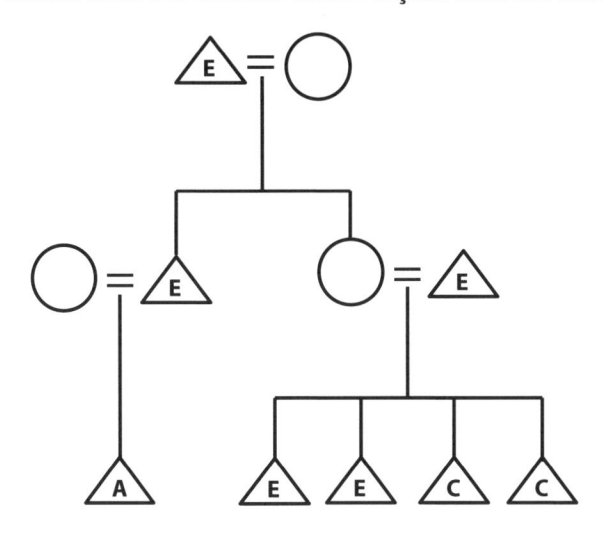

Figura 7
Padrão de parentesco no qual um oficial que é filho de oficial casa-se com a sobrinha de um colega de seu pai, que também é primo de um colega desse mesmo oficial. Esse caso envolve duas Forças Armadas de forma intergeracional

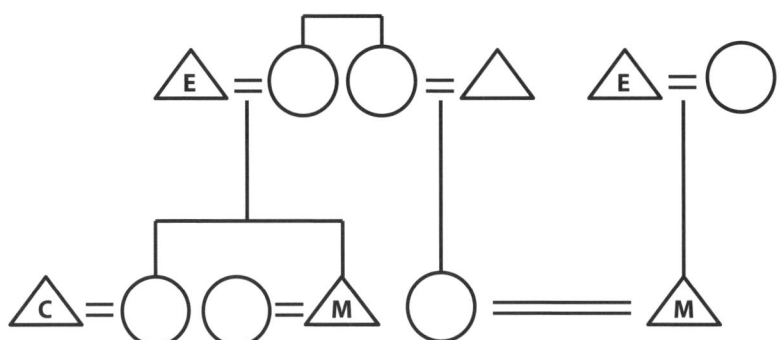

Três comentários

Mulheres (in)visíveis no mundo militar

Mirian Goldenberg

A família militar no Brasil revela um mundo desconhecido e cercado de estereótipos, preconceitos e estigmas. Afinal, como vivem os militares? Como são suas famílias? Quem são e como vivem as esposas dos militares? Quais são seus desejos e insatisfações? E, principalmente, qual a importância da família e das mulheres na construção da carreira dos militares brasileiros?

O antropólogo Celso Castro, autor do livro pioneiro que se tornou um clássico no campo de estudos sobre os militares no Brasil — *O espírito militar: um estudo de antropologia social na Academia Militar das Agulhas Negras* —, organizou uma coletânea que reúne nove pesquisas extremamente interessantes e originais que procuram desvendar o cotidiano da vida da "família militar", buscando compreender as trajetórias de determinadas "mulheres de militares".

Mais ainda, o livro provoca reflexões que vão muito além do universo dos militares. Quais são as tensões e os conflitos decorrentes da coexistência de modelos tradicionais e de novos modelos de família no Brasil? E ainda, como é o cotidiano das mulheres que procuram se dedicar integralmente à família e à carreira do marido?

As questões presentes em *A família militar no Brasil* provocam inúmeras reflexões e são instigantes para serem comparadas com os estudos que venho realizando, desde 1988, sobre as diferenças de gênero na cultura brasileira.

Os diferentes capítulos mostram que é indiscutível que a mobilidade permanente cria um tipo de família bastante particular. A "família militar" está em constante movimento, já que a necessidade de mudança faz parte da carreira. Na maioria dos casos estudados, as famílias precisam se mudar de dois em dois anos.

As mulheres pesquisadas destacam como principal problema da "família militar" o fato de as mudanças serem inevitáveis, recorrentes e compulsórias. Elas relatam o enorme sofrimento, trabalho e desgaste emocional de estarem sempre dizendo adeus à família, aos amigos, aos vizinhos e recomeçarem tudo do zero em um período de tempo tão curto: desde o funcionamento da casa, a adaptação dos filhos nas escolas, a dificuldade de fazer amizades e de engajar-se em novas atividades sociais entre inúmeras outras obrigações e responsabilidades das esposas de militares.

Elas se assemelham a Sísifo, personagem da mitologia grega que foi condenado a repetir sempre a mesma tarefa de empurrar uma pedra até o topo de uma montanha, e, toda vez que estava quase alcançando o topo, a pedra rolava novamente montanha abaixo, invalidando completamente o duro esforço despendido. Como no mito, elas estão condenadas a permanentemente recomeçar do nada após um enorme trabalho de adaptação a cada novo local de moradia.

As mulheres de militares executam um trabalho intenso, repetitivo e cansativo, necessário para se integrarem adequadamente após cada transferência. E é na extrema dedicação e na ânsia de criarem laços de amizade e de sociabilidade que elas realizam seu principal objetivo: ser a principal base de sustentação da carreira do marido. Elas acreditam que sem seu apoio integral e incondicional eles não conseguiriam construir uma carreira de êxito, chegando aos postos máximos da hierarquia militar.

É instigante traçar um paralelo com um mundo completamente oposto estudado por mim: o das mulheres militantes de esquerda. Utilizei a ideia de invisibilidade a partir da constatação de que as mulheres militantes ocuparam uma posição percebida como secundária ou inferior nos partidos e organizações de esquerda aos quais pertenceram, escondidas sob o rótulo de "mulher de", "companheira de" ou "filha de". Enfatizei que foram seus maridos, companheiros ou pais que ocuparam posições dominantes no interior desses organismos, sendo considerados importantes, famosos, figuras históricas e lideranças políticas.

A história, não apenas da esquerda brasileira, como pode ser constatado neste livro, foi escrita em torno de trajetórias masculinas. Aos homens caberiam as decisões políticas (o mundo das ideias) e as ações práticas (o mundo público). Às mulheres, o cuidado e o suporte familiar (o mundo doméstico), para que eles possam continuar realizando suas nobres e reconhecidas atividades.

Essa representação sobre o papel feminino de apoio fica evidente nos discursos das mulheres de militares sobre sua importância na construção da carreira dos maridos.

Os capítulos indicam dois modelos diferentes de "ser mulher de militar" em disputa: um, que exige a negação da individualidade em função da carreira do marido e está mais próximo do papel tradicional feminino, onde há uma clara divisão sexual do trabalho e a mulher é considerada hierarquicamente inferior ao marido; e outro, que pode ser pensado como mais moderno, em que se busca uma maior igualdade e liberdade feminina. Esses dois modelos estão presentes entre as pesquisadas e contaminam os papéis, valores e visões de mundo das mulheres de militares.

É possível perceber que a construção da identidade das mulheres de militares surge no jogo de semelhanças e diferenças com as mulheres de civis. Elas se percebem como mais companheiras e com mais capacidade de renúncia e sacrifício, já que anularam muitas dimensões de suas vidas pessoais em prol da construção de uma "família militar" e da carreira do marido. São também (e precisam ser) mais sérias e respeitáveis, já que são permanentemente controladas, especialmente por meio de boatos e fofocas que podem afetar negativamente a carreira dos maridos. Elas reconhecem que suas atividades e comportamentos, dentro e fora de casa, são imprescindíveis e decisivos para o sucesso da carreira militar.

Apesar dos conflitos e tensões que as mudanças sucessivas provocam, e do pouco tempo de permanência em cada local, as mulheres de militares se orgulham de ter priorizado o casamento e os filhos, enaltecendo a cooperação, a união, a solidariedade, a dedicação e o cuidado permanente da família e da carreira do marido. Elas demonstram que se sentem recompensadas por serem reconhecidas como verdadeiras parceiras, o "suporte", a "âncora" e a "retaguarda" familiar.

Nos seus discursos fica nítida a ideia de que elas não trabalham para os maridos, mas sim em conjunto com seus maridos, em uma colaboração permanente para o mesmo projeto em comum: o sucesso da carreira e o fortalecimento da "família militar".

Muito já se falou, e se escreveu, sobre o fato de a história ser feita pelos homens e para os homens. Nas últimas décadas, no entanto, muitos estudiosos e estudiosas têm se debruçado sobre a história invisível escrita por mulheres. Sem ainda poder contar com uma bibliografia extensa sobre o papel das mulheres na construção da nossa sociedade, agora temos a feliz oportunidade de ler *A família militar no Brasil*, uma obra valiosa que demonstra que elas estiveram — e estão — fortemente presentes na vida de todos os brasileiros.

Este livro revela que seria um grave equívoco concluir que as mulheres pesquisadas somente reproduzem a lógica da dominação masculina e a família patriarcal brasileira, sendo meras coadjuvantes em um palco onde apenas seus maridos podem brilhar. Como os estudos mostram, elas se sentem e são reconhecidas como protagonistas, como coautoras insubstituíveis do sucesso da carreira de seus maridos.

Famílias militares no Brasil e em Portugal: contrastes e continuidades

Helena Carreiras

A família militar no Brasil é um livro revelador, no mais literal sentido da palavra. Para além dos múltiplos contributos que nos traz para o conhecimento e a compreensão do tema das famílias militares no Brasil, tem, desde logo, o enorme mérito de revelar, de dar visibilidade, de fazer existir sob novos olhares um objeto frequentemente excluído dos estudos socioantropológicos sobre as instituições militares.

Esse é um primeiro tema suscitado pela leitura deste livro e que vale a pena salientar.

A ausência das famílias dos militares do estudo histórico destas instituições é afim à ausência, mais geral, das mulheres do mundo militar. A "invisibilização" dos papéis femininos no estudo histórico dos conflitos armados e das instituições militares foi identificada como um padrão dominante até décadas recentes. Se é certo que o envolvimento das mulheres em atividades combatentes aconteceu habitualmente de forma excepcional e a tendência para seu desarmamento é prevalecente na maior parte das sociedades, as mulheres assumiram, em todas as sociedades marcadas pela guerra, um conjunto diversificado de papéis. Elas foram fundamentalmente vítimas, mas também oponentes, pacifistas, cúmplices, apoiantes e protagonistas. Em diferentes momentos e circunstâncias constituíram, em funções de apoio, uma verdadeira força logística de suporte, sem a qual, afirmam alguns historiadores, as formações militares não poderiam ter funcionado eficazmente. Porém, em todos esses papéis foram também sistematicamente esquecidas no registo histórico dos conflitos. Esse "desprezo" dos historiados pelas mulheres é não apenas uma das expressões da raridade da figura feminina em funções combatentes, mas também, em boa medida, o resultado do caráter prescritivo de muita história militar, a qual permanece uma história de conquistas e revoluções, de táticas militares e estratégias políticas, de batalhas e tratados, de aliados e inimigos, de grandes líderes e heróis, retratados em cenários onde as mulheres, ou as famílias, raramente figuram.

Se relativamente ao papel das mulheres o padrão histórico de "invisibilidade" tem vindo a ser desafiado — sobretudo devido à institucionalização da presença militar feminina —, relativamente às famílias militares há muito a fazer. Em Portugal, mais ainda que no Brasil. Nessa medida, este livro é um contributo decisivo para romper com a ocultação e o desconhecimento a que o tema tem sido votado.

Um segundo aspeto que sobressai da leitura da obra é a predominância, no Brasil, daquilo a que em diversos textos é designado como a "tradicional família militar", ou seja, as situações em que as esposas desempenham um papel de apoio e complemento à carreira militar dos seus maridos, assumindo as responsabilidades do cuidado da família nuclear, mas simultaneamente participando como membros plenos da "família militar". Essa fascinante categoria nativa é-nos revelada em vários textos na sua concretização em práticas, quadros de interação, rituais e identidades. A análise de Celso Castro sobre narrativas autobiográficas de mulheres de militares mostra bem a forma como o reforço da "família verde-oliva" se faz por via de uma imersão profunda no mundo militar e sua diferenciação do mundo civil, mas simultaneamente pela forma como a carreira do militar é assumida como um projeto central de toda a família. Essa inextricável associação e comprometimento entre os valores domésticos e profissionais é também reportada no trabalho de Fernanda Chinelli. Nesses textos, tal como no de Cristina Rodrigues da Silva, observamos em detalhe a dimensão do processo de identificação que conduz à reprodução da ordem, valores e hierarquias militares entre as esposas dos militares, e, portanto — ainda que num movimento não isento de conflito —, ao reforço do projeto totalizante da instituição.

É certo que vários capítulos fazem referência a mudanças sociais e institucionais que têm vindo a desafiar esse modelo, designadamente as tensões decorrentes das alterações do papel profissional das mulheres e dos padrões familiares. É o caso do texto de Maria Cecília de Oliveira Adão em que se identificam, em função de diferentes temporalidades, níveis também eles diferenciados de adesão das esposas às carreiras dos seus maridos, e o desenvolvimento de projetos mais ou menos individualizantes; o texto de Werusca Marques Virote de Sousa Pinto, que mostra certas dissenções existentes nos discursos das mulheres de militares, as fronteiras e diversidades que traçam tendo como pano de fundo a *doxa* da família militar; ou o texto de Sílvia Monnerat, onde se desvendam as tensões, contradições e conflitos que as vivências reais das mulheres de militares na conciliação entre vida familiar e inserção no mercado de trabalho colocam às representações de uma "idealizada família militar".

Contudo, o tipo de dinâmica institucional que caracteriza o Exército brasileiro, foco empírico central da obra, sua implantação territorial e a elevada mobilidade que envolve, parece justificar a existência de uma *afinidade eletiva* com um modelo tradicional de família, o tipo "bastião", como bem recordam Ester Nunes Praça da Silva e Lívia Alessandra Fialho Costa. Essa afinidade é característica de um modelo de organização militar que Charles Moskos designou como "institucional" (Moskos, 1977). Esse modelo refere-se a uma profissão baseada na vocação e em valores tradicionais como o sentido do dever, honra e defesa da pátria, em que as motivações e gratificações para a entrada e permanência na profissão têm uma natureza dominantemente simbólica.

No caso de Portugal, onde infelizmente esse tema tem sido bem menos estudado, revelam-se continuidades e contrastes claramente relacionados com as diferentes temporalidades institucionais. Historicamente, o padrão de família militar vigente entre as décadas de 1950 e 1980 aproxima-se do modelo dominante no caso brasileiro. As famílias dos militares tinham à sua disposição conglomerados residenciais dentro das grandes unidades ou nas cidades limítrofes, e durante a guerra colonial (1961-1974) centenas de esposas acompanharam os maridos nas suas comissões em África, constituindo o pilar da estabilidade de muitas destas famílias (Ribeiro, 2007). O final da guerra colonial, a consolidação da democracia e a modernização da sociedade portuguesa nas últimas décadas do século XX conduziram a alterações profundas na configuração das Forças Armadas e também das próprias famílias militares (Carreiras, 2007, 2015). Presentemente, é já extremamente raro encontrarmos militares e suas famílias a habitar em bases ou campos militares. Na grande maioria dos casos, as esposas têm suas ocupações profissionais, as famílias mantêm estabilidade residencial fora dos perímetros das unidades militares e, dada a limitada dimensão do país, são em geral os militares que se deslocam pendularmente entre "a casa e a caserna", dois mundos aqui relativamente independentes. Esse modelo consolidou-se na exata medida em que a própria instituição — ou pelo menos a orientação profissional dos militares — se foi afastando de um dominante modelo *institucional* e aproximando-se do modelo *ocupacional*, no qual passam a adquirir maior importância as preocupações materiais. Esse segundo ideal-tipo na proposta de Moskos sublinha a passagem da profissão militar a uma lógica instrumental dominante nas ocupações civis, onde os aspectos materiais como os salários ou os benefícios sociais adquirem grande saliência. Um elemento que exemplifica bem tal deslocamento refere-se à forma e contextos em que a categoria *família militar* tem sido utilizada pelos militares portugueses ao longo das últimas décadas, em moldes bem diferentes dos que motivam habitualmente sua invocação no caso brasileiro. Com efeito, tem sido no contexto de reivindicações associativas de direitos e benefícios no plano da assistência aos militares e suas famílias que mais vezes essa categoria tem emergido no debate público, revelando a curiosa utilização de uma categoria cuja origem é marcadamente *institucional*, para o apelo à valorização da profissão no plano *ocupacional*. Por outro lado, alguns estudos recentes sobre a situação das famílias dos militares em contexto de deslocamento em missões de paz apontam também para um relativo afastamento entre ambas as esferas. Embora a família seja uma referência fundamental para os militares deslocados, os sistemas informais de reciprocidade substituem-se à instituição militar no apoio aos militares e suas famílias durante as separações.

Embora um pouco mais lateralmente, um terceiro tema tratado em alguns dos capítulos deste livro, e que revela um significativo contraste entre Brasil e Portugal, refere-se ao autorrecrutamento e aos níveis de endogamia na instituição militar. Os textos de Adriana Barreto de Souza, sobre a "tradição militar" da família Lima e Silva, e o de Alexandre de Souza Costa Barros abordam diferentes aspectos de uma característica que tem vindo a ser observada nas lógicas de reprodução social dos militares brasileiros: a tendência ao recrutamento endógeno. A partir da análise dos arquivos referentes à origem social dos cadetes da Aman, Celso Castro mostrou bem a dimensão do fenômeno (Castro, 2004). É curioso verificar como também em relação às esposas dos militares brasileiros vários dos autores desta obra destacam o fato de muitas das mulheres (sobretudo as de uma geração anterior) serem filhas de militares, o que em boa medida facilitou o processo de adesão aos valores típicos da socialização militar e ao desenvolvimento de um projeto comum em torno da carreira do marido.

Em Portugal, foram vários os estudos em que esse tema foi investigado na época em que a questão da origem social do corpo de oficiais ocupava um lugar cimeiro na agenda da sociologia militar (décadas de 1970 e 1980), mas, infelizmente, muito pouco ou quase nada sabemos sobre outras categorias (o que, aliás, é também verdade para o caso brasileiro) e menos ainda sobre as esposas dos militares e as lógicas de parentesco nas famílias militares. Os dados disponíveis apontam para uma redução importante dos níveis de autorrecrutamento, mas de alguma estabilização no presente. Os trabalhos desenvolvidos por Maria Carrilho sobre a evolução desse indicador para a categoria de oficiais ao longo do século XX mostram que, de uma porcentagem de 59,3% de cadetes filhos de militares do Exército na década de 1900-1910, se registou um decréscimo para 17,7% entre os cadetes nascidos no período 1950-1959. Já para o período 1976-1983, a porcentagem de recrutamento endógeno subiu novamente, chegando aos 30% (Carrilho, 1994:140), para descer depois a níveis em torno dos 15% para os cadetes que entraram nas academias militares nas décadas de 1990 e 2000 (Carreiras, 2011:59). O mais recente trabalho sobre as características sociológicas dos cadetes nas academias militares portuguesas aponta para um nível de 17%, o que sugere alguma estabilização, embora com diferenças significativas entre ramos (Bessa et al., 2016).

Esse tipo de dado é particularmente revelador das dinâmicas de fechamento ou abertura da instituição militar ao seu exterior, a qual tem sido o tema central dos estudos sobre militares, desenvolvidos em torno da fórmula convergência--divergência. Ora, estudar as famílias militares permite justamente indagar sobre o impacto das transformações sociais mais amplas sobre as dinâmicas do mundo militar e das suas categorias — uma "brecha de acesso", para usar o conceito de Didi-Huberman recuperado por Adriana Barreto de Sousa no seu texto — aos padrões e universos de relações na instituição militar. Porém, mais ainda, é também, em certa medida, uma plataforma de observação sobre o estado das relações civil-militares numa dada sociedade. As formas como os autores deste livro abordam o tema oferecem-nos a possibilidade desse olhar abrangente: pela atenção conferida tanto às dinâmicas e contextos sociais e históricos em que as famílias militares existem quanto à riqueza dos quadros mais localizados de interação que descrevem e interpretam, ou ainda pela densidade da análise articulada dos aspectos materiais e simbólicos que caracterizam em diferentes temporalidades e espaços as famílias militares.

Para além de revelador, este é um livro inspirador, capaz de motivar o desenvolvimento dos estudos sobre as famílias militares noutros contextos, designadamente em Portugal.

Referências

BESSA, Fernando et al. *Becoming an officer*: sociological portraits of cadets in Portuguese Military Academies. In: RC01/ISA INTERIM MEETING 'THE MILITARY PROFESSION, set. 2016, Fundação Getulio Vargas, Rio de Janeiro.

CARREIRAS, Helena. As Forças Armadas portuguesas: mudança e continuidade na transição do milênio. In: VIEGAS, José Manuel; ____; MALAMUD, Andrés (Org.). *Portugal no contexto europeu*. Lisboa: Celta, 2007. p. 161-186. v. I — Instituições e política.

_____. *Projeto "As Forças Armadas portuguesas após a Guerra Fria"*. Relatório final. Lisboa: Cies-IUL, 2011.

_____. The invisible families of Portuguese soldiers. From colonial wars to contemporary missions, In: MOELKER, Rene et al. (Org.). *Military families and war in the 21st century*. Londres; Nova York: Routledge, 2015. p. 261-277.

CARRILHO, Maria. *Democracia e defesa*. Sociedade, política e Forças Armadas em Portugal. Lisboa: D. Quixote, 1994.

_____. *Forças Armadas e mudança política em Portugal no século XX*, Lisboa: INCM, 1985.

CASTRO, Celso. *O espírito militar*: um estudo de antropologia social na Academia Militar das Agulhas Negras. Rio de Janeiro: Jorge Zahar, 2004.

MOSKOS, Charles. From institution to occupation: trends in military organization. *Armed Forces and Society*, v. 4, p. 41-50, Fall 1977.

RIBEIRO, Margarida Calafatc. *África no feminino*: as mulheres portuguesas e a Guerra Colonial. Porto: Afrontamento, 2007.

Sobre como os avatares da família militar vislumbram algumas transformações das Forças Armadas no Brasil e na Argentina: um exercício comparativo*

Sabina Frederic

As contribuições dos autores deste livro destacam os alcances da figura das mulheres dos militares no Brasil contemporâneo. No conjunto, indicam que não é possível compreender a vida militar e as Forças Armadas sem considerar as várias facetas que essas mulheres tiveram e têm. Sua gravitação é o resultado de uma densa trama, que sublinha, tanto quanto oculta, a dependência que os varões militares e a instituição militar têm delas. Essa ambivalência é refletida, entre outras passagens do livro, numa frase do capítulo de Celso Castro, citando uma mulher de militar. Ela lembra de um general que costumava dizer: "O Exército contrata duas pessoas (marido e esposa) e só paga uma".

Ver o mundo militar da perspectiva das mulheres dos militares e compreender o caráter que assume a *família militar* para elas fornecem um panorama necessário para qualquer estudo das ciências sociais sobre os militares. Por meio dessas mulheres é possível compreender o alcance das transformações sociais sobre a configuração familiar, no caso dos militares, e sobre a cosmovisão, no caso da *família militar*. Suas perspectivas permitem apreciar a forma como as transformações históricas e os diversos contextos locais que alojam bases ou unidades militares oferecem múltiplos níveis de inclusão ou integração no "mundo civil".

Embora na Argentina não disponhamos de estudos comparáveis, onde as mulheres, esposas dos militares, sejam objeto privilegiado de análise, nossa pesquisa sobre as relações e as tensões entre a vida profissional, pessoal e

---
* Tradução de Óscar Curros. Revisão de Julia Urrutia.

familiar, nesse âmbito, mostram achados semelhantes. Particularmente nas indagações sobre as reclamações de varões militares jovens e, mais ainda, de mulheres militares, sobre sua situação familiar. Estes constituem relatos de como as diferentes gerações de militares formam, em suas práticas e concepções, um universo de divergências com relação a como compatibilizar a vida familiar e a vida profissional (Frederic e Masson, 2015:73-84).

Portanto, este breve comentário tem o caráter de um roteiro incipiente, visando uma comparação se não entre as Forças Armadas de ambos os países, ao menos, dos seus exércitos. Do nosso ponto de vista, focar suas recentes transformações na dimensão familiar e pessoal é também uma via de acesso para a compreensão da reconfiguração microscópica dessas organizações e seus integrantes, no período pós-Guerra Fria e consolidação democrática. Como pode ser visto nas mobilizações de tropas exigidas pelas missões de paz, por exemplo, nas quais todos os entes queridos ficam no país, a dimensão familiar e a problemática da distância não são questões menores (Frederic, 2016:191-216). Os aspectos do livro aos quais farei referência a seguir foram elaborados para contribuir nessa direção.

Um dos temas discutidos pelas autoras e pelos autores do livro é a categoria de *família militar*, que, como categoria nativa, é revestida de um conjunto de consequências. Rege os varões militares, mas, sobretudo, a vida cotidiana de suas mulheres, no convívio em vilas e em conjuntos habitacionais do Exército. Como toda categoria ideal, envolve uma gravitação normativa cujo cumprimento parece variar de acordo com os espaços habitados e sua capacidade de sustentar a intimidade e a segmentação hierárquica das moradias. Os padrões de comportamento exigidos incluem a hierarquização informal das mulheres dos militares, uma gestualidade controlada, um discurso contido e um respeito pelos "bons costumes", sob o apoio institucional. Tudo isso, na procura da convivência harmoniosa e, acima de tudo, do cuidado da carreira militar do marido, que é impactada pela conduta da esposa. É que, no âmbito militar, como nas sociedades do Mediterrâneo europeu, o comportamento das mulheres afeta a reputação masculina e, como naquelas, o boato constitui um instrumento de produção da opinião pública que supervisiona ambos os gêneros (Pitt-Rivers, 1989).

No entanto, alguns dos capítulos, especialmente aqueles resultantes de pesquisas com observação participante, indicam que os conflitos não são alheios à *família militar*. Brigas entre mulheres, escassa presença de convidadas para as reuniões convocadas pela esposa localizada no degrau mais alto da hierarquia, até evitação do contato entre famílias em circunstâncias festivas são situações que denotam, de um lado, suas fissuras. Mas também sua ductilidade, no sentido de que pessoas, esposas e militares se remetem a essa categoria compreensiva para se adequarem às condições extremas de habitabilidade e variabilidade do serviço no Exército. O sacrifício exigido dessas mulheres intensifica a solidariedade e a contenção afetiva entre esposas, até flexibilizar as hierarquias e atualizar a família militar, em sua capacidade de coesão.

Nesse sentido, vários capítulos do livro mostram como, paradoxalmente, a grande família militar torna-se verdadeira pela construção de laços de parentesco fictícios, ao compensar, com ajuda concreta, o que não podem fornecer as famílias de origem dos militares e suas esposas. As prestações entre esposas e a contenção afetiva recebida contribuem para a integração nos novos destinos. Um conjunto de atividades recreativas, educativas, filantrópicas e produtivas reforça os laços entre as famílias dos militares. Essas atividades têm apoio institucional e são o recurso pelo qual o Exército compensa os laços de amizade e familiares cerceados a seus integrantes, que sabem que não poderão decidir sua residência e nem permanecer por muitos anos no mesmo destino.

Embora se mencione que a *família militar* demonstra sua mutabilidade ao incorporar as mulheres militares, na realidade, sabemos que, no Brasil, são muito poucas e não integram o corpo de comando do Exército. Não é nossa função imaginar o futuro, mas podemos, sim, abrir a questão de como são inclusas as mulheres que escolhem não se sacrificar junto com seu marido para favorecer a carreira dele. Isto é, aquelas que desenvolvem um projeto próprio, sua carreira profissional, com um valor equivalente à de seu marido militar. O livro registra poucas dessas situações e indica a *família militar* como uma máquina que desencoraja a presença desse tipo de mulher, contendo apenas aquelas que acompanham seus maridos.

A questão permite-nos entrar no segundo tema analisado com profundidade no livro: a existência de duas temporalidades ou duas gerações bem marcadas de mulheres, que sustentam dois estereótipos de gênero: aquelas que se socializaram até o começo da década de 1960, esposas dos oficiais de patente mais superior, e aquelas que se socializaram posteriormente e são esposas de oficiais de patentes mais intermediárias ou subalternos. São estas últimas as que, em favor de seus projetos individuais, criadas na crítica à mulher como "dona de casa", estão menos dispostas a acompanhar a carreira de seus maridos, a serem trasladadas com eles e a perder seu lugar no mercado de trabalho.

O fato é que, em um futuro próximo, a maioria das esposas de militares, no Brasil, serão integrantes dessa geração, socializada na segunda temporalidade. Portanto, potencialmente, uma maioria de esposas se oporá a migrar temporária e recorrentemente junto com toda sua família.

Por outro lado, a instituição, representada pelos altos comandos, diz se adaptar a essa série de conflitos produzidos pelas mudanças de destino em um país como o Brasil, onde as distâncias são grandes e o transporte, deficitário. Mas não sabemos se essa flexibilidade é resultado de negociações pessoais ou se causou modificações do *corpus* de regulamentações castrenses. No entanto, é provável que as mulheres estejam cada vez menos dispostas a deixar tudo para acompanhar seus maridos e apoiar a carreira deles.

Mas aqui cabe introduzir uma terceira questão, rascunhada em um dos capítulos do livro, ao se referir ao sofrimento e aos conflitos protagonizados pelas mulheres mais jovens, isto é, socializadas após a década de 1960. Refiro-me à temporalidade ou ciclo de vida de uma família. Diferem as situações de um casal jovem com crianças pequenas, que demandam mais atenção e não reclamam de seus projetos, a de um casal cujos filhos são adolescentes e contam com seus amigos e preferências, ou a de um com filhos já emancipados. As demandas das mulheres dos militares como mães mudam, e também os conflitos sobre o desenvolvimento de sua própria carreira profissional. Esse aspecto com certeza deve alterar o número de reclamações nos diferentes estratos da hierarquia, assim como deve afetar os arranjos familiares dos militares ao longo de seu ciclo de vida familiar. Um tema para continuar sendo explorado no futuro.

Outro aspecto que também deveria ser abordado no futuro, ao pensar a *família militar* e as famílias dos militares de um ponto de vista comparativo, é o lugar das crianças nos arranjos familiares contemporâneos. De acordo com estudos realizados na Argentina, pudemos constatar que as decisões das mulheres e dos varões militares estão fortemente associadas à valorização das demandas e dos problemas que têm seus filhos e filhas (Frederic e Masson, 2015:73-84). A sensibilidade com o estado emocional de suas crianças não é apenas das esposas e mães, mas também dos varões militares como pais, e isso introduz uma dimensão-chave para compreender os conflitos, as queixas e as decisões. Estudar as respostas institucionais e as mediações a esse respeito é fundamental para compreender as adaptações da *família militar* às novas tendências.

Destacamos os aspectos que podem ser de interesse para comparar os resultados obtidos sobre família militar e famílias de militares no Brasil com o que conhecemos da Argentina. Cabe advertir sobre o contexto sociopolítico argentino e suas diferenças em relação ao brasileiro, fundamentalmente pela grande perda de reputação das Forças Armadas argentinas, o enfraquecimento de muitas de suas margens de autonomia profissional e a redução orçamentária à qual se viram submetidas. Mas há também dois aspectos que são consequência desse processo e que tiveram especial incidência nas transformações da *família militar* na Argentina, no sentido de entendê-la menos "conservadora" do que a maioria das contribuições deste livro indicam para o caso do Brasil. O primeiro é o aumento considerável da proporção de mulheres militares registrado na última década, que oscila entre 15% no Exército e na Marinha, e 26% na Força Aérea, com maior concentração nos graus subalternos. O segundo é a marca das políticas de gênero impulsionadas pelo Ministério da Defesa, desde 2006, e em cada uma das forças, que, desde 2009, contam com departamentos específicos, destinados a tratar os problemas de gênero.

A rápida expansão do número de mulheres militares teve um primeiro momento de debate interno às Forças Armadas sobre como incorporá-las, tentando fazer as menores mudanças possíveis e, na medida do possível, apenas formais. Em um segundo momento, o debate centrou-se na interpelação ao papel prioritário de mãe das mulheres que o pessoal militar feminino deveria conservar. Seja por interpretação biologicista da maternidade ou pelo papel cultural de cuidadora de seus filhos, a discussão beirava os limites de seu potencial como combatente.

No entanto, a intensidade desse debate não pode ser entendida sem o impulso às políticas de gênero dado por parte do Ministério da Defesa e, em seguida, pelas Forças Armadas. Este introduziu uma avaliação da mulher profissional e uma série de mudanças regulamentares que impactaram os varões militares. A voz das mulheres expôs conflitos produzidos por demandas institucionais que também impediam os varões militares de atender situações familiares nas que queriam participar. O temor de serem acusados ou vistos como fracos, traço contrário a valores como o espírito de sacrifício e à abnegação exigidos aos militares, inibia qualquer reclamação nesse sentido.

Na realidade, como já dissemos, essas políticas de gênero foram montadas sobre tendências já presentes nos grupos geracionais mais modernos do âmbito militar (Frederic, 2013). As novas gerações de mulheres e varões, junto com as mulheres militares, formaram um agregado de pessoas atentas e sensíveis aos projetos individuais dos integrantes das suas famílias, incluindo, conforme já observado, seus filhos. Haverá que estudar qual é o caso para o Brasil.

Referências

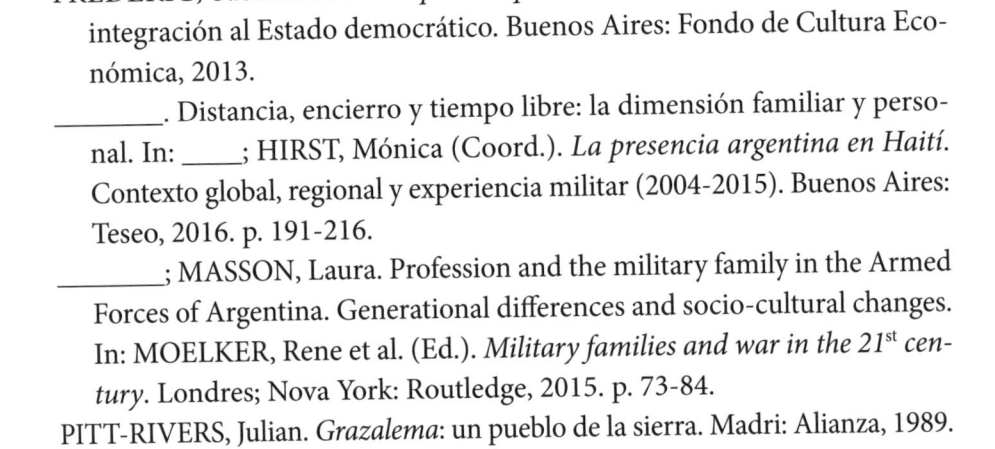

FREDERIC, Sabina. *Las trampas del pasado*. Las Fuerzas Armadas y su integración al Estado democrático. Buenos Aires: Fondo de Cultura Económica, 2013.

_____. Distancia, encierro y tiempo libre: la dimensión familiar y personal. In: ____; HIRST, Mónica (Coord.). *La presencia argentina en Haití*. Contexto global, regional y experiencia militar (2004-2015). Buenos Aires: Teseo, 2016. p. 191-216.

_____; MASSON, Laura. Profession and the military family in the Armed Forces of Argentina. Generational differences and socio-cultural changes. In: MOELKER, Rene et al. (Ed.). *Military families and war in the 21st century*. Londres; Nova York: Routledge, 2015. p. 73-84.

PITT-RIVERS, Julian. *Grazalema*: un pueblo de la sierra. Madri: Alianza, 1989.

Sobre os autores

Adriana Barreto de Souza
Mestre (1997) e doutora (2004) em história social pela Universidade Federal do Rio de Janeiro (UFRJ), com estágio na École des Hautes Études en Sciences Sociales (EHESS, 2001). Desde 2005, é professora do Departamento de História da Universidade Federal Rural do Rio de Janeiro (UFRRJ), com pós-doutorado na Universidade Estadual de Campinas (Unicamp, 2015). É pesquisadora do CNPq e Jovem Cientista do Nosso Estado (Faperj). Foi pesquisadora visitante no Instituto de Ciências Sociais da Universidade de Lisboa (ICS/UL) (2011-2012 e 2014-2015) e na Universidade de Paris I — Panthéon Sorbonne (2015-2016). Recebeu, em 1997, o Prêmio Arquivo Nacional de Pesquisa com a dissertação O *Exército na consolidação do Império: um estudo sobre a política militar conservadora*, publicada em 1999. Em 2008, sua tese foi publicada pela Civilização Brasileira: *Duque de Caxias: o homem por trás do monumento*.

Alexandre de Souza Costa Barros
Cursou sociologia na Pontifícia Universidade Católica do Rio de Janeiro (PUC-Rio), onde se formou em 1966. Em 1968 foi para a Universidade de Chicago, onde concluiu em 1978 sua dissertação de doutorado em ciência política, sob a orientação de Philippe Schmitter, *The Brazilian military: professional socialization, political performance and State building*. Sua maior influência intelectual, no entanto, foi Morris Janowitz, com quem teve contato nos Esta-

dos Unidos. Durante sua pesquisa, trabalhou por dois anos (1973-1974) como assessor do comandante da Escola Superior de Guerra, onde pôde acompanhar o cotidiano da instituição, que reúne militares e civis em seus cursos. Após concluir seu doutorado, Barros tornou-se professor no principal programa de pós-graduação em ciência política brasileiro da época, o Instituto Universitário de Pesquisas do Rio de Janeiro (Iuperj), do qual saiu em 1985. Desde então, abandonou a carreira acadêmica e tornou-se um consultor autônomo, atuando principalmente sobre análise de risco político.

Celso Castro
Doutor em antropologia social (Museu Nacional, 1995), professor titular e atual diretor da Escola de Ciências Sociais da Fundação Getulio Vargas (FGV/CPDOC). Tem pesquisado extensamente sobre os militares na história e sociedade brasileiras. Nessa linha de pesquisa, publicou diversos livros, destacando-se: *O espírito militar* (1990, 2. ed. rev., 2004), *Os militares e a República* (1995), *A invenção do Exército brasileiro* (2002), todos publicados pela Editora Jorge Zahar, e *Antropologia dos militares* (2009, coorg. com Piero Leirner) e *Exército e nação* (2012), estes dois últimos pela Editora FGV. Foi um dos organizadores de uma série de oito livros sobre os militares na história brasileira pós-1964, que inclui a trilogia *Visões do golpe* (1994), *Os anos de chumbo* (1994) e *A volta aos quartéis* (1995), publicada pela Editora Relume-Dumará; e *Ernesto Geisel* (1997) e *Militares e política na Nova República* (2000), pela Editora FGV. É bolsista de produtividade de pesquisa do CNPq desde 1999. Foi um dos organizadores de *Qualitative Methods in Military Studies* (Routledge, 2013) e *Researching the Military* (Routledge, 2016). Dirige, para a Editora Jorge Zahar, a coleção "Nova Biblioteca de Ciências Sociais".

Cristina Rodrigues da Silva
Nasceu em São Paulo em 1985. É graduada em ciências sociais pela Universidade Federal de São Carlos (UFSCar, 2006), mestre (2010) e doutora (2016) em antropologia social pelo Programa de Pós-Graduação em Antropologia Social da mesma instituição (UFSCar). Tem experiência na área de antropologia, com ênfase em antropologia urbana, atuando nos seguintes temas: Forças Armadas; família, gênero, parentesco, hierarquia, etnografia e questões

metodológicas no campo dos estudos militares. Para sua tese de doutorado, realizou um estudo etnográfico a respeito das dinâmicas familiares e modos de habitação de militares brasileiros em região de fronteira amazônica (Alto Rio Negro). Suas publicações recentes incluem um capítulo no livro *Researching the military* (Routledge, 2016) e artigo científico na *Revista Estudos Feministas* (2013).

Ester Nunes Praça da Silva
Doutoranda no Programa de Pós-Graduação em Família na Sociedade Contemporânea, da Universidade Católica do Salvador (UCSal) e mestre pelo mesmo programa desde 2012 (dissertação intitulada *Mulheres-esposas: dinâmicas conjugais e individualidades a partir da experiência de mulheres casadas com militar*). Desenvolve o projeto de tese *Famílias e histórias de vidas: trajetórias de escolarização de duas gerações de mulheres do programa Bolsa Família*, sob orientação da doutora Lívia Alessandra Fialho Costa. É membro do grupo de pesquisa "Família, autobiografia e poética" (Fabep).

Fernanda Chinelli
Graduada em comunicação pela Pontifícia Universidade Católica do Rio de Janeiro (PUC-Rio) e mestre em antropologia social pela Universidade Federal do Rio de Janeiro (UFRJ/Museu Nacional). Atualmente é pesquisadora no Memória Globo, da TV Globo.

Helena Carreiras
Professora associada e diretora da Escola de Sociologia e Políticas Públicas do Instituto Universitário de Lisboa (ISCTE) e investigadora do Centro de Investigação e Estudos e, Sociologia do Instituto Universitário de Lisboa (Cies-IUL). É licenciada e mestre em sociologia pelo ISCTE-IUL e doutora em ciências sociais e políticas pelo Instituto Universitário Europeu (Florença). Entre 2010 e 2012 foi subdiretora do Instituto da Defesa Nacional e membro do Conselho do Ensino Superior Militar em Portugal. Suas áreas de interesse e investigação centrais são Forças Armadas e sociedade, políticas públicas de segurança e defesa, sociologia do gênero, e metodologia e epistemologia das ciências sociais. É autora de vários livros e artigos em revistas especializadas, entre os quais podem se destacar *Gender and the military. Women in*

the Armed Forces of Western democracies, Mulheres em armas. A participação militar feminina na Europa do sul e mulheres nas Forças Armadas portuguesas. Coorganizou, entre outras, as obras *Women in the military and in armed conflict* (com Gerhard Kümmel), *Qualitative methods in military studies* (com Celso Castro) e *Researching the military* (com Celso Castro e Sabina Frederic).

Lívia Alessandra Fialho Costa
Doutora em antropologia e etnologia pela École des Hautes Études en Sciences Sociales-Paris. Pós-doutorado em educação pela Université Paris 13 (2013/CNPq). Professora adjunta do Departamento de Educação e do Programa de Pós-graduação em Educação e Contemporaneidade da Universidade do Estado da Bahia (Uneb). É docente e pesquisadora no Programa de Pós-graduação em Família na Sociedade Contemporânea, da Universidade Católica de Salvador (UCSal). Coordenadora do projeto de pesquisa *Etnografia da escola e de outros espaços de socialização* (CNPq). É membro do grupo de pesquisa "Família, autobiografia e poética" (Fabep).

Maria Cecília de Oliveira Adão
Possui graduação (1999), mestrado (2002) e doutorado (2008) em história pela Universidade Estadual Paulista Júlio de Mesquita Filho (Unesp), campus Franca, onde pesquisou as especificidades da participação feminina nas organizações de esquerda do pós-1964 e o universo das famílias formadas sob a égide dos valores militares. Membro da Associação Brasileira de Estudos de Defesa (Abed) do Grupo de Estudos de Defesa e Segurança Internacional (Gedes), estuda a relação entre Forças Armadas e sociedade, tendo, nesta perspectiva, atuado como pesquisadora sênior na Comissão Nacional da Verdade. Atualmente é consultora da Comissão Especial sobre Mortos e Desaparecidos Políticos, da Secretaria de Direitos Humanos da Presidência da República (CEMDP — SDH/PR).

Mirian Goldenberg
Doutora em antropologia social pelo Museu Nacional da Universidade Federal do Rio de Janeiro (UFRJ), é professora titular do Departamento de Antropologia Cultural e do Programa de Pós-Graduação em Sociologia e Antropologia do Instituto de Filosofia e Ciências Humanas (IFCS/UFRJ).

Colunista do jornal *Folha de S.Paulo* desde 2010. Autora dos livros: *A bela velhice; Coroas, corpo, envelhecimento e felicidade; Velho é lindo!; A outra; Toda mulher é meio Leila Diniz; A arte de pesquisar; Os novos desejos; Nu & vestido; De perto ninguém é normal; Infiel: notas de uma antropóloga; O corpo como capital; Noites de insônia: cartas de uma antropóloga a um jovem pesquisador; Por que homens e mulheres traem?; Intimidade; Tudo o que você não queria saber sobre sexo; Homem não chora. Mulher não ri; SeXo; Por que os homens preferem as mulheres mais velhas?*

Sabina Frederic
Doutora em antropologia social (Universidade de Utrecht, Holanda). Professora titular da Universidad Nacional de Quilmes (Argentina) e investigadora independente do Consejo Nacional de Investigaciones Científicas y Técnicas (Conicet). Foi subsecretária de formação do Ministerio de Defensa de la República Argentina (2009-2011) e diretora do doutorado em ciências sociais e humanas da Universidad Nacional de Quilmes (UNQ, 2012-2015). Entre seus principais livros estão: *Los usos de la fuerza pública. Debates de las ciencias sociales sobre militares y policías* (UNGS e Biblioteca Nacional); e *Las trampas del pasado. Las Fuerzas Armadas y su integración al Estado democrático* (Fondo de Cultura Económica).

Sílvia Monnerat
Doutora em antropologia social pelo Programa de Pós-Graduação em Antropologia Social do Museu Nacional (PPGAS/MN/UFRJ) e mestra em antropologia social pela mesma instituição. Foi bolsista pesquisadora do Laboratório de Estudos sobre Militares do CPDOC/FGV durante os anos de 2015 e 2016 e atualmente é professora colaboradora da Escola de Ciências Sociais da FGV.

Werusca Marques Virote de Sousa Pinto
Doutora em psicologia social pela Universidade do Estado do Rio de Janeiro (Uerj), mestre em psicologia, especialista em gerenciamento e diagnóstico de recursos humanos. Trabalha com pesquisas nas áreas de cultura brasileira, cultura militar, cultura organizacional, cotidiano e produção de subjetividades. Desde 2005 é docente em instituições de ensino superior e atuou como consultora nas áreas de educação e desenvolvimento de talentos. Atualmente

é professora efetiva do Instituto Federal do Rio de Janeiro (IFRJ), em exercício provisório no Instituto Federal do Triângulo Mineiro (IFTM). Participa dos grupos de pesquisa do CNPq "Pesquisa participativa em comunidades" e "Territórios sociais".

Impressão e acabamento:

Grupo SmartPrinter
Soluções em impressão